Schräder-Naef · Schüler lernen Lernen

Regula Schräder-Naef

Schüler lernen Lernen

Vermittlung von Lern- und Arbeitstechniken in der Schule

6. Auflage

Beltz Verlag · Weinheim und Basel

Regula Schräder-Naef, Jg. 1943, Dipl.-Psych., Leiterin Erwachsenenbildung an der Pädagogischen Abteilung der Erziehungsdirektion Zürich.

6., völlig überarbeitete Auflage 1996

Lektorat: Peter E. Kalb

© 1987 Beltz Verlag, Weinheim und Basel
Satz: Satz- und Reprotechnik GmbH, Hemsbach
Druck: Druckhaus »Thomas Müntzer«, Bad Langensalza (Thüringen)
Umschlaggestaltung: Federico Luci, Köln
Umschlagfoto: Michael Seifert, Hannover
Printed in Germany

ISBN 3-407-62330-5

Vorwort zur 1. Auflage

Nach Erscheinen meines Buches „Rationeller Lernen lernen" wurde ich von vielen Schulen gebeten, Kurse über Arbeits- und Lernmethoden durchzuführen. Zum Teil ging es dabei um Kurse für Schüler, ebensooft aber auch für Lehrer. Es zeigte sich, daß die Einsicht in die Notwendigkeit einer systematischen Vorbereitung der Schüler auf diesem Gebiet weit verbreitet ist, daß es aber nur wenige Lehrer gibt, die sich in der Lage fühlen, entsprechende Kurse zu übernehmen.

Aus diesem Grund entschloß ich mich, meine Erfahrungen bei der Durchführung von Arbeitstechnikkursen in einem Lehrerhandbuch weiterzugeben. Für die verschiedenen Bereiche wie Zeiteinteilung, systematisches und kritisches Lesen, Prüfungsvorbereitung, Zusammenarbeit, Erstellen von Facharbeiten, Sammeln und Ordnen von Informationen usw. habe ich die wichtigsten zu vermittelnden Kenntnisse und Methoden, die Lernziele sowie Vorschläge für die Gestaltung entsprechender Kurse mit Übungen und Experimenten zusammengestellt. Ein weiterer Teil enthält Anregungen für die Lehrer aller Fachrichtungen, wie im allgemeinen Unterricht die selbständige Arbeit der Schüler gefördert und den Schülern Gelegenheit gegeben werden kann, sinnvolle Lerntechniken aufzubauen und einzuüben.

Das Buch wendet sich somit nicht nur an Lehrer, die selbst Kurse über Arbeits- und Lernmethoden durchführen wollen, sondern an alle, die in der Sekundarstufe (Schüler der Altersgruppen 11–19) unterrichten.

Nicht alle Lehrer verfügen selbst bereits über einen Überblick über die wichtigsten Prinzipien der Lerntechnik und rationelle Arbeitsmethoden. Um das Buch als selbständige Publikation erscheinen lassen zu können, war es deshalb notwendig, manche Inhalte aus „Rationeller Lernen lernen" zu übernehmen.

Bei der Vorbereitung des Buches habe ich von vielen Diskussionen mit Lehrern profitiert. Besonders danke ich Herrn *Hans K. Fischer*, Frau *Helga Hanisch*, Herrn Prof. Dr. *W. Rupli*, Herrn Dr. *W. Schumacher* sowie den Lehrern des Gymnasiums Engelskirchen für ihre Anregungen und die kritische Durchsicht des Manuskriptes.

Neuhonrath, Mai 1976   *Regula Schräder-Naef*

Vorwort zur Neuauflage 1996

In den rund 20 Jahren seit Erscheinen der ersten Auflage dieses Buches haben sich die Einstellungen vieler Lehrerinnen, Lehrer wie auch von Bildungsverantwortlichen hinsichtlich der Notwendigkeit der Vermittlung von Lerntechniken und -strategien in der Schule geändert. In den letzten 10–15 Jahren fanden nicht nur in Schulen und in der Lehrerfortbildung zahlreiche Diskussionen, sondern auch spezielle Fachkonferenzen zu diesem Thema statt, wurden Möglichkeiten des Einbezugs an vielen Schulen erprobt. Die Wirtschaft ruft zunehmend nach Berufsleuten mit vermehrten Schlüsselqualifikationen. Unter anderem werden damit Kenntnisse von Lerntechniken gemeint.

Gleichzeitig vollzieht sich auch ein Wandel der Unterrichtsmethoden: Mehr Schulen als früher bemühen sich um Formen, in denen weniger belehrt und mehr selbständig erarbeitet wird. Nicht alle Lehrerinnen und Lehrer haben die Möglichkeit, diese Entwicklungen systematisch zu verfolgen. Ein wichtiger Grund für die Überarbeitung des Buches ist deshalb das Bemühen, neue Erkenntnisse weiterzuleiten, breiter nutzbar zu machen.

Ein weiterer Grund ist der Einzug der Informationstechnologie in die Klassenzimmer. Auch dies verändert die Rolle der Lehrenden, läßt sie von Wissensvermittelnden zu Lernberatern werden, erfordert neue Lernstrategien und Einstellungen. Während viele Kinder zu Hause mit der neuesten Technik Bekanntschaft schließen und einen leichteren Zugang dazu finden als die meisten Erwachsenen, werden die Startbedingungen für Kinder aus weniger privilegierten Elternhäusern weiter erschwert. Soll der Graben zwischen diesen Gruppen nicht noch größer werden, müssen in den Schulen Kompensationsmöglichkeiten geschaffen werden.

Als ich die erste Auflage dieses Buches schrieb, hielt ich mich an die damalige Gepflogenheit, bei den Formulierungen (Schüler, Lehrer) nur die männliche Form zu verwenden und Schülerinnen und Lehrerinnen immer „mitzumeinen". Gerne habe ich die jetzige vollständige Überarbeitung des Buches zum Anlaß genommen, entweder geschlechtsneutrale Bezeichnungen oder aber sowohl die männlichen als auch die weiblichen Formen zu verwenden. Mein Wunsch, auch den Titel des Buches in »Schülerinnen und Schüler lernen Lernen« abzuändern, konnte leider aus verlagstechnischen Gründen nicht berücksichtigt werden.

Ich danke *Ruedi Balderer*, *Corinne Boppart* und *Pia Sollberger* für ihre Anregungen und das Durchlesen des Manuskripts sowie meiner Tochter *Dagmar* für das speditive Ausführen der Korrekturen.

Inhaltsverzeichnis

I. Einleitung

1. Ziel und Aufbau des Buches

Die Forderung, die Schule habe den Schülerinnen und Schülern nicht nur Wissen weiterzugeben, sondern sie vor allem das Lernen zu lehren, ist keineswegs neu. Leitziele von Schulen aller Stufen halten fest, daß es neben der Vermittlung von Kenntnissen vor allem auch um die Grundlagen und die Befähigung zum lebenslangen Lernen geht. Längst vorbei sind ja die Zeiten, in denen sich Kinder und Jugendliche einen »Schulrucksack« erwarben, der für das ganze Leben ausreichte. Wirtschaftliche Gründe, technologische Entwicklungen wie auch persönliche Umorientierungen und Verlagerung der individuellen Interessenschwerpunkte führen zu einer großen beruflichen Mobilität mit entsprechendem Schulungs- und Weiterbildungsbedarf in jedem Lebensalter. Schlagworte wie »Wissensexplosion«, »abnehmende Halbwertzeiten der Wissensbestände« in allen Bereichen machen deutlich, daß der Zugang zu Informationen und die Auseinandersetzung mit neuen Erkenntnissen auch für jene Personen erforderlich sind, die in ihrem Ausbildungsberuf bleiben; dies trifft ohnehin für eine sinkende Zahl von Erwachsenen zu. Selbstbestimmung und Selbstverantwortung muß bereits Jugendlichen in zunehmendem Maße möglich sein, wenn sie als Erwachsene Verantwortung übernehmen, zur Mündigkeit geführt werden sollen. Die Fähigkeiten, eigene Lernziele zu setzen, selbständig zu lernen, effiziente Lernstrategien anzuwenden und selbst Lernkontrollen durchzuführen, werden damit zu wichtigen Schlüsselqualifikationen. Absolventinnen und Absolventen der Schulen und Ausbildungen der Sekundarstufen I und II müssen vor allem über Flexibilität und die Bereitschaft, sich immer wieder umzuorientieren, lebenslang weiterzulernen, verfügen.

Wie Untersuchungen bei Langzeitarbeitslosen zeigen, erschwert das Fehlen dieser Flexibilität und Weiterbildungsbereitschaft auch das Finden eines neuen Arbeitsplatzes.

Eine unausweichliche Folge der ständig steigenden Informationsflut ist die Notwendigkeit zur immer gezielteren Auswahl. Dies gilt für jeden einzelnen in seinem Privatleben, aber auch für Wissenschaftlerinnen und Wissenschaftler bei ihrer Arbeit: Der wachsenden Menge an Publikationen und Forschungsergebnissen können sie nur begegnen, wenn sie die Bereiche, auf die sie sich konzentrieren und in denen sie sich kompetent fühlen wollen, immer genauer abgrenzen. Viele Fortschritte und Erkenntnisse wurden nur durch extreme Spezialisierung möglich. Die Aufteilung in immer weitere Teilstücke führt dazu, daß Forschende sich nur auf ihrem jeweiligen Spezialgebiet kompetent und verantwortlich fühlen. Die meisten und die wichtigsten Probleme, denen sich die Menschheit heute gegenübersieht, sind jedoch komplex und verlangen einen Einblick in viele Wissensgebiete und ein vernetztes Denken. Gefordert ist die Fähigkeit, mit anderen Spezialisten zusammenzuarbeiten.

Verbreitet ist zudem die Erkenntnis, daß die Schulen aller Stufen das Ziel, die Kinder und Jugendlichen zum selbständigen Lernen zu führen, immer noch zu wenig erreichen. Die Annahme, daß Lernende sinnvolle Lern- und Arbeitsmethoden durch den Schulbesuch und den Umgang mit Lerninhalten »automatisch« erwerben, hat sich als Irrtum erwiesen. In den letzten Jahren sind deshalb immer mehr Schulverantwortliche zur Überzeugung gekommen, daß diesem Lernziel noch stärkere Beachtung geschenkt werden muß. Nach wie vor ist aber ein großer Teil des Unterrichts auch auf der Sekundarstufe überwiegend auf die Vermittlung von Stoff durch die Lehrpersonen und nicht auf den Erwerb von Methoden durch die Lernenden angelegt.

Viele Lehrerinnen und Lehrer betonen die Wichtigkeit der Vermittlung von Lern- und Arbeitsmethoden, fühlen sich jedoch selbst nicht zuständig. Sie weisen darauf hin, daß sie weder in ihrer Schulzeit noch während ihrer Ausbildung entsprechende Techniken kennengelernt haben. Sie haben sich mit Didaktik und Lehrmethoden auseinandergesetzt und somit gelernt zu unterrichten. Dies bedeutet aber keineswegs, daß sie auch über ihre eigenen Lernstrategien nachgedacht haben. In der Regel haben sich auch Lehrerinnen und Lehrer eher zufällige und nicht immer optimale Vorgehensweisen angewöhnt. Auch wenn sie in der Literatur andere Methoden kennenlernen, wissen sie nicht, wie diese an die Kinder und und Jugendlichen weitergegeben werden könnten. Sie werden ausgebildet, um zu lehren und nicht, um das Lernen zu fördern. Lernende lernen entsprechend, unterrichtet zu werden, nicht aber, selbständig zu lernen und Verantwortung für den eigenen Lernprozeß zu übernehmen.

Vielen Lehrpersonen ist nicht klar, daß es verschiedenste Lernstile gibt und die Schülerinnen und Schüler unterschiedliche Voraussetzungen und Vorbilder haben. Lernende, deren Art des Lernens mit jener der Lehrerin oder des Lehrers übereinstimmt, werden dadurch bevorzugt.

Diesen Problemen will das Buch begegnen. Es wendet sich an Lehrerinnen und Lehrer der Sekundarstufen I und II, die ihren Schülerinnen und Schülern bei der Entwicklung selbständiger Lernstrategien helfen wollen. Es faßt für alle Bereiche der Arbeits- und Lerntechnik die wichtigsten Inhalte zusammen, vermittelt Informationen, gibt Erfahrungen weiter, stellt Beispiele und Probleme dar. Es will eine Arbeitshilfe sein, die natürlich nicht einfach von Anfang bis Schluß durchzulesen ist, sondern vielseitig gebraucht werden kann: als Einstieg, als Anregung bei der Vorbereitung eigener Kurse wie auch als Grundlage für die Begleitung von Gruppen.

Das Buch gliedert sich in drei Teile: Der erste Teil gibt allgemeine Anregungen, Informationen, Grundlagen und Hintergründe. Im zweiten Teil werden Bausteine, Einzelelemente für Kurse mit Lernzielen und Anregungen für die Vermittlung vorgestellt. Der dritte Teil enthält Hinweise für die Förderung von Lernstrategien im allgemeinen Unterricht. Dabei handelt es sich stets um Beispiele aus der eigenen Praxis der Autorin, die je nach Zielgruppe beliebig erprobt, ergänzt und abgewandelt werden können.

2. Was ist Lernen und was sind Lerntechniken?

Lernfähigkeit ist das Vermögen, Erfahrungen für künftiges Verhalten speichern und verwerten zu können. Lernen begleitet den Menschen von Geburt an. Ein Kind lernt laufen und sprechen, sich in seiner Umwelt zu orientieren, radzufahren, sich die Schuhe zu binden, mit hohen Stufen und zerbrechlichem Geschirr umzugehen; es erwirbt aber auch ein Bild seiner selbst und entwickelt Gefühle und Einstellungen gegenüber anderen Menschen oder der Umwelt.

Bei allem, was wir lernen, reagieren wir als ganze Person. So lernt ein Kind beim Fußballspielen nicht nur den Umgang mit dem Ball, sondern auch die Zusammenarbeit, das Berücksichtigen der Reaktionen der Kollegen, es lernt, sich selbst wahrzunehmen als geschickt und beliebt oder ungeschickt und abgelehnt.

Im Alltagsverständnis ist Lernen vor allem die Übernahme von Wissensstoff. Lehrbuchdefinitionen von Lernen unterscheiden sich deutlich davon. Im engeren Sinn wird Lernen als das *absichtliche* Erwerben von Wissen und Können verstanden. Da ein Wissenszuwachs nicht direkt meßbar ist, wird das Kriterium der *beobachtbaren Verhaltensänderung* beigezogen. Für Lehrende steht in der Regel das Problem der optimalen Vermittlung eines Lerninhaltes im Mittelpunkt. Sie sehen ihre Aufgabe darin, den Stoff möglichst sorgfältig aufzubereiten und die Übergabe an die Lernenden zu kontrollieren.

Schulisch relevantes Lernen umfaßt nicht nur das Speichern von vorgegebenem Stoff, sondern auch Denken, das Suchen und Erkennen von Zusammenhängen, Analyse von Problemen, Selbständigkeit. Die Kinder sollen beispielsweise nicht nur lesen lernen, sondern auch lernen, das Gelesene zu verstehen, kritisch zu hinterfragen, mit Vorwissen in Beziehung zu bringen.

Für H. Klippert (1994) gehört zum erweiterten Lernbegriff:

- inhaltlich-fachliches Lernen: Wissen (Fakten, Regeln, Begriffe, Definitionen), Verstehen (Phänomene, Argumente, Erklärungen), Erkennen (Zusammenhänge), Urteilen (Thesen, Themen, Maßnahmen beurteilen)
- methodisch-strategisches Lernen: exzerpieren, nachschlagen, strukturieren, organisieren, planen, entscheiden, gestalten, Ordnung halten, visualisieren
- sozial-kommunikatives Lernen: zuhören, begründen, argumentieren, fragen, diskutieren, kooperieren, integrieren, Gespräche leiten, präsentieren
- affektives Lernen: Selbstvertrauen entwickeln, Spaß an einem Thema oder an einer Methode haben, Identifikation und Engagement entwickeln, Werthaltungen aufbauen.

Vom Lernverständnis hängt ab, wie das Lernen gelernt werden kann, wie Lehrpersonen das Lernen in der Schule fördern können, welche Ratschläge erteilt und welche Lernhilfen als sinnvoll erachtet werden.

Lernen verläuft in mehreren Stufen, von der Vorbereitung (Ziele festlegen, motivieren, bereits erworbenes Wissen aktivieren) über die Auseinandersetzung mit den Inhalten (in Beziehung setzen, integrieren, anwenden) bis zum Überprüfen (Kontrolle, Reflexion). Alle Einzeltätigkeiten können entweder von den Lehrenden vorbereitet und begleitet oder von den Lernenden selbständig erworben werden.

Selbständig Lernende lernen aktiv, flexibel und unabhängig, kennen ihren eigenen Lernstil und verfügen über ein breites Repertoire von Lernmethoden und -strategien. Sie können rationell und sinnvoll ihre eigenen Lernziele in ganz unterschiedlichen Umgebungen und Situationen erreichen.

Die Definitionen von Lerntechniken und Lernstrategien sind fast ebenso zahlreich wie jene für den Begriff des Lernens.

Meine Definition für dieses Buch lautet:

Unter Lern- und Arbeitsmethoden sind Techniken, Einstellungen und Gewohnheiten zu verstehen, die der Auswahl, dem Erwerb, der Verarbeitung und dem Weitergeben von Wissensstoff dienen, dem selbständigen und rationellen Arbeiten, der Zusammenarbeit und der sinnvollen Planung und Gestaltung der eigenen Zeit und der eigenen Ressourcen. Entwickelt werden soll die Fähigkeit, die zur Bewältigung neuer und unvorhergesehener Situationen erforderlichen Lernprozesse selbst kompetent organisieren zu können.

Es geht somit nicht nur um Techniken im engeren Sinn (wie z.B. Notizentechnik, Lesetechniken, Arbeit mit Karteien oder Datenbanken), sondern auch um Einstellungen, Haltungen und psychosoziale Fähigkeiten. Im Vordergrund steht nicht die Anwendung bestimmter Vorgehensweisen und die Übernahme starrer Rezepte, sondern die Selbständigkeit. Aufgaben können auf verschiedene Weise angepackt werden; eine sinnvolle Arbeitstechnik besteht darin zu prüfen, welches Vorgehen den eigenen Zielen am besten entspricht. Selbständige Lern- und Arbeitstechniken ermöglichen es den Lernenden, ihr Lernen selbst zu steuern, ihre Fähigkeiten und Kenntnisse entsprechend den eigenen Bedürfnissen und wechselnden Zielen zu erweitern.

Werden Lerntechniken nach einem Lernplan bewußt ausgewählt, sinnvoll verbunden und der Situation angepaßt eingesetzt, können wir von einer *Lernstrategie* sprechen. Ein Beispiel: Bei der Lektüre eines Textes können Lernende eine reduktive, die Informationsfülle zusammenfassende *Lesestrategie* verfolgen. Dazu stehen ihnen verschiedene *Techniken* zur Verfügung, deren Anwendung sie im konkreten Fall von Inhalt und Struktur des Textes abhängig machen werden.

Lernstrategien sind demnach flexible und situationsangemessene Handlungssequenzen zur Erreichung eines Lernziels. Als Techniken werden dagegen Teilhandlungen bezeichnet, die je nach Situation und Aufgabe in die Strategie integriert werden, um das jeweilige Ziel zu erreichen.

In der Literatur werden Primär- und Stützstrategien unterschieden:

- *Primärstrategien* ermöglichen ein besseres Erwerben und Verstehen der zu verarbeitenden Informationen.
  Beispiele: Strategien für das Lernen mit Texten, Mnemotechniken, Schreiben im Unterricht. Sie beziehen sich auf das Lernmaterial und seine Merkmale. Verstehens-, Behaltens-, Rückruf- und Transferstrategien.
- *Stützstrategien*, von manchen auch als Supportstrategien bezeichnet, sind verantwortlich für ein günstiges Lernklima und für den Erfolg der Primärstrategien, für die Entwicklung einer positiven Einstellung, die Überwindung innerer und äußerer Ablenkung, Selbstbeobachtung.
  Beispiele: Strategien der Selbstmotivierung, der Aufmerksamkeitssteuerung, der Zeitplanung.

Zum selbständigen Lernen gehören folgende Schritte:

- Zielsetzung und Planung: Entscheidungen treffen, verschiedene Vorgehensweisen prüfen und eine als geeignet auswählen.
- Vorwissen aktivieren, z.B. mit Mind-Maps, Skizzen, Übersichten.
- Gezielte Suche nach Informationen in den eigenen Unterlagen, in Datenbanken, Bibliotheken, Büchern, durch Untersuchungen, Befragungen usw.
- Überblick gewinnen: Strukturen erkennen, unterscheiden, was auswendig gelernt und was verstanden werden muß, Hilfsmittel prüfen.
- Probleme lösen, Situation analysieren, Irrwege erkennen.
- Vertiefte Lernarbeit: konzentrierte Auseinandersetzung, z.B. lesen, rekapitulieren, elaborieren, wiederholen. Üben, lernen, wie Fertigkeiten trainiert werden müssen, bis sie richtig »sitzen«.
- Systematisches Denken, ökologisches und vernetztes Denken, das auch Nebenwirkungen einbezieht.
- Kontrollieren, ob Ziel erreicht ist, Lücken erkennen, Vertiefung planen und durchführen.
- Lernergebnis präsentieren, schriftlich, mündlich, zeichnerisch.
- Einfluß nehmen, sich beteiligen, Verantwortung für Handlungen übernehmen.

H. Klippert (1994) unterscheidet zwischen Makromethoden (relativ komplexe Methoden wie Projekte, Planspiele, Referate) und Mikromethoden und gliedert in vier Gruppen: selbständige Informationsgewinnung, produktive Informationsverarbeitung, Argumentation und Kommunikation, systematisches Üben und Wiederholen.

3. Welche Techniken und Strategien brauchen die Schülerinnen und Schüler?

Überlegungen, welche Lern- und Arbeitsmethoden den Schülerinnen und Schülern der Sekundarstufe vermittelt werden sollen, können von drei Ansatzpunkten ausgehen:

a) Welche Methoden und Techniken helfen den Lernenden bei der Bewältigung des Schulstoffes und der Erledigung ihrer Hausaufgaben?
c) Welche Techniken und Strategien benötigen sie für die nachfolgende Stufe (Studium, Berufsausbildung), auf welche Anforderungen sollen sie vorbereitet werden?
c) Welche Techniken, Gewohnheiten und Einstellungen sind für ein selbständiges Lernen und Arbeiten im Erwachsenenalter erforderlich?

Obwohl es stets um Lern- und Arbeitsmethoden geht, werden unterschiedliche Schwerpunkte gesetzt und andere Vorgehensweisen gewählt, je nachdem, welcher der drei Ansatzpunkte im Vordergrund steht.
Zu berücksichtigen ist, daß Kinder schon vor und außerhalb der Schule Erfahrungen sammeln und Strategien entwickeln. Auf diesen Kenntnissen und Methoden kann und muß ein Lerntraining ebenso aufbauen wie auf selbständigem und kritischem Denken. Welche Einstellungen die Kinder mitbringen und wie motiviert sie zum Lernen sind, hängt in hohem Maße von ihrem Elternhaus und den erlebten Vorbildern ab. Die Schule hat damit bei Kindern aus bildungsfernem Milieu eine kompensatorische Aufgabe, wenn diese nicht in ihrem Lernverhalten blockiert bleiben sollen.

a) Erleichterung des schulischen Lernens

Die Hoffnungen, die von Jugendlichen in die Lerntechnik gesetzt werden, lassen sich meist als »Tips für müheloses Lernen« beschreiben. Wenn sie an Lerntechnikkursen teilnehmen oder die entsprechenden Bücher kaufen, erwarten sie Hinweise, wie sie den Lernstoff ohne Anstrengung aufnehmen und bei der nächsten Prüfung so wiedergeben können, daß sie möglichst gute Noten erzielen. Dieses Bild von den Absichten der Lerntechnik haben auch all jene Lehrerinnen und Lehrer vor Augen, die Anleitungen zum Lernen mit der Begründung ablehnen, sie führten zu Unmündigkeit und kritikloser Anpassung. Lernen wird als Konsum gesehen, Lerntechniken entsprechend als Erleichterung dieses Konsums. Sie werden mißverstanden als Rezepte, Abkürzungen zum mühelosen Speichern von vermitteltem Wissen, mit Superlearning, Suggestopädie gleichgesetzt und als Trichter gesehen, mit dessen Hilfe der Stoff den Schülerinnen und Schülern besser eingeflößt werden kann.
Ein Teil des Lernstoffes der Schulen aller Stufen wie auch der Weiterbildung im

Erwachsenenalter besteht aus Fakten, die einfach auswendig gelernt werden müssen, die unkritisch aufgenommen werden können. Dies betrifft beispielsweise die fremdsprachigen Vokabeln, aber auch Grundbegriffe aus vielen Wissensgebieten. Für diese Bereiche kann die Lerntechnik Anregungen im erwarteten Sinne geben, welche Vorgehensweisen zur schnellsten Aneignung des Stoffes führen, wie das Gedächtnis unterstützt wird.

In jenen Bereichen aber, in denen es um das Verständnis, die kritische Auseinandersetzung mit Informationen geht, führt das repetitive Auswendiglernen nicht weiter. Die Vermittlung von Lern- und Arbeitstechniken muß hier als Hilfe auf dem Weg zur Selbständigkeit verstanden werden. Dabei werden weder die Hoffnungen der Lernenden auf ein müheloses Lernen erfüllt, noch treffen die Vorwürfe der Kritiker zu: Selbständiges Lernen ist oft anstrengender und unbequemer als das einfache Schlucken und Wiedergeben des dargebotenen Stoffes. Schülerinnen und Schüler, die selbst Fragen stellen, Informationen suchen, vergleichen, bewerten, gliedern, ihre Zeit planen und einteilen, machen mehr Fehler, müssen sich mit Unstimmigkeiten auseinandersetzen, vielleicht auch öfter neu beginnen oder vom gewohnten Weg abweichen. Die Erfahrungen, die sie dabei sammeln, lassen sich nicht einfach in Notenpunkte bei der nächsten Prüfung umsetzen – vor allem dann nicht, wenn bei der Prüfung nicht selbständiges Arbeiten gefragt ist, sondern das möglichst lückenlose Reproduzieren des Gebotenen. Die Betonung der mit der Selbständigkeit verbundenen Anstrengung bedeutet aber nicht, daß sie den Jugendlichen weniger Spaß macht. Die Motivation ist meist besser.

Die Vorteile einer so verstandenen Arbeitstechnik liegen in der Aneignung von Methoden und Einstellungen, die über die Schule hinaus die Orientierung und Auseinandersetzung mit Informationen ermöglichen.

H. Klippert (1994) befragte rund 800 Schüler in Rheinland-Pfalz. Eine Mehrheit erklärte, daß es ihnen eher schwer falle,

– den Lernstoff längerfristig zu behalten,
– den eigenen Lernerfolg treffend einzuschätzen,
– im Unterricht zielstrebig zu arbeiten sowie etwaige Schwierigkeiten beim Lernen zu überwinden,
– umfangreiche Materialien/Texte konzentriert durchzuarbeiten und das Wesentliche daraus zu entnehmen,
– wichtigen Lernstoff zusammenzufassen und entsprechende Berichte übersichtlich zu gliedern und zu gestalten,
– Klassenarbeiten frühzeitig vorzubereiten sowie den Lernstoff gezielt zu üben und zu wiederholen,
– vor der Klasse frei zu reden oder nach eigenen Stichworten einen kleinen Vortrag zu halten,
– bei Diskussionen auf die Mitschüler einzugehen und so zu reden, daß diese aufmerksam zuhören,
– an der Tafel etwas zu erklären oder trotz Unsicherheit einen mündlichen Beitrag zu liefern.

Die Vermittlung von Lernmethoden läßt sich mit Entwicklungshilfe vergleichen. Die Entwicklungshilfe ist mit vielen negativen Assoziationen belastet: Viele denken an Fehlschläge, an zunehmende Abhängigkeit und Unmündigkeit der Länder, denen geholfen werden sollte. Anstelle der oft beschworenen »Hilfe zur Selbsthilfe« bestand die Entwicklungshilfe in vielen Fällen in kurzfristigen Maßnahmen (z.B. in der Lieferung von Nahrungsmitteln), die die Eigeninitiative der Begünstigten lähmten, deren eigene Bemühungen sinnlos werden ließen. Die zur Überbrückung bestimmter Schwierigkeiten geplante und erforderliche Hilfe wurde damit zu einer dauernden Notwendigkeit.

Der Schluß, der aus den in der Entwicklungshilfe gemachten Fehler gezogen werden muß, ist aber nicht, daß diese grundsätzlich überflüssig oder schädlich ist, sondern daß von den Zielen und Voraussetzungen der Betroffenen ausgegangen werden muß. Alle Projekte müssen daraufhin geprüft werden, ob sie unter den gegebenen Bedingungen zur Selbständigkeit und Unabhängigkeit führen können.

Arbeitstechnische Probleme wie beispielsweise mangelnde Zeiteinteilung, schlechte Prüfungsvorbereitung, unzureichende Methoden der Informationsbeschaffung können die Lernenden lähmen, ihre Arbeit blockieren. Die »Entwicklungshilfe« durch die Lerntechnik kann aber nicht darin bestehen, diese Probleme für die Schülerinnen und Schüler zu lösen, alle Hindernisse aus ihrem Weg zu räumen, sondern ihnen Werkzeuge zu deren Bearbeitung zu liefern. Ziel ist auch hier, die Lernenden zu befähigen, baldmöglichst selbst die Verantwortung zu übernehmen.

b) Vorbereitung auf die Anforderungen der nächsten Stufe

Befragungen von Lehrpersonen der Sekundarstufen ebenso wie von Berufs- und Fachhochschulen und Universitäten ergeben, daß diese der Meinung sind, die Schülerinnen und Schüler verfügten beim Eintritt in ihre Stufe nicht über die erforderlichen Lernmethoden und die abgebende Schule müßte sie in dieser Hinsicht besser vorbereiten. Während Lehrerinnen und Lehrer der gymnasialen Oberstufe und der Berufsschulen bedauern, daß an der Sekundarstufe I das Lernen nicht systematisch gelernt wird, wird an Universitäten und Fachhochschulen nach wie vor über die mangelnden Lern- und Organisationsfähigkeiten der neu Eintretenden geklagt.

In einer Befragung (R. Schräder-Naef, 1980) erklärten zahlreiche Studienanfänger, es stelle für sie ein Problem dar, nicht zu wissen, wie man ökonomisch und effektiv studiere; viele nannten Schwierigkeiten, den Überblick über umfangreiche Stoffgebiete zu behalten, hatten Probleme mit der Prüfungsvorbereitung, der Konzentration oder litten unter Prüfungsangst (vergl. Graphik 1, S. 17).

Interessant war bei diesen Ergebnissen auch die Gegenüberstellung der Antworten von Studienanfängern und bereits länger Studierenden: Die Anpassung an das Hochschulleben war – wenig überraschend – für die seit drei Jahren Stu-

Grafik 1: *Studienprobleme – Unterschiede nach Fachrichtung*

	Großes Problem				kein Problem
	3	4	5	6	7
– Anpassung an Hochschulleben					
– Hemmungen, Gedanken u. Wissen zu zeigen					
– Wahl der Fächerkombination					
– Probleme mit Professoren u. Assistenten					
– Anonymität im Massenbetrieb					
– In Vorlesungen zu folgen					
– Wissen, wie man ökonomisch studiert					
– Sich sprachlich auszudrücken					
– Zusammenarbeit mit andern					
– Zeiteinteilung					
– Überblick über große Stoffgebiete					
– Richtige Prüfungsvorbereitung					
– Eigene Eignung für Studienfach					
– Angst vor Prüfungen					
– Lernunlust					
– Kontakt zu finden					
– Sich zu konzentrieren					
– Information über den Studiengang					
– Sinn des Weitermachens					
– Alternativen zum Studium					

G = Geisteswissenschaft (Philologen, Historiker)
N = Naturwissenschaft
R = Recht
W = Wirtschaft

M = Medizin
I = Ingenieure und Architekten
A = Andere (Sozialw., Sek.lehrer)
× = Mittelwert insgesamt

17

dierenden kein Problem mehr, und auch die Schwierigkeiten mit Professoren und Assistenten wurden mit längerer Studiendauer geringer. Bei der Frage, wie man ökonomisch und effektiv studiert, kamen dagegen die gleichen Streuungen bei den Antwortenden mit kurzer und mit langer Studiendauer vor. Größere Probleme bei der Zeiteinteilung hatten die schon länger Studierenden öfter als die neu Eingetretenen; dagegen gelang es den schon seit längerer Zeit Studierenden eher, den Überblick über große Stoffgebiete zu behalten.

Daß diese Ergebnisse auch heute noch aktuell sind, zeigt eine im Sommersemester 1994 an der Ingenieurschule Basel durchgeführte Befragung von Maschineningenieurstudenten im 6. Semester (V. Steiner, 1995). Die Belastung durch das Studium wurde von 11 % der Befragten als »zu hoch« eingestuft, 58 % bezeichneten sie als »hoch«, 31 % als »mittel«. 72 % erklärten, daß sie ihre Studienarbeit außerhalb des Unterrichts mehr oder weniger oft aufschieben und sich erst unter dem Druck von Klausuren dafür Zeit nehmen. Auch dann wird als »Feuerwehrübung« nur gerade für die Prüfung gelernt. 46 % der Befragten sagten aus, daß sie im Unterricht aktiv mitmachen, wobei die Motivation stark von der Unterrichtsmethode abhängt. Nur 15 % gaben an, daß sie sich manchmal auf die Lektionen vorbereiten, 10 %, daß sie abends den Stoff des Tages nochmals durchgehen – dies, obwohl über zwei Drittel der Befragten einsahen, daß sie ihre Leistungen durch dieses Vor- oder Nachbereiten des Stoffes verbessern könnten. Die Studie kommt zu dem Schluß, daß sich bei vielen Lernenden an Gymnasien, Fachhochschulen und Universitäten nicht nur der effizientere Umgang mit der Zeit, sondern auch das Lernverhalten zu Hause verbessern ließe und daß die Anwendung effektiver Strategien beim sportlichen Training viel stärker verbreitet ist als beim geistigen Training. »Das geistige Training – Lernen und Schularbeiten – müsste genauso ein Gesprächsthema sein und optimiert werden. Die befragten Studierenden arbeiten durchschnittlich 12 Stunden pro Woche zu Hause, und 72 % schieben diese Arbeiten mehr oder weniger oft auf. Im Sport wäre derlei Aufschieben kaum denkbar; die Vorstellung, dass 72 % der Sporttreibenden, die pro Woche 12 Stunden trainieren, ihr Training aufschieben, scheint absurd. Besser lernen zu lernen ist ein Erfordernis unserer schnellebigeren Zeit, oder, wie es Alvin Toffler sagt: ›The illiterate of the year 2000 will not be the individual who cannot read and write, but the one who cannot learn, unlearn and relearn.‹«

Auch diese Ergebnisse zeigen, daß sinnvolle Lern- und Arbeitstechniken nicht automatisch erworben werden und eine bessere Vorbereitung in der Sekundarstufe für viele eine Hilfe bedeuten würde. Zweifellos könnte damit nicht nur der Übertritt an die Universität erleichtert, sondern auch die hohe Zahl von Studienabbrüchen reduziert werden (gemäß einer neuen deutschen Untersuchung brechen von den Erstsemestern eines Jahrgangs gut 30 % ihr Studium ohne Abschluß ab).

In den Mittelschulen und Gymnasien müssen Jugendliche nicht nur fundierte Kenntnisse erwerben, sondern lernen, dieses Wissen zu erweitern, zu strukturieren und anzuwenden. Sie müssen mit verschiedenen Lern- und Problemlösestrategien vertraut werden, argumentieren können, Theorien formulieren, Hypothesen aufstellen, sie entkräften oder verifizieren, Schlüsse ziehen. Wichtig ist die Fähigkeit, zu beobachten, zu experimentieren, zu abstrahieren, Beweise zu sammeln und Konzepte und Modelle zu entwickeln.

c) Aufbau von Strategien für das lebenslange Lernen

Wenn gefordert wird, daß die Schule das Lernen zu lehren habe, zielt dies nicht auf die bessere Aneignung des Schulstoffes, sondern auf die Unabhängigkeit von der Schule, die Befähigung zur Weiterbildung, zur Anpassung an eine sich ständig verändernde Berufs- und Umwelt, zur Bewältigung des Alltags. Gemäß einem Zitat des österreichischen Finanzministers gilt in der heutigen Zeit nicht mehr das Sprichwort »Was Hänschen nicht lernt, lernt Hans nimmermehr«, sondern vielmehr »Wenn Hans nicht umlernen kann, nützt es nichts, auch wenn er weiß Gott alles gelernt hat« (W. Lenz). Während unter den Bedingungen der Schule Lernziele und Lernkontrollen gegeben waren, wird für die Erwachsenenbildung vor allem die Lernmotivation, die Bereitschaft und Freude am Lernen zum zentralen Faktor.

Eine großangelegte repräsentative Befragung zum Weiterbildungsverhalten in der Schweiz (Bundesamt für Statistik) ergab einen hohen Zusammenhang zwischen guter Erstausbildung und Bereitschaft zur Weiterbildung: Wer gelernt hat zu lernen und damit erfolgreich war, wird weiter das Bedürfnis haben, sich zu informieren, seine Kenntnisse zu aktualisieren, und wird dies auch ohne allzu große Probleme tun können. Weiterbildung im Erwachsenenalter ist nur selten eine Kompensation früherer Defizite. Viel öfter stellt sie eine Fortsetzung des bisherigen Lernens dar. Allzuoft bauen Mißerfolg in der Schule, mangelndes Vertrauen in die eigene Lernfähigkeit und unzulängliche Lernstrategien unüberwindliche Schranken auf. Wer sich dennoch entschließt, seine Lerndefizite im Erwachsenenalter zu beheben, wird sehr viel Zeit und Energie investieren müssen. Auch aus diesem Grund sind der Erwerb guter Lernmethoden in der Erstausbildung und vor allem die Freude am Lernen, die auch mit dem Lernerfolg zusammenhängt, wichtig: Die Schere zwischen gut Ausgebildeten und Weiterbildungswilligen auf der einen Seite und schlecht Qualifizierten, die Widerstände und Blockaden gegenüber dem selbständigen Lernen haben, öffnet sich immer weiter.

Viele Erwachsene haben Befürchtungen, daß es ihnen nicht gelingt, sich in neue Bereiche einzuarbeiten, zusätzliche Qualifikationen zu erwerben. Vor allem die Furcht, daß das Gedächtnis immer schlechter werde, ist weit verbreitet und zeigt, daß viele Menschen Lernen mit Auswendiglernen von Zahlen, Namen oder Daten gleichsetzen.

Die früher oft gezogene Schlußfolgerung, daß die Intelligenz oder die geistige Leistungsfähigkeit bereits mit 30 Jahren wieder abzusinken beginnt, ist jedoch falsch. Der menschliche Lebenslauf folgt keinem zwingenden, allgemeingültigen

Verlauf. Die geistige Leistungsfähigkeit wird von den Lebensumständen, den Anforderungen des Berufes und dem Gesundheitszustand beeinflußt. Die Unterschiede *zwischen* den Menschen sind sehr groß und wachsen mit zunehmendem Lebensalter noch. Demgegenüber sind die Einflüsse des Lebensalters nur gering. *Der Lebenslauf und die Lebensgestaltung haben auf die Entwicklung des Menschen einen wesentlich größeren Einfluß als das biologische Alter.*

Die Leichtigkeit, mit der Erwachsene neue Kenntnisse und Fertigkeiten erwerben, ist von vielerlei Faktoren abhängig, von ihren früheren Lernerfahrungen ebenso wie von der Dauer ihres Schulbesuches und ihrer persönlichen Situation, von ihren Einstellungen sowohl gegenüber Lehrpersonen, dem Wissensgebiet als auch sich selbst.

Zu den sinnvollen Lernstrategien, über die Erwachsene verfügen sollten, gehören die Auswahl, Beschaffung, Bewertung und Verarbeitung von Informationen. Um ihre Kenntnisse laufend auf den aktuellen Stand zu bringen, müssen sie sich technischer Hilfsmittel, Karteien, Bibliographien und Archiven bedienen, die einem Dokumentationssystem zugrundeliegende Logik erfassen, den Transfer von einem Wissensgebiet zum anderen machen können.

Die neuen Informationstechnologien ermöglichen den Zugang zu Informationsquellen, Datenbanken über weltweit publizierte Forschungsergebnisse. Wir müssen aber wissen, wie Informationen zu suchen und auszuwählen sind. Die Frage der Auswahl und des Gewichtens, Einordnens wird immer wichtiger. Wer über das entsprechende Know-how nicht verfügt oder dieses aus Angst oder Blockierung nicht sucht, bleibt ausgeschlossen. Es geht nicht nur einfach um den Umgang mit Maschinen und Technik, sondern um die Einstellung dazu, die Nutzung dieser Instrumente und Möglichkeiten, den nüchternen Überblick über die Gefahren und Potentiale. Diese Einstellung und diesen Überblick erwerben viele Heranwachsende heute im Elternhaus oder in ihrer Ausbildung. Um auch jenen, deren Umgebung abwehrend oder verständnislos reagiert, die gleichen Weiterbildungsmöglichkeiten zu geben, ist ein systematischer Einbezug in den Schulen erforderlich.

4. Ziele eines Lerntrainings

Natürlich ist es das Ziel eines Trainings von Lernstrategien, den Schulerfolg zu verbessern, einen Transfer in Lern- und Problemlösesituationen in Schule, Hochschule und Beruf zu erzielen. Der Schulerfolg ist jedoch von einer Vielzahl von Faktoren abhängig, z.B. von der Qualität des Unterrichts, von individuellen kognitiven und motivationalen Voraussetzungen. Lerntechniken und Lernstrategien können weder fehlende Intelligenz noch fehlende Motivation ersetzen. Jugendliche, die in einer Stufe überfordert sind oder sich nicht wohl fühlen, werden weder bereit noch fähig sein, von Hinweisen zur Verbesserung ihrer Lernmethoden zu profitieren und ihre Lernstrategien umzustellen. Lern- und Denkstrategien stellen somit nur einen unter vielen Faktoren dar. Zudem begünstigt der schulische oder universitäre Lernkontext den Einsatz von Strategien nicht immer. Zwar ist es nicht schwer, zwischen erfolgreichen und erfolglosen Schülern bzw. Lernenden zu unterscheiden, aber schwer, diesen Unterschied auf bestimmte Verhaltensweisen zurückzuführen. Es gibt Techniken, um bestimmte Lernziele besser zu erreichen. Wichtig sind jedoch Einstellungen, Haltungen, Selbstreflexion, die Kenntnis des eigenen Lernstils, persönliche Lernziele, metakognitives Bewußtsein. Im Vordergrund stehen deshalb Ziele wie:

– Die Lernenden entdecken ihre individuelle Art des Lernens und überprüfen sie.
– Sie nehmen die eigenen Lernwege wahr und lassen sich von anderen nicht verunsichern.
– Sie fördern die positiven Aspekte des eigenen Lernverhaltens.
– Sie entwickeln und trainieren neue Lernstrategien und -techniken.

Die Fähigkeit zum selbständigen Lernen zeigt sich am Setzen eigener Lernziele und systematischen Planen zu ihrem Erreichen. Manche Schülerinnen und Schüler haben nicht gelernt, selbst die Verantwortung für ihr Lernen zu übernehmen. Ebenso empfinden viele Lehrpersonen selbständig Lernende als Bedrohung ihrer Autonomie, als Störung der Routine und Infragestellung des Lehrplans.

Bedürfnisse verschiedener Altersgruppen

Ein großer Teil der Bücher über Lern- und Arbeitstechniken wird von Studierenden oder von Berufstätigen in der Weiterbildung gekauft. Auch die speziell für Jugendliche geschriebenen Ratgeber werden vermutlich eher von wohlmeinenden Eltern und Verwandten erworben und verschenkt. Das Interesse von Schülerinnen und Schülern an einer Veränderung ihrer Lern- und Arbeitsmethoden ist oft gering, weil sie diese in der Schule noch kaum einsetzen können. Oft macht sich das Fehlen rationeller Vorgehensweisen erst beim Übertritt an die Universität bemerkbar. Wenn die Lernenden wenig Gelegenheit zu selbständiger Arbeit haben, ihre Zeiteinteilung weitgehend vom Stundenplan und von Prüfungen bestimmt ist und kaum Spielraum für eine längerfristige Planung bleibt, empfinden sie eine Auseinandersetzung mit der Frage nach effizienten Methoden als weitgehend überflüssig. Wird aber die Befähigkeit zur selbständigen Arbeit als Lernziel der Sekundarstufe akzeptiert, muß nicht nur der Unterricht entsprechend angelegt sein, sondern den Schülerinnen und Schülern auch Hilfe bei der Bewältigung zunehmend anspruchsvollerer Aufgaben geboten werden.
Aus diesen Überlegungen ergibt sich bereits, daß Anleitung und Gelegenheit zur selbständigen Arbeit Hand in Hand gehen müssen und während der ganzen Schulzeit erforderlich sind. Begonnen werden sollte damit möglichst früh; idealerweise wären Lernmethoden bereits in der Grundschule ein Thema, das immer wieder und vor allem bei der Einführung in neue Aufgabenarten angesprochen wird.

Aus der Schulstruktur ergeben sich zudem einzelne »Nahtstellen«, während deren die Lernenden vermehrt auf Anleitung und Unterstützung angewiesen sind:

– Beim *Eintritt in das Gymnasium beziehungsweise in die Sekundarstufe* (5.–7. Schuljahr): Der Übertritt von der Primarschule in ein Gymnasium oder in die Sekundarstufe erfordert von den Schülerinnen und Schülern infolge der neuen Fächer und Aufgaben, der Auseinandersetzung mit einer Fremdsprache, des teilweisen oder vollständigen Übergangs zum Fachlehrersystem, der homogeneren Leistungsgruppen und der höheren Anforderungen eine beträchtliche Umstellung. In der Primarschule gehörten sie zu den leistungsfähigsten Schülerinnen und Schülern und wurden von den Lehrern entsprechend anerkannt und unterstützt. In der neuen Schule müssen sie sich erst orientieren, sind unsicher, was von ihnen erwartet wird, während sich die Lehrenden bald ein Bild machen.
Die Zehn- bis Zwölfjährigen profitieren vor allem von Ratschlägen zur Arbeitsplatzgestaltung, Zeiteinteilung, Prüfungsvorbereitung, zum Lernen von Fremdsprachen, zur Bibliotheksbenutzung, zum Gliedern eines Berichts oder Vortrags, zum Ordnen ihrer Bücher und Hefte, zur Nutzung von Nachschlagewerken. Wichtig ist, daß die Kinder schon auf dieser Stufe zur Erkenntnis kommen, daß Lernen auf verschiedene Arten angegangen werden kann und sinnvolle Methoden eine Erleichterung bedeuten können.
– *15./16. Altersjahr:* Auf dieser Stufe werden in den Natur- und Sprachwissenschaften neue und höhere Anforderungen gestellt und wird von den Jugendlichen mehr Selbständigkeit erwartet.
Empfehlenswert ist zu diesem Zeitpunkt die Diskussion folgender Themen: selbständiges Abfassen und Überarbeiten von Notizen, Mind-Maps, Mnemotechniken, Zusammenarbeit in Gruppen, Techniken der Gesprächsführung und -leitung, Nutzung der Medien, Zurechtfinden in der Informationsflut, EDV-Anwendungen (Computer, CD-ROM, Datenbankabfragen, Informationssuche).
– *Eintritt in die Oberstufe des Gymnasiums oder in die Sekundarstufe II* (17./18. Altersjahr), Vorbereitung auf die Hochschule oder die Berufspraxis: Die Schülerinnen und Schüler dieser Stufe sollten lernen, Informationen und Unterlagen selbständig zu beschaffen und kritisch zu verarbeiten, Facharbeiten zu erstellen, Argumentations- und Fragetechniken anzuwenden, ihre Zeit auch längerfristig zu planen und ihren Bedürfnissen entsprechend einzuteilen sowie bei der Einarbeitung in umfangreiches Material systematisch vorzugehen und den Überblick nicht zu verlieren. Sinnvoll ist auch eine Anleitung zur Planung des eigenen Lernens und der eigenen Weiterbildung. Wichtig ist, daß die Jugendlichen sich klarwerden über ihren eigenen Lernstil, daß sie überlegen, mit welchem Vorgehen sie Erfolg hatten, welches für sie bedeutsame Lernerfahrungen waren, daß sie bewußt aus verschiedenen möglichen Strategien auswählen als Vorbereitung auf das selbständige, lehrerunabhängige Weiterlernen.

5. Umsetzung in der Schule

Bei allen Lernstrategien und Arbeitstechniken lassen sich drei Komponenten unterscheiden: ein *kognitiver*, ein *technischer* und ein *emotionaler* Aspekt. Diese drei Aspekte gelten sowohl für die Lern- und Arbeitstechnik insgesamt als auch für jeden einzelnen Bereich und müssen sinnvoll verknüpft werden. Kritisch zu prüfen und mit den Betroffenen auszuhandeln ist stets:

– Welches *Wissen* und welche *Kenntnisse* sind nützlich?
– Welche *Gewohnheiten* erleichtern das Lernen?
– Welche *Grundeinstellungen* sind dafür Voraussetzung?

Kenntnisse

Zahlreiche Forschungen aus den verschiedenen Wissensgebieten wie Lernpsychologie, Arbeitsphysiologie, Motivation, Gedächtnisforschung, Gruppendynamik, Vergleiche und Erfahrungen haben Schlußfolgerungen ergeben, welche Lern- und Arbeitsformen rationell und sinnvoll sind (Beispiele: Lesemethoden, Notizentechnik, Zeiteinteilung, Lerngesetze). Diese Erkenntnisse können den Lernenden ebenso helfen wie beispielsweise Informationen zur Benutzung von Bibliotheken, Dokumentationsstellen oder Datenbanken, zur Gliederung von größeren Arbeiten oder zum Abfassen von Bewerbungen, Anmeldungen, Lebensläufen. Während die Schülerinnen und Schüler in vielen Fällen von detaillierten Informationen profitieren, geht es in anderen um das Vorstellen verschiedener Methoden, aus denen sie die ihnen zusagende auswählen können.

Gewohnheiten

Im Laufe ihrer Schulzeit entwickeln alle Lernenden bestimmte Vorgehensweisen und identifizieren sich mit ihrem persönlichen Weg, auch wenn dieser ineffizient und wenig erfolgreich ist. Das Hauptproblem vieler Lehrkräfte, die an der Sekundarstufe oder an der Hochschule Lernmethoden vermitteln wollen, besteht deshalb oft darin, daß die Lernenden den wohlgemeinten Ratschlägen entschlossenen Widerstand entgegensetzen. Jede Änderung ist unangenehm, erfordert einen bewußten Einsatz und zunächst einen Mehraufwand. Nur durch ein längeres Training und ständiges Anwenden lassen sich alte Gewohnheiten durch neue ersetzen. Aus diesem Grund sind die Strategien schlecht unter Druck – beispielsweise vor entscheidenden Prüfungen – erlernbar. Vielmehr bedarf es dazu eines entspannten Lernklimas, das spielerisches Erproben ohne negative Konsequenzen zuläßt.
Die besten Voraussetzungen für das Erlernen neuer Strategien bestehen in neuen Lernsituationen, in denen die Lernenden erkennen, daß ihre bisherigen Methoden nicht ausreichen oder zu keinen guten Ergebnissen führen.

Isolierte Instruktionen über Lernmethoden sind zudem wenig sinnvoll, wenn die Lernenden nicht in möglichst vielen Fächern Gelegenheit erhalten, diese auch einzuüben.

Umgekehrt gilt natürlich auch, daß Übung allein noch nicht zu sinnvollen Gewohnheiten führt. Obwohl Studentinnen und Studenten an der Universität jahrelang Notizen abfassen und dabei ihr Vorgehen optimieren könnten, bleiben viele bei ihrem einmal gewählten Weg: Unübersichtliche, ungegliederte und unflexible Notizen, die eine schlechte Grundlage für die Prüfungsvorbereitungen darstellen, sind in allen Semestern zu beobachten.

Wünschbar ist deshalb, daß sinnvolle Vorgehensweisen bereits von Anfang an erlernt werden oder – falls Änderungen notwendig erscheinen – in der Schule Gelegenheit zum Üben und Anwenden gegeben wird.

Einstellungen

Diese Komponente ist nicht nur die wichtigste, sie ist auch am schwierigsten zu vermitteln. Die Anwendung sinnvoller Lernmethoden und selbständiger Arbeitsweisen setzt bestimmte Einstellungen gegenüber dem Lernen, der eigenen Aktivität und den Beziehungen zwischen Lehrenden und Lernenden voraus.

Unter Jugendlichen und Lehrpersonen herrschen sehr unterschiedliche Auffassungen darüber, was Lernen ist und wer dafür verantwortlich ist. Schülerinnen und Schüler, die Lernen als unangenehme Pflicht empfinden, die nur deshalb erfüllt wird, weil erstrebenswerte Ziele (Wohlwollen der Eltern, Schulabschluß) auf andere Weise nicht erreicht werden können, sind höchstens an der Entwicklungen von »Abkürzungen und Schleichwegen«, nicht aber an der Ausbildung selbständiger Arbeitsformen interessiert. Um das Lernen zu lernen, müssen die Jugendlichen vom Wunsch geleitet werden, selbst die Verantwortung für ihre Lernfortschritte zu übernehmen, selbst Informationen beschaffen, bewerten, einen Überblick gewinnen zu können, sowie vom Vertrauen in die eigenen Fähigkeiten und von der Bereitschaft, sich auch bei Schwierigkeiten nicht entmutigen zu lassen.

Ob solche Einstellungen entwickelt werden, ist auch abhängig von den individuellen Lernbiographien. Jedes Kind macht von Geburt an in der Familie und später auch in der Schule Lernerfahrungen, die sich auf sein weiteres Lernverhalten auswirken. Diese Erfahrungen werden von den Vorstellungen und Erwartungen, die die Umgebung, die Eltern und die Geschwister ebenso wie die Lehrpersonen an das Kind richten, mitgeprägt. So zeichnen sich aus zahlreichen Untersuchungen (Faulstich-Wieland et al., 1994) zu geschlechtstypischen Verhaltensweisen sowohl von Lehrenden wie auch von Lernenden bestimmte Grundmuster ab: Bei der Beurteilung von fachlichen Leistungen haben Lehrpersonen die Tendenz, bei Mädchen Erfolge – insbesondere im mathematisch-naturwissenschaftlichen Bereich – eher auf Glück und Fleiß, Mißerfolge auf mangelnde Begabung zurückzuführen, während bei Jungen häufiger ein Zusammenhang zwischen Erfolg und Begabung und Mißerfolg und mangelnder Anstrengung hergestellt wird. Das Selbstvertrauen der Mädchen nimmt deshalb trotz besserer Leistungen im Laufe der Schulzeit nicht in gleichem Maße zu wie jenes der Jungen.

Ebenso klar belegt sind die Zusammenhänge zwischen den Einstellungen der Eltern und jenen der Kinder. Viele Eltern, die selbst über keinen Schulabschluß verfügen oder keine weiterführende Ausbildung absolviert haben, stehen der Schule und dem Bildungssystem mit Mißtrauen gegenüber, vermeiden nach Möglichkeiten den Kontakt zu Lehrpersonen und können ihr Kind weder bei Aufgaben noch bei schulischen Problemen oder Verständnisfragen unterstützen. Lehrerinnen und Lehrer schätzen solche Kinder oft als passiv oder beschränkt lernfähig ein. Sie sehen es keineswegs als ihre Aufgabe an, Lernfreude und Lernmethoden gerade dort zu vermitteln, wo sie aus dem Elternhaus nicht bereits mitgebracht werden.

Früher gemachte Lernerfahrungen entscheiden, ob Lernen als etwas Bereicherndes, zum ganzen Leben Gehörendes empfunden wird – oder als Qual und Quelle von Demütigungen und negativen Vergleichen. Lehrer und Lehrerinnen haben in der Regel erfolgreiche Lernbiographien, eine positive Einstellung zur Schule und zu ihrer Fähigkeit, schulische Inhalte aufzunehmen und weiterzugeben; andernfalls hätten sie sich kaum für ihren Beruf entschieden. Manche Kinder kommen jedoch schon mit Angst und Defiziten in die Schule. Sie müssen das Vertrauen in die eigene Lernfähigkeit zuerst oder wieder erwerben, erleben, daß sie mit ihrem eigenen Lernstil und ihren eigenen Fragen weiterkommen. In vielen Schülerbiographien spielen »self-fulfilling prophecies« eine Rolle: Wenn weder die Eltern noch die Lehrer einem Kind zutrauen, daß es selbst lernen kann, daß es in der Lage ist, die Verantwortung für seine Schularbeit selbst zu übernehmen, wird das Kind diese Ansicht übernehmen und von der Aufsicht der Eltern abhängig bleiben. Wenn Lernende das Selbstbild entwickelt haben, daß sie nicht gut lernen können, wird sie dies nicht nur beim Erwerb von Wissen blockieren, sondern auch beim Lernen von Lerntechniken. Bevor sie bereit sind, sich mit Lernstrategien zu befassen, müssen sie diese Blockierung überwinden, die Einstellung ändern. Wichtig ist sowohl bei Lernenden wie bei Lehrenden die Einstellung gegenüber Fehlern: Sind sie zu vermeiden und negativ einzuschätzen, oder sind es Lernchancen, die eine Entwicklung ermöglichen?

Wenn ein Lehrer Aufgaben vorgibt, die die Kinder überfordern, werden sie nicht den Mut finden, zu neuen Strategien zu greifen, sondern entweder frustriert aufgeben oder auf zwar ineffiziente, aber vertraute Strategien zurückgreifen. Die Vermittlung einer Strategie bei fehlendem konzeptuellen Wissen kann beim Lernenden die Entwicklung einer Oberflächenstrategie zur Folge haben, die teilweise zum Erfolg führt und damit das Beheben des konzeptuellen Defizits verhindert. Die effektivere Strategie benötigt zu Beginn mehr Zeit und Arbeitsspeicherkapazität und ist deshalb auch fehleranfälliger als eine zwar umständliche, aber vertraute Strategie. Die Vorteile einer neuen Strategie stellen sich erst mit zunehmender Übung ein. Aus lernpsychologischer Sicht ist es deshalb verständlich, daß Kinder sich nicht gern von ihren alten Strategien trennen.

Ein wichtiger Schritt besteht somit darin, den Kindern zu helfen, negative Emotionen in Lernsituationen zu überwinden und die mit dem Lernen verbundenen Herausforderungen offensiv anzugehen.

Erfahrungen und Untersuchungsergebnisse

Immer wieder wird nach dem Erfolg eines Lernstrategietrainings gefragt. Viele Untersuchungen haben versucht, eine Antwort zu finden, doch ist dies gar nicht so einfach:

– Wie bereits erwähnt, sind die Auswirkungen auf die Schulnoten selten direkt meßbar, da diese sich aus vielerlei Faktoren zusammensetzen und das selbständige Lernen oft gar nicht direkt umsetzbar ist.
– Werden Gruppen verglichen und einem Anfangs- und Schlußtest unterzogen, spielen die Anfangsvoraussetzungen der Lernenden eine große Rolle: Sie können sich sowohl hinsichtlich der Qualität ihrer Lernstrategien als auch hinsichtlich ihres bevorzugten Lernstils stark unterscheiden. Eine einheitliche Instruktion kann einen Teil der Lernenden verunsichern und von einem individuell optimalen Lernverhalten abbringen.

Gut belegt hinsichtlich Behalten und Verstehen sind positive Auswirkungen von Strategien zum Lernen von Texten (z.B. fragengeleitete Textverarbeitung, Aktivierung des Vorwissens, Zusammenfassungen schreiben).

Interessant ist in diesem Zusammenhang eine neue Untersuchung der Universität von Helsinki mit 503 Abiturienten, die sich für das Medizinstudium bewarben (K. Lonka et al., 1994). Sie erhielten einen kurzen Fragebogen über ihre Strategien beim Textlernen, dazu wurden ihre Ergebnisse geprüft. Die Forscher kamen zum Schluß, daß der Erfolg bestimmter Strategien von der Art der Aufgabe abhängt und daß die Studierenden nur selten neue Methoden erprobten. Sie empfehlen deshalb, den Bedingungen für die Anwendung bestimmter Strategien mehr Aufmerksamkeit zu schenken und vor allem den Studierenden zu vermitteln, daß es Alternativen zu den häufigsten Vorgehensweisen (wie z.B. Unterstreichen) gibt. Ein Lerntraining sollte die Auswirkungen verschiedener Lernstrategien erkennen lassen und nicht nur Strategien vermitteln.

Zur Frage, wie die Lernfähigkeiten und Strategien der Lernenden entwickelt werden können, lassen sich zwei Grundpositionen unterscheiden:

– Manche Lehrerinnen und Lehrer sind der Ansicht, der Umgang mit bestimmten Lehrstoffen wie Latein oder Mathematik fördere das kognitive Vermögen, die Intelligenz, das Gedächtnis und das logische Denken. Gemäß dieser Ansicht würde das häufige Lösen von Geometrieaufgaben dazu führen, daß die

Lernenden die entsprechende Strategie auch auf andere Probleme anwenden: überlegen, was bekannt ist und was gesucht wird, ein Modell einer Lösung entwerfen, Hypothesen prüfen usw. Nicht nur viele Untersuchungen, sondern auch die Erfahrungen zahlreicher Lehrergenerationen haben diese Ansicht widerlegt.

– Die Gegenposition besagt, daß die Auseinandersetzung mit Lehrstoffen nur Wissen darüber fördert, nicht aber allgemeine Fähigkeiten. Lern- und Denkstrategien müssen explizit gelehrt werden. Nur wenige Schülerinnen und Schüler entwickeln sie spontan. Um nochmals das Beispiel Geometrie beizuziehen: Die Lernenden übertragen die Methoden nicht automatisch auf andere Fächer, sondern nur dann, wenn dies systematisch geübt wird.

Ob Schülerinnen und Schüler ihnen vermittelte Lernstrategien umsetzen, hängt auch davon ab, welches Lernverständnis sie haben; entscheidend ist zudem, ob die Strategien in ihrem Umfeld zum Erfolg führen. Lernende mit wenig Vertrauen in ihre Lernfähigkeit verlassen sich oft auch dann lieber aufs Auswendiglernen, wenn es um komplexe Zusammenhänge geht. Selbst wiederholte Mißerfolge mit dieser Methode überzeugen sie nicht, daß der Weg falsch ist; sie glauben lediglich, daß sie noch nicht genug auswendig gelernt haben. Jüngere und schwächere Lernende haben oft ein »Wörterbuchverständnis« von Verstehen: Sie glauben, einen Text dann verstanden zu haben, wenn sie alle Wörter kennen und sie richtig aussprechen können. Lerntechniken wie das Schreiben von Zusammenfassungen, das Prüfen der Strukturen, die Identifikation wichtiger Ideen, das Herstellen von Beziehungen zwischen den Schlüsselbegriffen eines Textes ergeben nur einen Sinn, wenn sie mit einem anderen Verstehensbegriff einhergehen. In einer Untersuchung (H. Mandel/H. Friedrich, 1992) wurden Studienanfängern verstehensorientierte Studienstrategien vermittelt. Es zeigte sich jedoch, daß die Studierenden unter den Bedingungen des universitären Lernalltags, der die Bewältigung großer Stoffmengen für kurzfristige Tests und Prüfungen erforderte, diese Strategien rasch wieder aufgaben und Oberflächenstrategien bevorzugten, bei denen die wörtliche Reproduktion des Gelernten im Vordergrund steht.

Schon in der Sekundarstufe brauchen die Lernenden deshalb Hilfestellungen, wie sie Strukturen erkennen, gemeinsam planen, Lerngesetze (wie das rechtzeitige Wiederholen) anwenden können. Als Einstieg können die Schülerinnen und Schüler beispielsweise nach ihrer Methode Vokabeln lernen und anschließend diskutieren, wie sie vorgegangen sind.

In einer anderen Untersuchung (F. Büchel, 1986) wurden die verwendeten Lernstrategien mit Persönlichkeitsmerkmalen der Lernenden in Zusammenhang gebracht, um das Lernverhalten erfolgreicher von demjenigen erfolgloser Lerner zu trennen. Interessantes Ergebnis war, daß eine unerwartet hohe Korrelation zwischen verschiedenen Maßen des Lernerfolges und der »Akzeptanz«, d.h. der Bereitschaft, die vermittelten Strategien als nützlich anzuerkennen (»Was ich heute gelernt habe, wird für mein zukünftiges Leben nützlich sein«), gefunden wurde. Der Erfolg von Lernstrategietrainings hängt somit nicht nur von der Art der vermittelten Strategien ab, sondern mindestens so sehr davon, für wie relevant die Lernenden die vermittelten Strategien halten.

Die Forscher prüften sodann die Hypothese, daß Lernende die üblichen Lernstrategien nur erfolgreich einsetzen können, wenn sie im Laufe ihrer Entwicklung eine günstige Lerngrundstruktur erworben haben. In dieser Lerngrundstruktur sind die Grunderfahrungen über die Dinge in der Welt und über den Umgang mit ihnen enthalten. Manche Lehrlinge wußten mit den vermittelten Lernstrategien nichts anzufangen, weil ihnen gewisse Grundlagen auf einer wenig spezifischen Verhaltensebene fehlten.

Die Förderung von Lern- und Denkstrategien kann direkt (die Prinzipien werden explizit genannt und vermittelt/geübt) oder indirekt (die Situation wird so gestaltet, daß Lernen und Denken angeregt werden) erfolgen. Die direkte Förderung folgt dem Prinzip des »informierten Trainings« (H. Mandl/H. Friedrich, 1992), bei dem den Lernenden nicht nur gesagt wird, was zu trainieren ist, sondern auch Wirkweise und Vorteile der jeweiligen Strategie erklärt werden. Folgende Schritte werden unterschieden:

1. Die Lernenden werden für die Relevanz optimaler Strategien sensibilisiert, vom Nutzen der Strategien überzeugt.
2. Es wird ihnen Wissen über die jeweilige Strategie vermittelt, die einzelnen Elemente werden hervorgehoben, und es wird darauf hingewiesen, bei welchen Aufgaben die betreffende Strategie angemessen ist.
3. Üben an exemplarischen Aufgaben.
4. Feinabstimmung, Automatisierung an vielen Aufgaben verschiedener Art, um einen Transfer zu ermöglichen.

Schwächere Schüler können somit durch die Anwendung sinnvoller Lerntechniken auf neue Lernsituationen ihre Ergebnisse verbessern; Voraussetzung sind jedoch nicht allein die Kenntnisse; die Strategien müssen systematisch eingeübt werden.

Auswirkungen auf die Lehrerrolle

Auch bei den Lehrkräften ist vor allem die Einstellung wichtig. Die Verantwortung für den Lernprozeß muß – gut vorbereitet – auf die Lernenden abgegeben werden. Einstellungen der Lehrerinnen und Lehrer übertragen sich auf die Kinder: Spüren sie, daß kein Vertrauen in ihre Lernfähigkeit vorhanden ist, können sie keine Motivation entwickeln. Wenn die Schülerinnen und Schüler lernen, selbst Informationen zu beschaffen, Quellen zu vergleichen, kritisch zu fragen, erfordert dies auch bei jenen Lehrenden eine Umstellung, die gewohnt sind, einzige Informationsquelle ihrer Schüler zu sein. Aktiv Lernende, die Fragen stellen, Hintergrundinformationen verlangen, vergleichen, bewerten, sind oft unbequem.

Wichtig ist deshalb ein neues Rollenverständnis von Lehrenden und Lernenden: gemeinsames Lernen auf verschiedenen Wegen. Lehrer müssen zugeben können, daß sie noch nicht alles wissen, vielleicht sogar, daß in manchen Bereichen die Schülerinnen und Schüler weiter sind. Wenn Lehrpersonen sich als Lernende wie ihre Schüler begreifen, können sie auch eher mit ihnen nach Wegen suchen, wie sie mit immer neuem Wissen umgehen wollen. Sie werden den Lern- und Denkprozeß vor das Lernergebnis stellen und in allen Phasen (während und rückblickend) das Vorgehen reflektieren.

Alle müssen lernen, die richtigen Fragen zu stellen, nicht nur die Fragen der Lehrenden in der von ihnen erwarteten Weise zu beantworten. Lehrerinnen und Lehrer sind nicht mehr die Vorbilder mit großen Wissensvorsprüngen, die über die Intelligenz und Erfolge der Jugendlichen richten, und nicht mehr die einzigen, die das Ziel kennen und die Lernenden führen. Diese müssen ihren Weg selbst finden und gehen. Die Aufgabe der Lehrenden besteht in der Beratung und Hilfestellung, wie man lernt. Dies bedeutet nicht, daß die Lernenden nicht von ihren Kenntnissen profitieren sollen. Die Unterstützung durch die Lehrenden kann darin bestehen, Informationen zu beschaffen, aufzubereiten und zu gliedern, Beispiele für die Verarbeitung abzugeben, vorzumachen, Gelegenheit zum Üben und Ausprobieren zu geben, zu helfen, wo Schwierigkeiten auftauchen, Einzeltätigkeiten zu koordinieren und so weiter.

Besonders deutlich wird der Wechsel der Lehrerrolle beim Umgang mit den neuen Medien, mit Computer, Video, CD-ROM. Zum einen haben viele Jugendlichen einen weit lockereren Zugang zu diesen Hilfsmitteln und können sie oft viel besser nutzen; zum anderen lösen diese Hilfsmittel die Lehrenden als Wissensvermittler ab. Wichtig wird hier deren Rolle als Lernberater. Gleichzeitig müssen sie Gegengewichte setzen, indem sie noch mehr die Zusammenarbeit fördern, die Interaktion zwischen Schülern und Computern ergänzen durch die sozialen Kontakte.

Der Lehrer wird somit mit einem Computer im Klassenzimmer keineswegs überflüssig, erhält aber neue Rollen. Die Schülerinnen und Schüler werden aktiver, lernen Wege und vor allem Suchstrategien.

Viele Lehrende sind der Ansicht, daß alle auf gleiche Weise zum Erfolg kommen müssen – es gibt aber sehr unterschiedliche Wege. Wichtig ist deshalb auch, daß die Vermittlung von Lerntechniken eine Kategorie sowohl der Unterrichtsplanung als auch der -auswertung ist und in die Lehreraus- und -fortbildung einbezogen wird.

6. Wie können Lern- und Arbeitstechniken in der Schule vermittelt werden?

Wer Kinder und Jugendliche das Lernen lehren will, kann nicht nur Kenntnisse und »Rezepte« weitergeben, auch wenn dies von vielen erwartet wird.
Schülerinnen und Schüler, die Probleme haben, deren Versetzung gefährdet ist, die vor einer wichtigen Prüfung stehen, möchten konkrete Hinweise, wie sie die geforderten Lernleistungen besser erbringen, wie sie den Stoff schneller bewältigen können.
Der Konflikt zwischen dem Wunsch nach »Soforthilfe« und dem eigentlichen Ziel, die Lernenden zur Selbständigkeit zu führen, taucht bei allen Formen der Vermittlung von Lernmethoden auf. Die unterschiedlichen Zielsetzungen erfordern unterschiedliche Vorgehensweisen. Für aktuelle Probleme können einzelne Veranstaltungen oder entsprechende Bücher Hinweise liefern, die Entwicklung sinnvoller Lernmethoden muß dagegen über alle Schulstufen gefördert werden.
Verschiedene Voraussetzungen müssen erfüllt sein, wenn die Vermittlung von Lern- und Arbeitstechniken erfolgreich sein soll:

- Die Ziele der Lerntechnik müssen unter den Lehrenden der Schule breite Unterstützung finden. Dies ist keineswegs selbstverständlich, sind doch nach wie vor viele Lehrerinnen und Lehrer der Meinung, daß Jugendliche, die »nicht gelernt haben zu lernen«, nicht an ein Gymnasium oder eine weiterführende Schule gehören und daß es nicht Aufgabe der Lehrpersonen ist, sie beim Erwerb sinnvoller Methoden zu unterstützen.
- Die Lernenden müssen Gelegenheit haben, die Methoden und Arbeitsformen in vielen Fächern anzuwenden.
- Die Ratschläge und Hinweise dürfen nicht als starre Rezepte angepriesen werden, sondern als ein Katalog von Alternativen, aus denen die Schülerinnen und Schüler die ihnen entsprechenden auswählen können. Wichtig ist vor allem die Erkenntnis, daß es auch anders geht.
- Viele Jugendliche haben eigene Techniken entwickelt. Auch diese Erfahrungen sollten einbezogen und ausgetauscht werden.
- Geeignete Vermittlungsformen sind vor allem Experimente, Diskussionen, Anregungen, verschiedene Vorgehensweisen erleben und miteinander vergleichen zu lassen.

Es gibt verschiedene Organisationsformen für die systematische Vermittlung von Lern- und Arbeitsmethoden in der Schule. Sie haben alle ihre Vor- und Nachteile. Nachfolgend eine Übersicht:

a) Schaffung eines Faches Lernen oder Arbeitstechnik

Manche Schulen der Sekundarstufe I oder II haben sich dazu entschlossen, für die neu eintretenden Schülerinnen und Schüler ein Fach »Lernen« oder »Arbeitstechnik« zu führen. Die Dotierung dieses Faches schwankt dabei von einigen wenigen Stunden bis zu einer Jahresstunde.

Die *Vorteile* dieses Vorgehens liegen vor allem darin, daß
– der ganze Jahrgang erfaßt wird,
– systematisch vorgegangen werden kann,
– alle wichtigen Themen einbezogen werden können,
– die Jugendlichen auch voneinander lernen, ihre Erfahrungen austauschen, von den Diskussionen profitieren können
– und daß die Lehrpersonen davon ausgehen können, daß die entsprechenden Methoden bekannt sind und in die weiteren Aufgabenstellungen mit einbezogen werden können.

Die Erfahrungen mit diesen Kursen sind dennoch oft *enttäuschend*. Gründe dafür sind:
– Die Jugendlichen haben auf dieser Stufe bereits einen eigenen Lernstil entwickelt und wollen sich vor allem dann nicht umstellen, wenn sie in der Schule gut mitkommen. Gerade in der Adoleszenz gilt wohl auch, daß »Ratschläge auch Schläge« sind. Die Jugendlichen identifizieren sich mit ihrem Vorgehen und fühlen sich in ihrer Persönlichkeit angegriffen, wenn man sie ändern will.
– Viele der mit der Durchführung beauftragten Lehrerinnen und Lehrer sind selbst von einer bestimmten Methode überzeugt, mit der sie gute Erfahrungen gemacht haben. Entsprechend wenig Verständnis zeigen sie, wenn Schülerinnen und Schüler selbst Strategien erproben oder ihren eigenen Lernweg bevorzugen.
– Es besteht die Gefahr, daß für die übrigen Lehrkräfte das Ziel, das Lernen zu lehren, damit delegiert und erledigt ist und sie keinen Grund mehr sehen, diese Aufgabe auch in ihren eigenen Unterricht einzubeziehen.
– Ratschläge interessieren wenig, wenn sie keinen Bezug zur Gegenwart haben: Lernende, die am Morgen noch nicht wissen, wie viele Schulaufgaben sie in welchen Fächern am Abend erledigen müssen, können ihre Zeit kaum längerfristig planen. Kinder, die bei Fragen ausgelacht werden, verlieren schnell wieder die Lust und den Mut, den Dingen auf den Grund zu gehen. Sie sehen auch nicht ein, warum sie sich selbst um die Erarbeitung von Wissensstoff bemühen sollen, wenn der nächste Fachlehrer einen dozierenden Unterrichtsstil pflegt und Beiträge der Lernenden als Störung taxiert.

Besonders wichtig bei der Durchführung solcher Kurse ist, daß viele Übungen eingebaut werden, daß die Kursleiterin oder der Leiter an die aktuellen Probleme der Klasse anknüpft, von ihren Erfahrungen ausgeht und nicht einfach doziert, »wie es gemacht werden sollte«. Der Kurs sollte von den Lernenden als Dienstleistung und Möglichkeit zum Erfahrungsaustausch gesehen werden und nicht als weiteres Schulfach, in dem »gepaukt« werden muß. Aus diesem Grund ist auch die Erteilung von Noten für einen solchen Kurs wenig sinnvoll.

b) Beauftragung des Klassenlehrers

In manchen Gymnasien werden die Klassenlehrerinnen und -lehrer beauftragt, die neu eintretenden Schülerinnen und Schülern das Lernen zu lehren. Oft steht ihnen dazu eine spezielle Klassenlehrerstunde zur Verfügung, in anderen Fällen werden ihre Fächer während des ersten Jahres stärker dotiert. Da im Fach Deutsch in der Regel besonders viele Anforderungen gestellt werden, die sinnvolle Arbeitsmethoden erfordern, wird gelegentlich auch den Deutschlehrkräften diese Aufgabe übertragen.

Als *Vorteile* dieser Organisationsform gelten, daß die Lehrerin oder der Lehrer von den konkreten und gerade anstehenden Problemen und Aufgaben der Klasse ausgehen können. Sind beispielsweise große Prüfungen angesagt, werden Zeitplanung und Vorbereitung besprochen. Der oder die Verantwortliche kann sich zudem mit den anderen Lehrerinnen und Lehrern der Klasse hinsichtlich Aufgabenstellungen und Anwendungsmöglichkeiten absprechen und gewährleisten, daß die behandelten Methoden nicht nur im eigenen, sondern auch im Unterricht der Kollegen eingeübt werden können.

Die Nachteile liegen vor allem auf seiten der Lehrkräfte. Viele Lehrerinnen und Lehrer sind zwar für eine Klasse verantwortlich, vertreten aber die Meinung, daß sie für die Vermittlung von Lern- und Arbeitsmethoden weder zuständig noch ausgebildet sind. Die entsprechende Stunde wird deshalb oft für andere Zwecke (administrative Arbeiten, Ergänzungen zum eigenen Fach) verwendet. Eine gezielte Vorbereitung der Verantwortlichen muß deshalb sichergestellt werden.

c) Freiwillige Kurse oder Vorträge

Regelmäßig wird von Studierenden an der Hochschule und von Teilnehmenden in der Erwachsenenbildung geklagt, daß sie in der Schule zuwenig über Lernmethoden erfahren haben, und gefordert, solche Kurse schon viel früher und für alle einzuführen. Die Durchführung von Kursen in »Lern- und Arbeitstechnik« scheint die naheliegende Antwort auf den Vorwurf, die Schule kümmere sich zuwenig um diesen Bereich.

In der Erwachsenenbildung werden seit langem und mit gutem Erfolg Lern- und Arbeitstechnikkurse durchgeführt. Die Teilnehmenden sind motiviert, haben ihre Probleme erkannt und sind bereit, Neues zu lernen und sich umzustellen, die Methoden zu erproben. Bei freier Ausschreibung der Kurse in der Sekundarstufe I und II zeigt sich jedoch, daß sich vor allem die älteren Schülerinnen und Schüler melden, während jene, die – wie die neu eintretenden – am meisten profitieren könnten, nicht kommen.

Wichtig bei der Durchführung solcher Kurse sind die Verbindung von Wissensvermittlung mit praktischen Übungen, der Austausch von Erfahrungen, Gruppenarbeiten und Diskussionen, Erproben von Vorgehensweisen, Vergleichen, Ausarbeiten von Checklisten, auf die Kursgruppe angepaßte Fragebogen und deren gemeinsame Auswertung.

Eine andere Möglichkeit ist die Ansetzung von Vorträgen oder Lektionen: Schulische oder außerschulische Referenten halten – in gewissen Abständen wiederkehrende – Vorträge über einzelne Themen wie Prüfungsvorbereitung, Zeiteinteilung, Mitschreiben. An die Vorträge schließen sich Diskussionen mit den Lernenden, Übungen und Gruppenarbeiten an. Alle Klassen können daran teilnehmen, eine Verpflichtung besteht jedoch nicht.

Positiv wirkt sich aus, daß die Jugendlichen dann mit den Hinweisen konfrontiert werden, wenn sie Interesse daran haben und auch davon profitieren können. Als negativ ist zu werten, daß auf diese Weise weder ein systematischer Aufbau der Kurse noch eine länger dauernde Betreuung der Lernenden möglich ist.

Beispiele für die Gestaltung von Kursen finden sich im II. Teil des Buches.

d) Projekte, Arbeitswochen, Lerntage

Während einer Woche fällt der normale Unterricht aus und wird durch Vorträge, Diskussionen, Gruppenarbeiten und Übungen zu Arbeits- und Lernmethoden ersetzt.

Im Rahmen von *Projekten* überlegen Lehrpersonen und Lernende gemeinsam,
– wie sie ihr Wissen erweitern können, an Informationen kommen, wie diese zu gewichten, zu ordnen, zusammenzufassen und weiterzugeben sind,
– wie eine Beobachtung durchgeführt und ausgewertet, Bücher bearbeitet, Darstellungen interpretiert werden,
– wie Notizen, Skizzen, Tabellen erstellt werden, wichtige Auskünfte, Nachrichten, Erkenntnisse festgehalten und geordnet werden, wie sie einen Überblick über Ergebnisse gewinnen können,
– wie sie die Arbeiten aufteilen, austauschen, wie sie zusammenarbeiten können,
– welche Termine gesetzt werden müssen und wie sie eingehalten werden können.

Solche Gemeinschaftsprojekte wie auch Einzelarbeiten, Werkstattunterricht, selbständige Vorträge von Schülern sind auf allen Stufen möglich. Sie können ergänzt werden durch Arbeitstage und -wochen, durch größere, die ganze Schule umfassende Themenschwerpunkte. Wichtige Voraussetzungen dafür sind nicht nur die Übereinstimmung unter den Lehrenden der Schule, daß es sich um wichtige Zielsetzungen handelt, sondern auch eine gute Koordination und Absprache.

Ein Beispiel einer Projektgliederung (A. Malycha, 1995):

- In der ersten Woche wird der Arbeitsplatz eingerichtet, geplant, Lernwege und Lerntypen werden ermittelt.
- Die zweite Woche dient Konzentrations- und Entspannungsübungen, Tips und Tricks für das selbständige Arbeiten in Mathematik, Deutsch und Englisch, Diskussionen, einem Lernabend mit Eltern.
- In der dritten Woche geht es um Arbeitsplanung zu Hause; Aufmerksamkeitstraining, Ergebnissicherung; Lernzertifikat.

Projektwochen bieten im wesentlichen die gleichen Vorteile wie die Durchführung von Kursen: Es wird sichergestellt, daß alle Gebiete zur Sprache kommen, es kann systematisch aufgebaut und konzentriert dargeboten werden. Falls ganze Schülerjahrgänge beteiligt sind, können auch Experimente durchgeführt werden, um bestimmte Vorgehensweisen zu vergleichen oder Prinzipien zu veranschaulichen. Werden alle in den Klassen unterrichtenden Lehrerinnen und Lehrer einbezogen, ergibt sich auch für sie eine Weiterbildung und eine Anregung zum Einbezug der diskutierten Bereiche und Methoden in ihren künftigen Unterricht und ihre Aufgabenstellungen. Wichtige Nebeneffekte sind dabei die intensive Zusammenarbeit über die Fächergrenzen hinweg, die Unterbrechung des Alltags und die Verbesserung der Motivation.

Als Nachteile sind zu erwähnen, daß der Bezug zur einzelnen Klasse und ihren aktuellen Lernproblemen nicht gewährleistet ist und die Gefahr besteht, daß Lehrende wie Lernende nach den Projektwochen zum Alltag und ihrem gewohnten Verhalten zurückkehren.

e) Einbezug in den Unterricht

Motivation für das selbständige Lernen kann eigentlich nur entstehen, wenn die Lehrerinnen und Lehrer der verschiedenen Stufen das Thema Lernmethoden in den täglichen Unterricht einbeziehen und die Jugendlichen die Möglichkeit der eigenen Entscheidung haben: Dazu müssen nicht nur die Lernziele, die Aufgaben besprochen, sondern es muß immer wieder auch diskutiert werden, welche Möglichkeiten es gibt, sie zu erreichen, welche Vorgehensweisen sinnvoll sind, wem welcher Weg eher entspricht. Die Schülerinnen und Schüler lernen innerhalb jedes Faches und jeweils dann, wenn eine neue Aufgabenstellung beginnt, die rationellste Vorgehensweise.

In bestimmten Phasen wird die Lernmethodik der Schülerinnen und Schüler in den Mittelpunkt gestellt: Unsicherheiten und Unzulänglichkeiten der Schüler, ihre positiven Ansätze und ihre potentiellen Möglichkeiten zur Effektivierung des eigenen Lernens (H. Klippert, 1995). Experimente werden gemacht, Strategien ausprobiert und verglichen, methodische Probleme besprochen, Regeln erarbeitet, Lerntips ausgetauscht und besprochen, Anregungen von Lehrerseite gegeben.

Beispiele: Wie können Vokabeln gelernt werden, welche Prüfungsvorbereitung ist effizient, Informatikanwendungen.

Durch Absprache unter den Lehrkräften wird dafür gesorgt, daß fachübergreifende Themen wie beispielsweise die Zeiteinteilung weder vergessen noch doppelt behandelt werden.

Ideal ist natürlich, wenn es gelingt, das ganze Kollegium einer Schule von der Notwendigkeit des ständigen Einbezugs von Lerntechniken und der gegenseitigen Zusammenarbeit zu überzeugen. Dies würde bedeuten, daß regelmäßige Gespräche stattfinden, in denen die anstehenden Fragen geklärt werden:

– Wer macht was?
– Wie wird gewährleistet, daß die Methoden nicht nur thematisiert, sondern auch eingeübt werden?
– Was kann vorausgesetzt werden? Usw.

Ein Beispiel ist ein Gymnasium in Basel, in dem nicht nur Lehrerinnen und Lehrer, sondern auch Schülerinnen und Schüler in mehreren Veranstaltungen den Einbezug von Lernmethoden planten und entsprechende Materialien entwickelten, die sie durch Publikation auch einem weiteren Kreis zugänglich machten (Endres et al., 1994). Dabei bietet sich auch die Chance, die Zusammenarbeit unter den Lehrkräften über die Stufen- und Fächergrenzen hinweg zu intensivieren.

Von großem Vorteil ist bei diesem Vorgehen die Möglichkeit der direkten Anwendung der Methoden, der sinnvolle Einbau in die Bearbeitung der Gebiete. Es wird im jeweiligen Lernbereich gearbeitet, und es entsteht kein Konflikt zwischen Inhalt und Strategievermittlung.

Eine Gefahr liegt in den unterschiedlichen Startbedingungen der Lernenden: Bei genügender Umweltanregung entwickeln begabte Schüler selbst Strategien. Kindern und Jugendlichen mit guten Lernvoraussetzungen fällt es leichter, Anregungen und Ratschläge für das selbständige Lernen umzusetzen. Bereits in der Grundschule haben manche einen Vorsprung, entwickeln Vertrauen, während andere mit weniger günstigen Bedingungen Angst und Streß zeigen. Kinder, die aus bildungsfernem Elternhaus kommen und denen das Lernen ohnehin schwerfällt, benötigen dagegen ein systematisches und gezieltes Training. Wird nicht auf diese unterschiedlichen Voraussetzungen und Erfahrungen eingegangen, wird sich das Gefälle vergrößern. Das Vorwissen wird wichtig, benachteiligte Gruppen können nicht mithalten, profitieren nicht, sondern glauben einmal mehr, daß Lernen nur etwas für die anderen ist. Der unterschiedliche Stand und die damit zusammenhängenden Einstellungen ergeben einen unterschiedlichen Trainingsbedarf und Trainingsgewinn. Durch zielerreichendes Lernen müssen Möglichkeiten geschaffen werden, um auf die unterschiedlichen Bedürfnisse einzugehen.

Die Vermittlung von Lernmethoden durch Einbezug in den Unterricht erfordert zudem eine sehr gute Zusammenarbeit unter den Lehrenden; andernfalls kann es geschehen, daß jeder der Ansicht ist, der Kollege habe die entsprechende Aufgabe bereits übernommen, oder es genüge, wenn sich die anderen um eine Vermittlung von Lernmethoden bemühten. Wenn es nicht gelingt, die ganze Lehrerschaft von der Notwendigkeit zu überzeugen, werden die initiativen einzelnen stark belastet und frustriert, was leicht zu Resignation führt.

Ein weiterer Nachteil kann sein, daß durch die enge Bindung an den Inhalt der Transfer erschwert ist.

Hinweise, wie die Vermittlung von Lernstrategien in den Unterricht einbezogen werden kann, finden sich im III. Teil des Buches.

f) Beratung, Sprechstunden

Wenn Schülerinnen und Schüler Probleme haben, sind verschiedene Ursachen möglich: Vielleicht sind infolge Umzugs, längerer Absenzen oder familiärer Probleme die Wissensgrundlagen mangelhaft, die Motivation fehlt, die Lernmethoden sind ungenügend, oder das Kind versagt infolge starker Prüfungsangst.

Einzelgespräche des Klassenlehrers, gefolgt eventuell auch von einem Gespräch mit den Eltern, helfen zu entscheiden, welche Maßnahmen sinnvoll wären, wie das Kind unterstützt werden kann. Eine andere Möglichkeit besteht in der Einrichtung von Sprechstunden des Klassenlehrers oder des/der Verantwortlichen für Lernmethoden. Ratsuchende können zur Selbstbeobachtung und zur Diagnose der Lernstörungen angeleitet, die Schwierigkeiten gezielt angegangen werden.

g) Arbeit mit Lerngruppen

Klassenlehrer oder die Verantwortlichen für das Lerntraining können auch mit Gruppen von Freiwilligen arbeiten.

Eine sinnvolle Gruppengröße sind 4 bis 5 Schülerinnen und Schüler, die Probleme haben, obwohl sie in der richtigen Schule sind: In der Gruppe wird diskutiert, Lernstrategien werden erprobt, Tips ausgetauscht, Übungen durchgeführt. Ein wichtiges Thema ist natürlich die Motivation. Eingestiegen wird beispielsweise mit Fragebögen oder Checklisten. Angeboten werden können zudem für interessierte Schüler Arbeitsgemeinschaften mit methodischem Schwerpunkt. Auch hier besteht allerdings das Problem, daß oft jene, die am meisten von einem Training profitieren würden, nicht kommen und so die Kompetenzunterschiede innerhalb einer Klasse noch größer werden.

h) Bücher, Nachschlagewerke, PC-Dateien

Für das Selbststudium oder als Vorbereitung auf Lerngruppen, als »Feuerwehrübungen«, als Hilfe bei aktuellen Lernschwierigkeiten sind Bücher vor allem für ältere Schüler und Erwachsene geeignet:

– Der Schüler oder die Schülerin, die Studierenden können sie in den entsprechenden Situationen (bei der Vorbereitung eines Vortrages, vor einer größeren Prüfung, bei Zeitproblemen) zur Hand nehmen und selbst nachschlagen.
– Sie prüfen, welche Informationen sie benötigen, welche Ratschläge sie umsetzen wollen, und müssen sich nicht mit Fragen befassen, die für sie nicht aktuell sind oder die sie für sich bereits zufriedenstellend gelöst haben.

Auf dem Markt gibt es viele bewährte Anleitungen für Lernende aller Stufen. Bücher können vor allem Informationen vermitteln; sie helfen, wenn die Einsicht in das Problem, die Motivation und die Bereitschaft, sich umzustellen, neue Vorgehensweisen auszuprobieren, bereits vorhanden sind. Bücher allein bewirken kaum eine Einstellungsänderung. Die Lernenden müssen selbst üben und durchhalten.

i) Kombination verschiedener Formen

In der Schulpraxis ist es empfehlenswert, die verschiedenen Formen zu kombinieren und auf diese Weise die Vorteile mehrerer Vorgehensweisen zusammenzubringen. Für die neu eintretenden Schülerinnen und Schüler können beispielsweise kurze Einführungskurse angesetzt und später Einzelvorträge und Studienwochen durchgeführt werden; in den Unterrichtsstunden wird zudem an das Gelernte angeknüpft. In jedem Fall ist es für den Erfolg der Bemühungen wichtig, daß alle Lehrenden einer Klasse zumindest über den Inhalt orientiert sind und angeregt werden, die Anwendung in ihrem eigenen Unterricht zu fördern.
Ein Modell für den systematischen Einbezug von Lern- und Arbeitsmethoden in den Lehrplan könnte somit wie folgt aussehen: Eine oder mehrere Lehrerinnen und Lehrer sind für diesen Bereich zuständig und führen für die neu eintretenden Schüler Kurse durch, in denen, je nach Altersstufe, die verschiedenen Methoden und Vorgehensweisen eingeführt und erprobt werden. Daneben finden regelmäßige Diskussionen mit den Lehrenden dieser Klassen statt, bei denen besprochen wird, welche besonderen Schwierigkeiten im Unterricht auftreten und welche Aufgaben und Problemstellungen zur Einübung der behandelten Strategien dienen können. Sinnvoll ist zudem die Einrichtung von Sprechstunden dieser Beauftragten: Jugendliche, die Lernprobleme haben, können sich beraten lassen und ihre Schwierigkeiten beispielsweise in Lerngruppen oder durch die Lektüre von Ratgeberbüchern gezielt angehen.

II. Kurselemente zur Lern- und Arbeitstechnik

Aus meinen bisherigen Erfahrungen habe ich zu den mir am wichtigsten scheinenden Kapiteln der Lern- und Arbeitstechnik Lektionen zusammengestellt. Sie enthalten zu den verschiedenen Gebieten die zu vermittelnden Kenntnisse und Informationen sowie Vorschläge für die Unterrichtsgestaltung, für Übungen und Experimente, die mit den Lernenden durchgeführt werden können.

Dabei kann nicht genug betont werden, daß es sich hierbei nicht um Rezepte handelt, die unbesehen übernommen und in jedem Fall angewendet werden können, sondern um Anregungen für die Unterrichtenden. Je nach Gruppe, Vorkenntnissen und bisherigen Aufgabenstellungen wird ein anderes Vorgehen angezeigt sein.

Die Schülerinnen und Schüler sollen durch Arbeitstechnikkurse nicht zu stereotypen Lern- und Arbeitsformen gebracht werden, sondern Alternativen aufgezeigt bekommen, unter denen sie den ihnen gemäßen Stil finden können. Es sind ja im allgemeinen nicht ganz bestimmte, klar zu umschreibende Verhaltensweisen (etwa »um 6 Uhr aufstehen, Blätter im Format DIN A5 und Bleistifte Nr. 2 verwenden«), die eine gute Arbeitstechnik ausmachen; wichtig ist vielmehr die Einstellung.

Von zentraler Bedeutung ist bei allen Arbeitstechnikkursen eine klare Zielbestimmung sowie eine aktive Mitwirkung der Schülerinnen und Schüler bei Inhalt und Gestaltung des Unterrichts, wenn die Lernenden sie wirklich als Hilfeleistung und nicht als lästige Bevormundung erleben sollen.

Am Anfang muß deshalb eine Bestandsaufnahme der Lernprobleme der Teilnehmenden stehen, ihres Lernstils, ihrer bisherigen Lernerfahrungen und -strategien. Davon ausgehend erfolgt die gemeinsame Bestimmung der thematischen Schwerpunkte. Die nachfolgenden Elemente können im Baukastensystem zu Kursen zusammengesetzt werden, wobei die auf S. 171ff. angegebenen Beispiele als Anregung dienen mögen. Am Ende des Kurses wird gemeinsam Bilanz gezogen und werden die Lernenden zu einem persönlichen Fazit ermuntert.

Jedes Thema wird unter drei verschiedenen Aspekten behandelt: In einer *Einführung* wird das »Hintergrundwissen« dargestellt. Dazu gehört die Begründung, warum das entsprechende Gebiet in einem Arbeitstechnikkurs zur Sprache kommen sollte, eine Übersicht über die häufigsten Lernprobleme sowie eine kurze Zusammenfassung der wichtigsten Inhalte, die vermittelt werden.

Zu jedem Thema werden sodann *Lernziele* formuliert, wobei diese *nicht* operationalisiert wurden. Dafür gibt es zwei Gründe: Erstens soll ja, wie bereits erwähnt, in den wenigsten Fällen ein genau beschreibbares Schülerverhalten, sondern vielmehr eine bestimmte Einstellung angestrebt werden. Zweitens wird es kaum möglich sein, innerhalb eines kurzen Arbeitstechnikkurses bereits grundlegende Verhaltensänderungen zu erzielen. Methoden und Einstellungen, die Jugendliche über längere Zeit entwickelt und verfestigt haben, ändern sie nicht in wenigen Stunden. Dazu sind ein längerer Prozeß und vor allem auch tägliche Anwendungsmöglichkeiten erforderlich. Die Lernziele haben somit in diesem Zusammenhang *Richtliniencharakter*: Es soll damit aufgezeigt werden, in welche Richtung die Bestrebungen gehen sollten. Sie können in diesem Sinn auch den Schülerinnen und Schülern vorgelegt und zur Diskussion gestellt werden. Gemeinsam wird sodann überlegt, wie diese Ziele am besten erreicht werden.

Unter »Methoden und Unterlagen« finden sich jeweils eine Reihe von Vorschlägen und Unterrichtsblättern, die als Beispiele dienen können, wie das entsprechende Thema in einem Kurs über Lernmethoden präsentiert und welche Übungen und Experimente durchgeführt werden könnten. Sie stammen aus meiner eigenen Kurserfahrung.

Die im Buch abgedruckten Unterrichtsblätter sollen als Illustrationen und Anregung dienen und können je nach Zielgruppe und Altersstufe ergänzt oder abgeändert werden.

Natürlich können die einzelnen Elemente nicht nur in Kursen, sondern auch an Lerntagen oder in Projektwochen eingesetzt werden.

Aus den Lektionsbeispielen ergibt sich bereits, daß – vor allem in der Schule – die Vermittlung von Arbeitsmethoden lediglich in Großveranstaltungen wenig sinnvoll ist. Wenn die Diskussionen ergiebig sein und die Lernenden selbst aktiv werden sollen, ist die Möglichkeit einer Unterteilung in kleine Gruppen erforderlich. Nimmt eine größere Zahl von Schülerinnen und Schülern an einem solchen Kurs teil, empfiehlt sich deshalb ein Wechsel von Plenumsveranstaltungen (Einführungsreferate, Diskussion der jeweiligen Ergebnisse) und Gruppenarbeiten, für die verschiedene Räume und Lehrpersonen zur Verfügung stehen sollten. Bei kleinerem Teilnehmerkreis lassen sich Gruppenarbeiten und -diskussionen bei gegenseitiger Rücksichtnahme auch im Klassenzimmer durchführen.

1. Selbstdiagnose und Kursplanung

1.1 Einführung

Wie bereits erwähnt, ist es bei der Durchführung von Arbeitstechnikkursen wichtig, daß diese von den Teilnehmenden nicht als Bevormundung und Maßregelung, sondern als Hilfeleistung empfunden werden. Deshalb muß die Zielsetzung des Kurses gemeinsam mit den Lernenden erarbeitet werden.

Am Anfang wird deshalb mit Vorteil ein Überblick über die verschiedenen Gebiete, mit denen sich die Lernmethodik befaßt, gegeben und werden die Teilnehmenden zu einer Selbstdiagnose angehalten: Wie lernen wir, wo liegen unsere Probleme, wo wollen wir ansetzen? Haben wir Probleme mit den Hausaufgaben, mit der Konzentration? Welche Aufgabentypen bereiten uns Mühe? Was erwarten wir von einem Kurs? Dazu werden die bisherigen Lernerfahrungen der Schülerinnen und Schüler diskutiert, unterschiedliche Vorgehensweisen einander gegenübergestellt und Schwerpunkte des Kurses festgelegt.

Dabei dürfen natürlich keine unrealistischen Hoffnungen entstehen. Es können ja keine Patentrezepte für das »Lernen im Schlaf« oder für die Erreichung von Höchstnoten vermittelt werden. Die zur Sprache kommenden Kenntnisse, Ergebnisse und durchzuführenden Experimente und Übungen sollen vielmehr Anregungen für die Jugendlichen zu einer Überprüfung ihres persönlichen Arbeits- und Lernverhaltens darstellen. Eine absolut richtige und allgemeingültige Technik kann kaum abgegrenzt werden; als falsch ist jedoch eine Vorgehensweise zu bezeichnen, die den Lernenden im Verhältnis zum Ergebnis zuviel Zeit und Kraft abverlangt. So gibt es beispielsweise kein für alle anwendbares Ordnungssystem; muß ein Schüler aber jeweils lange ergebnislos an den verschiedensten Orten suchen, bis er eine bestimmte Unterlage wiederfindet, verwendet er vermutlich ein seinen Bedürfnissen nicht entsprechendes System.

Für die Lernenden dürfte auch der Hinweis von Bedeutung sein, daß es – wie verschiedene Untersuchungen zeigen – keineswegs nur die »schlechten Schüler« sind, die unrationelle Arbeitsmethoden verwenden. Auch viele Schülerinnen und Schüler, die gute Leistungen erbringen, haben dafür oft unverhältnismäßig viel Zeit aufgewendet.

1.2 Lernziele

- Die Teilnehmenden sind für die Wahrnehmung von Lernproblemen sensibilisiert.
- Sie haben ihre bisherigen Vorgehensweisen überprüft und kennen ihre Stärken und Schwächen.
- Sie sind bereit, aktiv am Kurs mitzuwirken, sich auf Neues einzulassen, neue Methoden zu erproben.
- Sie sind für den Kurs motiviert und erwarten von ihm Anregungen, aber keine Patentrezepte.

1.3 Methoden und Unterlagen

Nach einer kurzen Einführung durch den Lehrer oder die Lehrerin formulieren die Teilnehmenden mündlich oder schriftlich, einzeln oder in Gruppen ihre persönlichen Lern- und Arbeitsprobleme, wobei der Fragebogen zur persönlichen Arbeitstechnik (S. 43) Verwendung finden kann. Nach der Einstufung der eigenen Probleme können die Lernenden die Gebiete ankreuzen, deren Behandlung im Kurs ihnen besonders wichtig erscheint (Kursplanung, S. 45).

Wenn die Schülerinnen und Schüler schriftlich Stellung genommen haben, sammelt die Lehrperson die Blätter ein und wertet sie kurz aus, bevor gemeinsam die Schwerpunkte des Kurses festgelegt werden. Eine andere Möglichkeit besteht darin, daß die Teilnehmenden aufgrund ihrer Problemanalyse in Gruppen ihre Wünsche im Hinblick auf den Kurs diskutieren und anschließend im Plenum bekanntgeben. Auch hier wird sodann gemeinsam eine *Prioritätsliste* aufgestellt. Die Blätter bleiben dabei in der Hand der einzelnen Teilnehmenden; sie können auf diese Weise im Verlauf des Kurses ihr Verhalten überprüfen und eine Schlußkontrolle durchführen. Diese zweite Möglichkeit empfiehlt sich vor allem bei älteren Teilnehmenden.

Bei Kursen, die ganz am Anfang der Sekundarstufe (bzw. des Gymnasiums) durchgeführt werden, haben die Lernenden teilweise noch keinen Überblick über die anfallenden Probleme und können selbst ihre Erwartungen noch nicht formulieren. In solchen Fällen kann die Lehrerin oder der Lehrer auch ein Experiment an den Anfang stellen (z.B. fremdsprachige Vokabeln nach zwei verschiedenen Methoden lernen lassen, Vergleich der Ergebnisse und Diskussion, vgl. S. 68). Die Motivierung für den Kurs erfolgt dann durch die Erfahrung, daß verschiedene Vorgehensweisen möglich sind und unterschiedliche Ergebnisse bringen.

**Fragebogen
zur persönlichen Arbeitstechnik**

	Dieses Gebiet bereitet mir:				
	sehr große	große	ziem-liche	einige	keine
	Schwierigkeiten				
– Schnell zu lesen und trotzdem zu wissen, was im Text steht					
– Das Wesentliche eines Artikels oder eines Fachbuches zu erfassen					
– Von Artikeln und Texten Notizen zu machen, die die wichtigsten Punkte knapp zusammenfassen					
– Zu behalten, was ich gelesen habe					
– Tabellen, Statistiken oder graphische Darstellungen zu verstehen					
– Eigene Notizen im Unterricht anzufertigen, die übersichtlich sind und die wichtigsten Informationen enthalten					
– Meine Hefte und Notizen in Ordnung zu halten					
– Den Überblick über meine Unterlagen (Bücher, Hefte, Material) zu behalten und schnell zu finden, was ich gerade suche					
– Gelerntes längere Zeit zu behalten					
– Mit meinen Aufgaben dann anzufangen, wenn ich es mir vorgenommen habe					
– Meine Zeit so einzuteilen, daß ich die gegebenen Termine einhalten kann					
– Meine Aufgaben so zu erledigen, daß mir noch genügend Freizeit bleibt					
– Informationen in Büchern und Bibliotheken zu finden					
– Informationen aus Büchern zu einem Bericht zusammenzufassen					
– Eine Diskussion zu leiten oder daran teilzunehmen					
– Vor anderen meine Meinung zu äußern und zu vertreten					
– Mit anderen zusammenzuarbeiten					
– Einen Vortrag zu halten					
– Eine größere Arbeit richtig zu gliedern					
– Zu wissen, wo meine Probleme beim Lernen und Arbeiten liegen					

Fragebogen
zur persönlichen Arbeitstechnik

	Dieses Gebiet bereitet mir:				
	sehr große	große	ziem- liche	einige	keine
	Schwierigkeiten				
– In der Schule zu fragen, wenn ich etwas nicht verstanden habe					
– Frei zu sprechen					
– Mich bei der Arbeit zu konzentrieren					
– Mich für die Schule oder für bestimmte Fächer zu interessieren					
– Mich richtig auf eine Prüfung vorzubereiten					
– Vor oder während einer Prüfung nicht nervös zu werden und alles Gelernte wieder zu vergessen					
– Mich während einer Prüfung auf die gestellten Fragen zu konzentrieren					
– Während einer Prüfung die Zeit richtig einzuteilen					
– Flüchtigkeitsfehler zu vermeiden					
– Über große Stoffgebiete den Überblick zu behalten					
– Mich nicht bei jedem Geräusch von meiner Arbeit ablenken zu lassen					
– Einzelfakten (Vokabeln, Formeln, Daten, Namen) auswendig zu lernen					
– Mich von Mißerfolgen oder schlechten Noten nicht entmutigen zu lassen					
– Für ein Fach zu lernen, dessen Lehrer mir unsympathisch ist					
– Auch dann zu lernen, wenn ich keine Lust dazu habe					
– Selbst festzustellen, wo ich Lücken habe und was ich nicht verstanden habe					

Meiner Ansicht nach sollten in einem Kurs über Lernmethoden folgende Themen behandelt werden:

	unbedingt	wichtig	falls Zeit
– Motivation			
– Lernpsychologie			
– Schnell-Lesen			
– Lesen von Fachbüchern und Artikeln			
– Notizen erstellen			
– Zeiteinteilung			
– Konzentration			
– Ordnungssysteme			
– EDV-Anwendungen			
– Bibliotheksbenutzung			
– Informationssuche			
– Zusammenarbeit			
– Prüfungsvorbereitung			
– Planen einer größeren Arbeit (Vortrag, Semesterarbeit)			
– Gesundheit (Schlaf, Ernährung, Ausgleich)			
– Lernstile			
– Gedächtnis			
– Redetechnik			
–			

2. Lernstile und Lerntypen

2.1 Einführung

Lange Zeit haben sich Kurse und Ratgeber zu Lerntechniken und Lernstrategien darauf beschränkt, »optimale« Vorgehensweisen zu vermitteln. Autoren und Kursleiter gingen davon aus, daß die eigenen bevorzugten Methoden auch bei allen anderen Lernenden zum Erfolg führen müssen – und wunderten sich dann über den Widerstand, der ihnen entgegengesetzt wurde. Untersuchungen zeigen aber, daß es unter Kindern wie Erwachsenen sehr unterschiedliche Lerntypen gibt. So kann gefragt werden, welche *Sinnesorgane* beim Lernen im Vordergrund stehen, auf welche Art die Informationen am leichtesten aufgenommen werden:

- Wer durch Sehen und Beobachten lernt, gehört zum *visuellen* Lerntyp.
- Wer durch eigenes Tun und nachvollzogene Handlungen lernt, wird als *haptischer* Lerntyp bezeichnet.
- Der *Gesprächstyp* lernt durch die sprachliche Auseinandersetzung und das Verstehen im Dialog.
- Der *verbal-abstrakte* Lerntyp nimmt am besten durch das Lesen und Hören von abstrakt dargebotenem Wissensstoff auf.
- Beim *auditiven* Lerntyp steht das Zuhören im Vordergrund.

Natürlich kommen die verschiedenen Lerntypen nicht in »reiner Form« vor: Jeder Mensch begegnet den unterschiedlichsten Lernsituationen, er muß und kann sich darauf einstellen. Während aber beispielsweise der auditive Lerntyp beim aufmerksamen Zuhören die Augen schließt, blendet der visuelle Lerntyp alle Geräusche aus, wenn er von einem Bild oder Text fasziniert ist. In jedem Augenblick stürmt eine Vielzahl von Sinneseindrücken auf uns ein. Welchen wir uns bewußt zuwenden, welche wir in unserem Gedächtnis speichern, wird von unserer Motivation und unserem Lerntyp bestimmt. Er steuert uns somit durch die Informationsflut.

Die einzelnen Lerntypen sind unterschiedlich verbreitet. In der Literatur werden Angaben zum Lernerfolg der einzelnen Kanäle gemacht, doch kann es sich dabei nur um Durchschnittswerte in Laborsituationen handeln. Klar ist,

- daß der Lernerfolg bei allen Lernenden größer ist, wenn mehrere Sinne in den Prozeß einbezogen werden (wenn beispielsweise mündliche Erläuterungen durch Anschauungsmaterial ergänzt werden),
- daß Erfahrungen, die durch eigene Planung und Aktivität erworben werden, im Gedächtnis am besten verankert werden,
- daß die Motivation, die dem Lernstoff zugewandte Aufmerksamkeit eine entscheidende Rolle spielen.

In den letzten Jahren wurde der Gehirnforschung zunehmend Beachtung geschenkt. Die beiden Hälften des Gehirns verarbeiten die gleichen Informationen auf unterschiedliche Weise. In der Schule wird eher die linke Gehirnhälfte beansprucht, die bei den meisten Menschen das Gedächtnis für Wörter und Sprachen umfaßt, für logisches und analytisches Denken, Zahlen, Organisation und Planung zuständig ist. Die rechte Hirnhälfte denkt ohne Worte, umfaßt das Gedächtnis für Personen, Sachen, Erlebnisse, ganzheitliche Erfahrungen, kann Rhythmus, Musik, Bilder, Farben, Gesichter und Muster erkennen; die Phantasie und das Tagträumen werden ihr zugeordnet (T. Buzan, 1984).

Für intellektuelle und schöpferische Aktivitäten sind mit Vorteil die besonderen Fähigkeiten beider Hemisphären zu nutzen. Da bei der Speicherung von Wissensinhalten auch der Kontext eine Rolle spielt, sind für das Lernen beide Gehirnhälften von Bedeutung. Je stärker das Umfeld mitgespeichert wird, um so größer ist die Chance, Wissen später wieder abzurufen.

Unser Denken und unser Lernstil werden geprägt vom Zusammenspiel beider Hälften oder der Dominanz einer Seite. Vernetzt gestaltete Lernsituationen, bei denen beide Hirnhemisphären angesprochen werden, ermöglichen es den Lernenden eher, mit ihrer individuellen Begabung den Lernzugang zu finden.

Unterschiedliche Vorlieben bestehen auch hinsichtlich der Lernsituation: Während manche am liebsten allein lernen, bevorzugen andere den Austausch und die gegenseitige Anregung in Gruppen; viele fühlen sich sicherer, wenn eine kompetente Person das Lernen anleitet, während andere ihren Fragen lieber selbständig nachgehen.

Woher die Unterschiede kommen, ob sie angeboren oder erworben sind, soll hier nicht diskutiert werden. Fest steht, daß Kinder schon früh individuelle Vorlieben und Abneigungen zeigen.

Die persönliche Art des Lernens wirkt sich auf den Lehrstil von Lehrerinnen und Lehrern aller Stufen aus: Wer unterrichtet, geht meist davon aus, daß seine Schülerinnen und Schüler auf die gleiche Art lernen und deshalb nur die intellektuellen Fähigkeiten über den Schulerfolg entscheiden.

Es gibt jedoch nicht nur eine und nicht die beste Lernmethode. Die unterschiedlichen Lernstile stehen in keiner Beziehung zur Intelligenz. Wohl aber können die Leistungen davon abhängen, ob das gewählte oder verlangte Vorgehen dem eigenen Stil entspricht. Wichtige Auswirkungen ergeben sich vor allem auf die Motivation.

Da Lehrerinnen und Lehrer nicht auf jeden Lerntyp eingehen können, ist es für die Lernenden wichtig, ihren eigenen Lerntyp zu kennen, selbst aktiv zu werden und den Stoff entsprechend zu bearbeiten.

Je nach Lerntyp sind andere Lernformen geeignet, bestehen verschiedene Methoden, neuen Wissensstoff aufzunehmen. Auditive Lerntypen können einem Lehrervortrag problemlos folgen und Fremdsprachen zusätzlich durch Radiosendungen trainieren, sie können sich Texte auf Tonband sprechen, von Kollegen erklären lassen. Visuell orientierte Lernende werden Gehörtes in einer Grafik darstellen, eine Skizze anfertigen, Bücher bearbeiten, haptische Lerntypen bemühen sich um eigenes Handeln, indem sie Experimente nachvollziehen, erproben, nachbauen oder nachzeichnen, eigene Zusammenfassungen und Gliederungen schreiben.

Nicht jeder Stil ist für jede Situation geeignet. Lernziel und Lernweg lassen sich nicht trennen. Wenn es um den Erwerb von Wissen geht, sind andere Vorgehensweisen angemessen, als wenn sich eine Klasse Klarheit über ihre Beziehungen untereinander und ihr Verhalten in bestimmten Situationen verschaffen will. Es wird deshalb auch erforderlich sein, andere Methoden zu pflegen und weiterzuentwickeln.

Lernende können verschiedene Wege entdecken, wie beispielsweise Auszüge aus einem Buch übersichtlich erfaßt, wie Prüfungen vorbereitet werden können: Manche erstellen gerne »Mind-Maps« (Bilder, die ein Fachgebiet oder einen Begriff mit seinen Gliederungen und Querverbindungen darstellen, vgl. S. 72), andere arbeiten mit Karteikärtchen, sprechen auf ein Tonband oder bereiten für andere Fragen vor.

2.2 Lernziele

– Die Schülerinnen und Schüler kennen die unterschiedlichen Lernstile.
– Sie haben sich mit ihrem eigenen Lerntyp auseinandergesetzt und setzen ihn beim Lernen bewußt ein.

2.3 Methoden und Unterlagen

Die Wirkung des Einbezugs mehrerer Sinne läßt sich beim Auswendiglernen von Gedichten demonstrieren: Eine Strophe wird nur durch Lesen gelernt, eine andere, indem sie nur gehört wird (von einem anderen Schüler vorgelesen), eine durch Lesen und Hören und eine durch Lesen, Hören und Schreiben. Festgestellt wird, bei welcher dieser Strophen die Lernenden am wenigsten und am meisten Zeit brauchen, bis sie fehlerlos gelernt sind, sowie, welche nach einem Tag und nach einer Woche noch am besten in Erinnerung ist. Um die Unterschiede im Schwierigkeitsgrad einzelner Strophen auszuschalten, lernt eine Gruppe die erste Strophe, eine andere Gruppe die zweite usw. durch Lesen.

Zwei verschiedene Fragebogen sind als Beispiele aufgeführt: Der kurze Lernstilfragebogen (S. 50) kann bei etwas älteren Lernenden als Einführung und Vorbereitung auf das Thema ausgefüllt werden: Sie beantworten die Fragen und vergleichen dann ihre Lernstile und -präferenzen in Kleingruppen oder Partnerarbeit. Dabei erkennen sie, daß sehr unterschiedliche Vorgehensweisen zum Ziel führen können und der Erfolg vor allem auch von der Einstellung abhängt.

Der Lernstilfragebogen (S. 51) nennt 40 verschiedene Aspekte des Lernstils und des Lernumfeldes, zu denen die Schülerinnen und Schüler Stellung nehmen. Wichtig ist dabei zu betonen, daß es keine richtigen oder falschen Antworten gibt, sondern ganz unterschiedliche Vorgehensweisen, und es darum geht, eigene Wege zu finden. Die Teilnehmenden können sowohl angeben, wie sie normaler-

weise oder am häufigsten vorgehen, wie sehr ihnen die betreffende Vorgehensweise entspricht und wie sie den Erfolg beurteilen. Vor allem diese Gegenüber-
stellungen können zum Ausgangspunkt von Diskussionen genommen werden:
Haben die Lernenden schon verschiedene Erfahrungen sammeln können, haben sie die Möglichkeit, ihren eigenen Stil anzuwenden, wie lassen sich die Vorteile verschiedener Lernstile kombinieren?
Experimente zur Feststellung des Lerntyps finden sich zudem bei W. Endres et
al. (1994) ab Seite 85.

Wie gehen Sie normalerweise vor, wenn Sie etwas lernen wollen?

_____

_____

Beschreiben Sie eine Lernsituation, in der Sie sich wohl fühlen:

_____

_____

Wann und unter welchen Bedingungen fällt Ihnen das Lernen schwer?

_____

_____

Wie haben Sie Ihren bevorzugten Lernstil erworben? Hatten Sie Vorbilder, haben Sie verschiedene Methoden ausprobiert, hat Ihnen jemand Tips oder Ratschläge gegeben?

_____

_____

Bevorzugen Ihre Kolleginnen und Kollegen die gleichen Vorgehensweisen und Lernmethoden?

_____

_____

Fragebogen Lernstil

Mein bevorzugter Lernstil	So gehe ich mei- stens vor	So lerne ich am liebsten	So ist der Erfolg am größten
Ich lerne gut, …			
A. Vermittlung durch andere			
1. – wenn ich gute mündliche Erklärungen erhalte.			
2. – wenn ich Abbildungen, Grafiken, Kurven dazu sehe.			
3. – wenn ich einen Film sehe.			
4. – wenn ich ein gut aufgebautes Fachbuch lese.			
5. – wenn ich bei fachgerechten Experimenten oder bei der Handhabung eines Gerätes zuschauen kann.			
6. – wenn Fachleute für mich planen.			
7. – wenn der Stoff einfach ist.			
8. – wenn mir die größeren Zusammenhänge erklärt werden.			
9. – wenn ich viele Beispiele erhalte.			
10. – wenn etwas humorvoll oder komisch formuliert ist.			
11. – wenn mir jemand Fragen dazu stellt.			
12. – wenn ich zuerst einen Überblick, eine Zusammen- fassung erhalte.			
13. – wenn ich genügend Rückmeldungen über meine Lernfortschritte erhalte.			
14. – wenn ich genau weiß, was verlangt wird.			
15. – wenn mir Fristen gesetzt sind.			
B. Eigenes Erarbeiten			
16. – wenn ich selbst die Ziele und Schwerpunkte setzen kann.			
17. – wenn ich zuerst überlege, welches die wichtigsten Punkte sind.			
18. – wenn ich selbst meine Fortschritte kontrolliere.			
19. – wenn ich die Schlußfolgerungen aus früheren Kenntnissen ableiten kann.			
20. – wenn ich den Stoff gliedere und ergänze.			

Fragebogen Lernstil

	So gehe ich meistens vor	So lerne ich am liebsten	So ist der Erfolg am größten
21. – wenn ich selbst passende Texte suche, die Informationen aus verschiedenen Büchern zusammensuche.			
22. – wenn ich mir Notizen mache.			
23. – wenn ich in meinem eigenen Tempo vorangehen kann.			
24. – wenn ich etwas selbst machen, ausprobieren, durchführen kann.			
25. – wenn ich Fachleuten Fragen stellen kann.			
26. – wenn ich selbst Grafiken oder Kurven zeichne.			
27. – wenn ich einen Gegenstand anfassen und bewegen kann.			
28. – wenn der Stoff kompliziert ist, wenn ich mich anstrengen muß.			
29. – wenn der Lernstoff mit meinen persönlichen Erfahrungen zusammenhängt.			
30. – wenn ich meine früheren Kenntnisse einbringen kann.			
31. – wenn ich verschiedene Meinungen und Informationen miteinander vergleichen kann.			
32. – wenn es auf Schnelligkeit ankommt.			
33. – wenn es auf Genauigkeit, Gründlichkeit ankommt.			
C. Soziale Situation			
34. – wenn ich von erfahrenen Lehrern profitieren kann.			
35. – wenn ich den Stoff jemandem erkläre.			
36. – wenn ich Kollegen oder Kolleginnen mit einem ähnlichen Wissensstand habe.			
37. – wenn ich den Stoff mit anderen diskutieren kann.			
38. – wenn ich in einem Wettbewerb mit anderen stehe.			
39. – wenn ich mich allein mit dem Stoff auseinandersetze.			
40. – in einer entspannten Atmosphäre, wenn auch gelacht wird.			

Wie sind die Beziehungen zwischen den drei Kolonnen? Kann ich so vorgehen, wie ich am liebsten und am erfolgreichsten lerne?

3. Lernmotivation

3.1 Einführung

Bereits mehrfach wurde darauf hingewiesen, daß die Lernmotivation eine ganz wesentliche Voraussetzung für die Schulleistung und auch für den Einsatz von Arbeitstechniken ist. Gut motivierte Schülerinnen und Schüler können trotz schlechter Lernmethoden an ihr Ziel kommen (wenn dies auch mit wesentlich mehr Aufwand verbunden ist), schlecht motivierte dagegen werden auch von den besten Ratschlägen nicht profitieren, weil sie kaum einen Sinn dahinter sehen, sie in die Tat umzusetzen. Die Frage der Motivation muß deshalb in einem Arbeitstechnikkurs zur Sprache kommen, wenn damit natürlich auch noch keineswegs eine automatische Förderung verbunden ist.

Unter Motivation verstehen wir die Ursache, den Grund des menschlichen Verhaltens. Natürlich haben alle Jugendlichen einen Grund dafür, die Schule zu besuchen – und sei es nur, weil die Eltern es so wollen, weil sie keine Lust haben, eine Lehre zu absolvieren, weil sie sich davon bessere Zukunftsmöglichkeiten versprechen oder weil die Kollegen es auch tun. Dies bedeutet aber noch lange nicht, daß sie auch einen Grund dafür haben, sich den Lernstoff anzueignen – oder höchstens gerade so viel, um nicht von der Schule verwiesen zu werden.

Grundsätzlich wird zwischen primärer und sekundärer Motivation unterschieden: Primäre Motivation ist auf die Tätigkeit selbst gerichtet, bei der sekundären ist die Tätigkeit lediglich Mittel zum Zweck. Nur Lernende, die sich mit den Inhalten wirklich auseinandersetzen und sich in die verschiedenen Fächer einarbeiten wollen, sind primär motiviert. Im Falle einer sekundären Motivation lernen sie beispielsweise, weil ihnen die Eltern bei Erreichen einer guten Note ein Moped versprochen haben oder weil sie die unangenehmen Folgen einer Nichtversetzung fürchten.

D. Ausubel (1974) nennt als Primärtriebe, die in der neueren Motivationsforschung als wichtig beim menschlichen Lernen nachgewiesen wurden, Neugier, Exploration, Aktivität, Manipulation, Beherrschung oder Kompetenz und das Bedürfnis nach Stimulation. Diese Triebe werden bereits durch die Tatsache des erfolgreichen Lernens selbst gratifiziert (reduziert) und sind somit von materiellen oder sonstigen Belohnungen weitgehend unabhängig.

Zahlreiche Untersuchungen stellten die Frage, von welchen Bedingungen es abhängt, daß eine Lern- oder Leistungsmotivation entsteht. G. Dietrich (1972) kommt zu dem Schluß, daß eine Vielzahl von Faktoren dafür verantwortlich sind, und nennt u.a. die kulturelle Gesamtsituation, Sozialschicht und Familieneinflüsse. Wichtig für diesen Zusammenhang ist aber vor allem der Einfluß *schulischer Faktoren* und der Unterrichtsform. Forschungsergebnisse zeigen, daß aktivitätsförderndes Lehrerverhalten das Ausmaß der Lernaktivität, die Einstellung zum Lernen und zur Schule und den Lernerfolg der Schülerinnen und Schüler positiv beeinflußt.

Eine wichtige Rolle spielt das *Bedürfnis nach eigener Kontrolle* über den Lauf der Dinge. Untersuchungen (L. Berkowitz, 1986) zeigen, daß sowohl unangenehme Ereignisse leichter ertragen als auch angenehme positiver eingeschätzt werden, wenn die Betroffenen sie selbst steuern konnten. In einer dieser Untersuchungen wurden zwei Gruppen von Versuchspersonen dem gleichen Lärm bzw. den gleichen Elektroschocks ausgesetzt. Eine Gruppe verfügte dabei über einen Knopf, mit dem sie die unangenehmen Einwirkungen abstellen konnte, die andere nicht. Die Gruppe mit Kontrollmöglichkeit empfand Lärm oder Schock trotz gleicher Intensität als wesentlich weniger belastend als die andere Gruppe. Interessant ist dazu ein anderes Beispiel, das zeigt, daß es auch wichtig ist, die Kontrolle über angenehme Dinge zu haben: Bewohnerinnen und Bewohner von Altersheimen wurden regelmäßig von Studenten besucht. Eine Gruppe konnte selbst Termin und Dauer der Besuche bestimmen, die andere Gruppe wurde nur über die Termine informiert. Eine Prüfung nach zwei Monaten ergab, daß die erste Gruppe nicht nur wesentlich zufriedener, sondern auch gesünder war!

Auf die Schule übertragen, bedeuten diese Ergebnisse, daß für die Motivation der Lernenden die Möglichkeit der eigenen Einflußnahme von großer Bedeutung ist. Entsprechende Gelegenheiten bestehen je nach Stufe beispielsweise hinsichtlich der Wahl der Lehrmittel, des Lernweges, der Bearbeitung einzelner Themen oder der Planung des zeitlichen Ablaufes.

Die Erwartung von angenehmen Ereignissen, von Lob, Zuwendung und Erfolg beschwingt nicht nur Kinder, sondern uns alle und verstärkt unsere Bemühungen und Ausdauer. Die Angst vor Kritik, Strafe oder Mißerfolg dagegen blockiert uns, hemmt unsere Kreativität und führt zu Abwehr- und Fluchttendenzen. Sehr anschaulich beschreibt der Literaturnobelpreisträger E. Canetti diese Zusammenhänge in seiner Autobiographie »Die gerettete Zunge« (1981): Vor ihrem Umzug von London nach Wien versucht seine Mutter, ihm möglichst schnell Deutsch mündlich beizubringen, und benutzt dazu Spott, Drohungen und Verachtung. Trotz seiner verzweifelten Bemühungen wird er von seiner Angst so gelähmt, daß er kaum vorankommt und ihren Zorn immer mehr auf sich zieht. Erst als er die Möglichkeit hat, selbst mit dem Buch zu lernen und sich so gut vorzubereiten, daß er ihr Lob erringt, macht er Fortschritte – und ihre Anerkennung spornt ihn zu immer besseren Leistungen an. Als wichtig und motivationsfördernd erweisen sich somit auch hier die eigene Aktivität und der eigene Lernstil.

Nicht jedes Lob ist dabei gleichermaßen effektvoll. Wird ein Kind für eine Leistung gelobt, die nur ein Minimum an Anstrengung erforderte, kann es daraus den Schluß ziehen, daß man ihm nicht mehr zutraut und daß es sich nicht lohnt, den Einsatz zu erhöhen.

Die amerikanischen Psychologen C. Dweck und J. Bempechat fanden bei ihren Untersuchungen an Schülern zwei Motivationsmuster, die sich unabhängig von der Intelligenz als Reaktion auf Herausforderungen nachweisen lassen: den hilflosen und den »Meisterungs«-Typ (mastery oriented). Den Kindern wurde eine Reihe von Aufgaben gestellt, die so konstruiert waren, daß alle Kinder die ersten acht bewältigen, die nächsten vier aber nicht lösen konnten. Die Kinder des

»Hilflos«-Typs verloren bei den Schwierigkeiten sofort den Mut, betrachteten sie als unüberwindbar und zweifelten, trotz ihrer vorangegangenen Erfolge, an ihren Fähigkeiten. Im Rückblick unterschätzten sie die Zahl der Erfolge beträchtlich (5,1 statt 8) und überschätzten die Zahl der Mißerfolge (6,1). Sie glaubten anschließend auch nicht mehr daran, daß sie die ersten Aufgaben lösen könnten, und griffen zu stereotypen, unangebrachten Methoden. Die Kinder des »Meisterungs«-Typs verstärkten dagegen bei Schwierigkeiten ihren Einsatz, verbesserten ihre Methode und unterschätzten die Zahl ihrer Mißerfolge (aus »Learning and Motivation«, 1983).

Die Einstellung und das Verhalten des Lehrers tragen nach Ansicht der Autoren dazu bei, ob sich ein Kind zum hilflosen oder zum Meisterungs-Typ entwickelt. Wenn er ihnen nicht alle Hindernisse aus dem Weg räumt, sondern Aufgaben stellt, die Planung, Ausdauer und das Überwinden von Schwierigkeiten verlangen, können sie ihr Selbstvertrauen im Umgang mit Problemen stärken. Fehler werden nicht als Versagen erlebt, sondern dazu benutzt zu lernen, wie man mit Mißerfolgen umgeht und Hindernisse bewältigt.

Auf den Zusammenhang zwischen der Lernbiographie und der Lernmotivation wurde bereits mehrfach hingewiesen. Jugendliche und Erwachsene, die in der Schule vor allem Ausgrenzung und Mißerfolg erlebt haben, sind kaum motiviert, Neues zu lernen, ihren Fragen nachzugehen.

Besonders wichtig aber ist eine gute Lernmotivation für das Lernen im Erwachsenenalter: Ohne Vertrauen in die eigene Lernfähigkeit bilden sich Erwachsene nicht selbständig weiter. In der Schule wird der Lernstoff nicht nur gut aufgebaut vorgegeben, der Erfolg wird auch laufend überprüft. Bei geringer Strukturierung und ohne Fremdkontrolle erhalten dagegen die eigenen Lernmotive ebenso wie die Lernstrategien mehr Gewicht.

Auf ein weiteres Problem der Kinder weist P. Jackson (1973) hin. Anschaulich schildert er den Übergang vom Verhalten eines Zweitkläßlers, der enttäuscht ist, wenn eine Lektion zu Ende ist, oder eines Viertkläßlers, der sich eifrig meldet oder angestrengt eine Antwort sucht, zu den Reaktionen der müden »Schulstubenprofis« der Oberstufe, die gleichgültig in ihren Bänken hängen oder eine Aufmerksamkeit nur vortäuschen. Er führt diese Wandlung u.a. darauf zurück, daß die Jugendlichen ihre eigenen Handlungen dem Willen des Lehrers unterwerfen müssen, zur Passivität gebracht werden und schließlich nur resignieren können. P. Jackson hebt zudem hervor, daß Erfolg in der Schule nicht nur intellektuelle Anstrengungen koste, sondern auch einen gesellschaftlichen Preis habe: Erfolgreich Lernende werden von den anderen als Streber angesehen und gemieden, was für viele schwerer zu ertragen ist als schlechte Noten. Andere Jugendliche haben nach Jacksons Beobachtung zwar gute Noten, verleugnen ihre Interessen aber aus diesem Grund nach Schulschluß und zeigen keine über die Schule hinausgehenden geistigen Interessen.

Nach G. Dietrich (1972) macht die auf die Erfüllung schulischer Anforderungen und Aufgaben gerichtete Leistungsmotivation zwischen dem zwölften und 16. Lebensjahr eine Krise durch. Er erklärt dies mit folgenden Gründen:

- In diesem Alter treten zahlreiche Antriebe und Zielsetzungen (Sexualität, Selbständigkeitsbedürfnis, Sozialantriebe) neu auf, die einen beträchtlichen Teil der seelischen Energie des Jugendlichen beanspruchen.
- Die Schule wird als belastend oder hemmend für die eigene Selbstentfaltung empfunden; daraus ergibt sich eine allgemeine Schulmüdigkeit oder Schulverdrossenheit.
- Generelle Entwicklungskrise, verbunden mit einer Umzentrierung der Interessen.
- Ängste und Befürchtungen im Hinblick auf die eigene Befähigung, emotionale Belastung durch Prüfungen.
- Veränderung der Einstellung gegenüber der Schule, Unzufriedenheit mit der schulischen Erziehung.

A. Alschuler (in »Technology and Innovation in Education«, 1968) vertritt die Ansicht, daß für Schülerinnen und Schüler, die ohne Motivation lernen, d.h., für die die zu erwerbenden Kenntnisse und Fähigkeiten ohne Bedeutung sind, die Schule zu einem bloßen »Zeitvertreib« zwischen wichtigeren Tätigkeiten wird. Andererseits sei die Entwicklung der Motivation eine wichtige Aufgabe der Schule, da diese zu einem reifen Erwachsenen gehöre.

Zur Erfüllung dieser Aufgabe wurden in den USA schon verschiedene Kurse und Experimentalprogramme durchgeführt.

Über ein über mehrere Jahre laufendes Projekt berichtet D. McClelland (1973). Es wurde in einem Bostoner Vorort mit Schülerinnen und Schülern des 7., 8. und 9. Schuljahres durchgeführt und sollte sie dazu führen, ihre eigene Weiterbildung durch aktives Erkunden der eigenen Möglichkeiten sowie derjenigen, die ihnen die Schule und die weitere Umgebung bot, selbst in die Hand zu nehmen. Außerdem sollte ihnen geholfen werden, genug Vertrauen in sich selbst und in andere zu setzen, um fähig zu werden, phantasievoll zu denken und die eigenen Gedanken, Wertvorstellungen und Beziehungen offen zu diskutieren. Die Jugendlichen wurden dabei von Beratern angeleitet, mit denen sie sich mehrmals wöchentlich trafen und die sowohl Gruppenaktivitäten anregten als auch zahlreiche Einzelgespräche führten. Die Entwicklung eigener Zielvorstellungen wurde u.a. durch ein System von Verträgen angeregt, in denen die Lernenden gemeinsam mit dem Lehrer festlegten, welche Leistungen sie in einer bestimmten Frist erbringen wollten. Die Vertragserfüllung wurde gemeinsam geprüft und besprochen.

In einem anderen, 1967 durchgeführten Experiment wurde versucht, die Auswirkungen eines Motivationstrainings auf schwarze Kinder unterer Einkommensschichten im 6. und 7. Schuljahr zu überprüfen (R. deCharms, 1973). Die Schülerinnen und Schüler der Experimentalgruppe wurden von trainierten Lehrern unterrichtet und folgten neben dem Unterricht einem speziellen Kurs, während die Kontrollgruppe bei untrainierten Lehrern zur Schule ging und nur dem normalen Unterricht folgte.

Das Training sowohl der Lehrer als später auch der Schülerinnen und Schüler bestand aus folgenden Elementen:

- Die Teilnehmenden wurden ermutigt, über sich selbst nachzudenken und ihre Motive einzuschätzen (Schüler schrieben z.B. »wie ich wirklich bin«).
- Sie wurden mit Gedanken und Verhaltensweisen von Personen mit unterschiedlichen Motiven vertraut gemacht (z.B., in Filmen, Büchern, über die diskutiert wurde).
- Es wurde ihnen (z.B. in Spielen und Experimenten) die Nützlichkeit von sorgfältigem Planen und realistischer Zielsetzung gezeigt.

Das Experiment brachte günstige Auswirkungen und einen Leistungsanstieg der Versuchsgruppe.

Wichtig ist somit vor allem, Möglichkeiten zu eigener Aktivität (einzeln oder in Gruppen) zu schaffen, gemeinsame Ziele festzulegen, den eigenen Lernstil der Schülerinnen und Schüler einzubeziehen.

Im Rahmen eines Arbeitstechnikkurses besteht wohl kaum die Möglichkeit, ein eigentliches Motivationstraining durchzuführen. Vielmehr ist darauf zu achten, daß im sonstigen Unterricht motivationsfördernde Verhaltensweisen zum Tragen kommen (vgl. III. Teil, S. 177).

Die Lernenden sollen aber zur Auseinandersetzung mit ihren Motiven angeregt werden. Dabei können einige allgemeine Prinzipien zur Sprache kommen, wie z.B. die Wichtigkeit, aus der Konsumhaltung herauszukommen, die Verantwortung für sich selbst zu übernehmen, eigene Ziele zu setzen, Zwischenziele festzulegen und deren Erreichung zu überprüfen.

Bei der Festsetzung eigener Teilziele ist davon auszugehen, daß die Erfolgswahrscheinlichkeit genügend hoch sein muß. Nur dann werden die Schüler zur weiteren Planung angeregt. Bei ständigen Mißerfolgen beginnt sich eine verhängnisvolle Spirale zu drehen: Viele schlechte Ergebnisse lähmen das Selbstvertrauen, neue Aufgaben werden mit weniger Mut und Energie in Angriff genommen, der nächste Mißerfolg wird dadurch wahrscheinlicher usw.

3.2 Lernziele

- Die Schülerinnen und Schüler sind zum Lernen motiviert, wollen ihren Fragen nachgehen, selbständig lernen.
- Sie wissen, wozu sie die Schule besuchen und bestimmte Dinge lernen.
- Sie kennen die Lernziele und stimmen damit überein.
- Sie können realistische eigene Teilziele erstellen und deren Einhaltung überprüfen.
- Sie haben Vertrauen in ihre eigene Lernfähigkeit und sind bereit, auch als Erwachsene weiterzulernen.
- Sie verfügen über Strategien zur Selbstmotivierung.

3.3 Methoden und Unterlagen

Ein Einstieg in das Thema Motivation kann darin bestehen, daß man der Klasse vor Beginn der Stunde Blätter mit Rätseln oder Denksportaufgaben hinlegt. Die meisten Schülerinnen und Schüler beginnen unverzüglich zu überlegen, zu prüfen, zu versuchen – eine Demonstration des starken menschlichen Bedürfnisses, die eigenen Fähigkeiten zu erproben, Knacknüsse zu bewältigen, unklaren Situationen auf den Grund zu gehen.

Wir können die Kinder auch einmal auffordern, ein »Patentrezept für Schulerfolg« zu verfassen: »Welche Zutaten müssen eurer Meinung nach in welchem Verhältnis gemischt werden, um auf gute Noten und einen guten Schulabschluß zu kommen?« Eine wichtige Rolle spielt immer das Interesse – die Rezepte der Lernenden werden als Ausgangspunkt einer Diskussion darüber genommen, wie die Motivation beeinflußt werden kann.

Da es bei der Besprechung dieses Themas in erster Linie darum geht, die Jugendlichen anzuregen, sich mit ihren Motiven auseinanderzusetzen und Klarheit über ihre Ziele zu gewinnen, können auch die Fragebogen S. 60–63 benutzt werden. Diese werden ausgeteilt, von den Lernenden ausgefüllt und bleiben in ihrem Besitz. An diese Vorbereitungen lassen sich Diskussionen über folgende Fragen anschließen:

- *Welche Ziele hat die Schule?*
- *Welche Ziele haben wir?*
- *Wie kann man diese Ziele erreichen?*
- *Kann man seine eigene Motivation beeinflussen?*
- *Wie kann man Interesse für ein bestimmtes Fach gewinnen?*
- *Wie können wir die Verantwortung für unser Lernen übernehmen?*
- *Wie geht es für uns nach der Schule weiter?*
- *Welchen Stellenwert hat das Lernen für uns jetzt und später?*

Bei großen Klassen, die bereits über Erfahrungen mit verschiedenen Gesprächs- und Diskussionsformen verfügen, können die Fragen beispielsweise in Podiumsdiskussionen behandelt werden.

Die Verbindung zwischen Schwierigkeitsgrad, Erfolgserlebnis und eigenen Zielsetzungen läßt sich bei verschiedenen Spielen aufzeigen, bei denen die Jugendlichen jeweils ihre nächste Leistung voraussagen müssen (z.B. Bogenschießen, Kegeln).

P. Brunnhuber (1974) schlägt vor, die Schülerinnen und Schüler dazu anzuleiten, sich selbst Rechenschaft über ihre Lernbereitschaft abzulegen. Nach bestimmten Lektionen beantworten sie für sich die Fragen, ob und warum sie sich für das Thema interessieren oder nicht, ob sie mitgearbeitet haben und den Beitrag leisten konnten, den sie wollten, oder warum dies nicht möglich war, wodurch sie eventuell abgelenkt wurden usw. Auch von der anderen Seite läßt sich diese Frage beurteilen: Die Lernenden überlegen, welche Lektion der vergangenen Woche sie als besonders anregend und interessant erlebten, und versuchen, die motivierenden Elemente zu erkennen. Auch die Arbeit zu Hause kann einmal unter diesem Gesichtspunkt betrachtet werden. Die Diskussion in der Klasse wird ergeben, daß manche Bedingungen auf alle motivierend wirken (z.B. Erfolg, Abwechslung, eigene Aktivität), während bei anderen individuelle Unterschiede bestehen (z.B. Lehrerpersönlichkeit, Fachinteresse, Musikbegleitung).

1. Ihre Schule kann man aus verschiedenen Gründen besuchen. Sind Sie sich über Ihre Motive im klaren? Geben Sie bitte bei den vorformulierten Aussagen an, ob sie für Ihren Fall genau, teilweise oder nicht zutreffen.

Ich bin an dieser Schule, weil	Trifft		
	genau	teilweise	nicht
		zu	
– meine Zukunftspläne feststehen und diese Schule die richtige Vorbereitung dafür ist			
– ich recht sicher bin, daß ich zu einem erfolgreichen Abschluß komme			
– ich eine gute Allgemeinbildung erwerben will			
– meine Familie es wünschte			
– meine Noten dafür ausreichten und mein früherer Lehrer mir diese Schule empfahl			
– mir die anderen Ausbildungswege noch weniger zusagten			
– meine Freunde auch hier sind			
– eine gute Schulausbildung für das spätere berufliche Fortkommen wichtig ist			
– ich gerne lerne und gerne zur Schule gehe			
– ich mich für den Stoff interessiere, der hier vermittelt wird			
– ich nicht wußte, was ich sonst tun sollte			
– meine Noten für meinen eigentlichen Ausbildungswunsch nicht ausreichten			
–			

	Trifft		
	genau	teilweise	nicht
2. Ich möchte gerne guten Noten haben, um	zu		
– eine gute Ausgangsbasis für meine weiteren Ausbildungspläne zu haben			
– mir selbst zu zeigen, daß ich beim Lernen Fortschritte mache			
– um bei der Stellensuche ein gutes Zeugnis vorlegen zu können			
– meiner Familie Freude zu machen			
– besser zu sein als meine Mitschülerinnen und Mitschüler			
– meinem guten Ruf treu zu bleiben			
– von meinen Lehrern geachtet zu werden			
Es genügt mir, wenn die Noten ausreichen, um in der Schule zu bleiben			
– _____ _____			

3. Manchmal lerne oder arbeite ich nicht so viel wie ich sollte, weil

– ich mir über persönliche Probleme Sorgen mache			
– ich mich für gewisse Fächer einfach nicht interessieren kann			
– ich außerhalb der Schule zu viele Dinge tun möchte			
– es mir mein Gesundheitszustand nicht erlaubt			
– Dinge um mich herum mich ablenken			
– ich ganz allgemein dazu neige, Unangenehmes aufzuschieben			
– ich mich leicht von interessanteren Dingen verführen lasse			
– ich bestimmte Fächer ohnehin nicht verstehe			
– ich den Lehrer/die Lehrerin nicht mag			
– der Lehrer/die Lehrerin mich nicht mag			
– _____ _____			

4. Haben Sie besondere Problemfächer?

    ○ Ja, nämlich: _____

    ○ Nein

Worauf führen Sie Ihre Schwierigkeiten mit diesem Fach (bzw. mit diesen Fächern) zurück?

    ○ Mangelndes Interesse daran

    ○ Wenig Einsatz dafür

    ○ Kenntnisrückstand

    ○ Mangelnde Begabung dafür

    ○ _____

Glauben Sie, daß Sie selbst etwas tun könnten, um diese Schwierigkeiten zu beheben?

    ○ Ja, nämlich _____

    _____

    _____

    ○ Nein

5. Wenn Sie morgen aus der Schule austreten müßten, was würde Ihnen dann am meisten fehlen?

_____

_____

_____

_____

6. Welche Ausbildungsziele verfolgt Ihre Schule Ihrer Ansicht nach?

	In erster Linie	In zweiter Linie	Kaum
– Vermittlung einer Allgemeinbildung			
– Persönlichkeitsbildung			
– Erziehung zu selbständigem Denken			
– Entwicklung von Interessen			
– Vorbereitung auf Fachstudium			
– Anleitung zu selbständigem Arbeiten			
– Konfrontation mit Problemen der Gegenwart			
– Schulung der Kritikfähigkeit			
– _____			
– _____			

7. Welche Ziele halten Sie selbst für eine Schule für wichtig?

	Sehr wichtig	Wichtig	Sekundär
– Vermittlung einer Allgemeinbildung			
– Persönlichkeitsbildung			
– Erziehung zu selbständigem Denken			
– Entwicklung von Interessen			
– Vorbereitung auf Fachstudium			
– Anleitung zu selbständigem Arbeiten			
– Konfrontation mit Problemen der Gegenwart			
– Schulung der Kritikfähigkeit			
– _____			
– _____			

4. Lernpsychologie und Gedächtnis

4.1 Einführung

Wer das Lernen systematisch lernen will, profitiert natürlich von Kenntnissen der Lernpsychologie; sie sollten deshalb Bestandteil eines entsprechenden Kurses sein. Dabei ist es nicht erforderlich, den Teilnehmenden einen historischen Überblick über die Forschungen und Resultate der verschiedenen Schulen und Lerntheorien zu vermitteln; es hilft ihnen mehr, wenn die Ergebnisse aus der Sicht der praktischen Anwendbarkeit für die Lernenden präsentiert werden. Es wird deshalb auch in dieser Einführung auf eine solche »Gesamtschau« verzichtet; interessierte Leser seien statt dessen auf ausführliche Fachbücher verwiesen. Für Schülerinnen und Schüler stellen sich beim Lernen zwei Grundprobleme: die Fragen, wie sie den Stoff möglichst schnell *aufnehmen*, das Wissen sich aneignen und wie sie ihn möglichst lange *behalten*, d.h. speichern und reproduzieren können. Diese zweite Frage hat im allgemeinen Priorität, wenn sie nicht nur für die Prüfung des nächsten Tages lernen, sondern auf den Kenntnissen auch später weiter aufbauen wollen. Deshalb ist es wichtig zu erkennen, daß Lernmethoden, die zum schnelleren Erwerb führen, nicht unbedingt die gleichen sind, die ein langfristiges Behalten ermöglichen.

Schülerinnen und Schüler werden ständig mit sehr vielen neuen Inhalten konfrontiert. Die Lehrpersonen sorgen dafür, daß dabei wichtige Gesetze beachtet werden: Sie knüpfen an bekannten Stoff an, bauen systematisch auf und bieten nicht zuviel Neues innerhalb einer Lektion. Aber auch wenn die Schülerinnen und Schüler zu Hause vor Prüfungen lernen, ist es wichtig, daß sie diese Grundelemente kennen.

Das menschliche Gedächtnis ist nicht darauf angelegt, alles zu behalten, was wir erleben, was um uns vorgeht. Nur einen Teil unserer Umgebung nehmen wir wahr, nur einen Teil dessen, was wir wahrnehmen, nehmen wir bewußt auf, und von den Inhalten, mit denen wir uns befassen, speichern wir wiederum nur einen Teil. Gleichzeitig können wir nur wenig Elemente aufnehmen. Wichtig ist deshalb, dafür zu sorgen, daß es die richtigen Elemente sind – und dabei die Funktionsweise des Gedächtnisses zu berücksichtigen. Die gleichen Inhalte (beispielsweise die Nachrichten der Tagesschau) werden von den einen Leuten sofort wieder vergessen, weil es für sie zusammenhangslose Einzelheiten sind. Andere aber, die die jeweiligen Hintergründe und Zusammenhänge kennen, nehmen die Neuigkeiten auf und behalten sie.

Lernstrategien, die zum besseren Behalten führen, lassen sich in drei Klassen aufteilen:

– Elaborative Prozesse: Sie stellen Zusammenhänge zwischen der neuen Information und dem Vorwissen der Lernenden her.
– Reduktive Prozesse: Sie verdichten große Informationsmengen auf das Wesentliche hin.

– Metakognitive Prozesse: Sie steuern und überwachen die eigenen Verarbeitungsprozesse.

Elaborative Prozesse stellen sachlich-thematische Bezüge sowohl innerhalb des neu zu erwerbenden Stoffes als auch zwischen diesem und bereits gespeichertem Wissen her. Beim Lernen muß das neue Wissen in eine bestehende Struktur eingebaut, mit dem bereits Gelernten verknüpft werden. Unterrichtsstoff ebenso wie Lerntexte beruhen immer auf Vorwissen; die Lernenden müssen die Hintergründe kennen, um die Lücken zu füllen. Die nicht ausdrücklich gelieferten Informationen müssen die Lernenden selbst aktivieren, um die Information zu verstehen. Neu zu erlernendes Wissen wird um so besser behalten, je stärker und vielfältiger es durch Elaborationen mit dem bestehenden Vorwissen verknüpft wird. Am meisten werden elaborative Verarbeitungsprozesse gefördert, wenn Fragen zum Stoff gestellt werden, besonders, wenn die Lernenden die Fragen selbst formulieren. Andere elaborative Strategien dienen dem Einprägen und Behalten von isolierten Einzelfakten und unstrukturierten Informationen wie Vokabeln, Namen oder Bezeichnungen: Bildhafte Vorstellungen, Eselsbrücken, Verknüpfungen (Bilder, Räume, Gebäude, Geschichten) dienen als Gedächtnisstützen. Sie vermindern zudem die Zahl isolierter Elemente. Die verblüffenden Leistungen von Gedächtniskünstlern beruhen auf dieser Strategie: Sie machen beispielsweise Zahlen für sich sinnvoll, indem sie sie mit Personen, Orten, Buchstaben verknüpfen und statt einer großen Zahl von Einzelheiten ganze Bilder oder Geschichten speichern.

Von Bedeutung ist dafür natürlich, daß sich die Lernenden dem Stoff bewußt zuwenden. Sie bemühen sich aktiv, einerseits das Netz bereitzustellen, in das die neuen Informationen eingeknüpft werden können, andererseits nach zusätzlichen, neuen Anknüpfungen zu suchen.

Wichtig ist somit, beim Lernen bewußt das Vorwissen einzubeziehen, von Bekanntem, von einem Überblick auszugehen. Neue Inhalte müssen dann wiederum umgesetzt, angewandt werden, um ihnen einen Sinn zu geben.

Reduktive Prozesse: Während die Speicherkapazität unseres Gehirns riesig ist, ist seine Aufnahmekapazität beschränkt. Beim Lernen muß deshalb die Informationsfülle reduziert, müssen wichtige und unwichtige Inhalte unterschieden, die Hauptideen identifiziert werden. Wir müssen entscheiden, welches die wichtigsten Inhalte, die Schlüsselbegriffe sind, die wir behalten wollen, und welches lediglich Ausschmückungen, Beispiele, Einzelheiten. Selbsterstellte Zusammenfassungen, übersichtliche, kurze Notizen, Graphiken, Tabellen oder Mind-Maps sind geeignet, den Lernstoff zu reduzieren. Bei linearen Notizen ist in der Regel die weit überwiegende Zahl der Wörter für die Erinnerungszwecke unnötig.

Metakognitive Prozesse: Die Lernenden müssen Lernstrategien nicht nur kennen, sondern sie auch flexibel und situationsangepaßt auswählen, steuern und kontrollieren können. Metakognitives Wissen umfaßt das Wissen über die Person (eigene Stärken und Schwächen), über Aufgaben (z.B. Menge und Schwierigkeit eines Textes) und über kognitive Strategien (angemessenes Vorgehen, mutmaßlicher Erfolg).

Ein Beispiel für die Anwendung einer sowohl elaborativen wie auch reduktiven Strategie sind Concept-Maps, bildliche Darstellungen in Netzstruktur. Dabei fördert jedoch das bloße Präsentieren von Concept-Maps gemäß hochschuldidaktischen Experimenten die Behaltensleistung nicht mehr als entsprechende Zusammenfassungstexte. Erst wenn sie elaborierend durchgearbeitet werden, ergeben sich klare Vorteile (K. Jüngst, 1995).

Für verschiedene Arten von gelerntem Material gelten verschiedene Vergessenskurven (vgl. auch Lesetext S. 88). Am besten behalten werden Prinzipien und Gesetzmäßigkeiten, während sinnloses Material sehr schnell wieder vergessen wird. Aus diesen Erkenntnissen lassen sich folgende Schlüsse ableiten:

– Wo immer möglich, sollten die Schülerinnen und Schüler mit *Einsicht* und aus dem Verständnis für die Zusammenhänge heraus lernen. Dies kann einerseits durch die Unterrichtsmethode gefördert werden, andererseits auch von seiten der Lernenden durch Beachten der Gliederung, des Aufbaus des Stoffes, laufende Überprüfung, wie die neuen Kenntnisse zu den bisherigen stehen, wo sie sich sinnvoll einordnen lassen (vgl. S. 70 u. S. 79).

Betont werden muß dabei, daß auch an sich begreifbarer und durch Verständnis zu lernender Stoff für die Schülerinnen und Schüler zu sinnlosem Material wird, wenn sie die Zusammenhänge nicht sehen oder Lücken haben. Statt sich den unverstandenen oder unklaren Stoff durch Auswendiglernen nur vorübergehend anzueignen, tun sie in solchen Fällen gut daran, den Strukturen nachzugehen und zu versuchen, einen Überblick über das Gebiet zu gewinnen.

– Nicht alles Material läßt sich durch Einsicht bewältigen: Zahlen, Daten, Namen sind für uns zunächst »sinnloses Material«. Die Mnemotechnik (Regeln zur Steigerung der Gedächtnisleistung) beruht darauf, daß auch solche Lernstoffe durch Verbindungen, durch Reim oder Verse in einen leichter merkbaren Zusammenhang gebracht werden: Die Behaltensquote für Gedichte liegt wesentlich über derjenigen für sinnloses Material.

– Die Vergessenskurven zeigen vor allem für die schwieriger zu merkenden Inhalte, daß die erste Zeit nach dem Lernen kritisch ist: Das meiste geht schon in den ersten Tagen nach dem Aneignen wieder verloren, während später die Kurven abflachen. Die Lernenden schalten deshalb mit Vorteil schon eine Repetitionsphase ein, bevor die Kurve unten angelangt ist. Das Wiederauffrischen erfordert dann weniger Zeit. Später können sich die Repetitionsphasen in immer größeren Abständen folgen.

– Ein Grund, warum Gesetzmäßigkeiten nicht vergessen werden, liegt wie erwähnt darin, daß sie mit Einsicht gelernt werden – der andere, ebenso wichtige, daß sie immer wieder *angewandt*, damit überprüft und neu im Gedächtnis verankert werden. Was wir täglich brauchen, vergessen wir nicht. Wer als Pfadfinder einmal das Morsealphabet gelernt hat, weiß einige Jahre später kaum mehr etwas davon (mit Ausnahme vielleicht des $\cdots - - - \cdots$ = SOS, an das sich immer wieder Assoziationen knüpfen), wenn er sich dessen nicht wieder bedienen mußte – im Gegensatz zum lateinischen Alphabet, das anfänglich für uns auch nicht »sinnvoller« war.

Die Lernenden suchen deshalb mit Vorteil immer neue Anwendungsmöglichkeiten für ihre Kenntnisse, sei es durch Korrespondenz mit einem Brieffreund in der erlernten Fremdsprache, durch Überprüfung, wie sich naturwissenschaftliche Kenntnisse anwenden lassen, sei es bei der Vorbereitung einer eigenen größeren Arbeit.

Die Einführung eines Ordnungskriteriums bzw. das Erkennen einer Gliederung erleichtern das Behalten und Reproduzieren, weil sie ein systematisches Vorgehen ermöglichen. Beispielsweise werden acht zweistellige Zahlen oder acht Substantive eher richtig reproduziert, wenn die Lernenden wissen, daß jede Zehnerzahl nur einmal vertreten ist oder daß die Substantive mit den Buchstaben A–H beginnen.

Viele Lernversuche zeigen, daß ähnliche Inhalte sich bei der Aufnahme gegenseitig stören: Folgt einem bestimmten Lernprozeß (z.B. Zuordnung von Begriffen zu Zahlen) kurz darauf ein zweiter, ähnlicher, bereitet nicht nur das Lernen des zweiten Blocks erheblich mehr Schwierigkeiten als das des ersten; das Behalten der zuerst gelernten Kenntnisse wird auch nachträglich wieder gestört. Dieses Phänomen, das als *Interferenz* bezeichnet wird, sollten die Lernenden kennen und beim Lernen berücksichtigen: Es ist demnach wenig sinnvoll, stundenlang Zahlen oder Formeln lernen zu wollen oder sich unmittelbar nach Erlernen der französischen Vokabeln den englischen zuzuwenden. Leichter lernt man, wenn man kleinere Lernblöcke erstellt und sich jeden Tag einen davon vornimmt.

Wie wichtig die Rolle der *Motivation* (vgl. auch S. 53ff.) beim Lernen und Behalten ist, braucht an dieser Stelle nicht mehr besonders betont zu werden. Es genüge der Hinweis, daß auch aus diesem Grunde die Förderung der Fragehaltung und der eigenen Zielsetzung der Schülerinnen und Schüler beim Lernen von großer Bedeutung ist.

4.2 Lernziele

– Die Schülerinnen und Schüler wissen, daß die Bewältigung eines Stoffes auf verschiedene Arten erfolgen kann und wenn möglich dem Lernen durch Einsicht der Vorzug zu geben ist.

– Sie kennen die wichtigsten Lerngesetze (gestaffeltes Lernen, Wichtigkeit der baldigen Repetition, der Anwendung, Einbezug mehrerer Sinne in den Lernprozeß, Wirkungen der Interferenz) und wenden sie bei ihren Aufgaben an.

– Sie haben Lernstrategien (Elaborationen, Reduktionen) erprobt und setzen sie gezielt ein.

4.3 Methoden und Unterlagen

Die wichtigsten Prinzipien der Lernpsychologie für den eigenen Wissenserwerb werden den Schülerinnen und Schülern beispielsweise in Form von Texten (vgl. Texte S. 88–92) oder eines Vortrags vermittelt. Die Teilnehmenden üben damit das Lesen von Fachartikeln oder das Mitschreiben in Vorlesungen und überlegen anschließend die praktische Anwendung für ihren Fall.

Der zweite Text (S. 90ff.) eignet sich auch zur Erprobung von Lernstrategien (Elaborationen, Reduktionen): Die Jugendlichen überlegen sich gruppenweise, wie sie die Informationen beispielsweise als Tabelle, in einer Mind-Map zusammenfassen oder zeichnerisch darstellen könnten.

Zu den verschiedenen Gebieten lassen sich mit den Lernenden *Experimente* durchführen: Zwei Gruppen erhalten eine Liste von 50 neuen Vokabeln; beide sollen insgesamt $1^1/_2$ Stunden für das Lernen aufwenden. Die eine Gruppe lernt alle Wörter in einer einzigen Lernetappe, die andere jeden Tag nur 10 bis 15 Stück mit Hilfe von Kärtchen (Lernspiel, vgl. S. 162f.), kontrolliert am nächsten Tag usw. Nach drei und nach sieben Wochen wird geprüft, wie viele Wörter bei den beiden Gruppen noch »sitzen«. Damit beide Schülergruppen den Unterschied »am eigenen Leib« erfahren und die Wirkung von Persönlichkeitsfaktoren ausgeschaltet wird, kann man den Schülerinnen und Schülern auch zwei verschiedene Wörterlisten übergeben, wobei die eine Gruppe die erste Liste nach der Block-, die zweite nach der gestaffelten Methode lernt, die andere umgekehrt.

Auch die Wichtigkeit eines Gliederungskriteriums läßt sich demonstrieren, indem den Schülerinnen und Schülern zweimal je 15 Substantive zum Lernen und Reproduzieren vorgelegt werden. Wenn es sich bei der ersten Gruppe von Substantiven beispielsweise um fünf Blumen, fünf Tiere und fünf Städte handelt (z.B. Berlin, Rose, Hund, Katze, Tulpe, Stuttgart, Köln, Pferd, Schaf, Krokus, Frankfurt, Nelke, Hamburg, Primel, Maus), bei der zweiten Gruppe aber um 15 Begriffe aus verschiedenen Bereichen (z.B. Eiche, Wiese, Tisch, Elefant, Geige, Knabe, Brot, Polen, Jacke, Wagen, Kirche, Fischer, Hammer, Ballett, Schnee), werden die Behaltensleistungen bei der ersten Serie größer sein. Beim Reproduzieren neigen zudem die meisten Lernenden dazu, von den erkannten Gliederungen auszugehen.

5. Zuhören und Mitschreiben, Bearbeiten der Notizen

5.1 Einführung

Zuhören

Nicht nur in der Schule fällt vielen Leuten das Zuhören schwer. Wir wissen alle aus eigener Erfahrung, daß wir oft nach Dingen gefragt werden, die wir eben ausführlich erläutert haben; oder wir registrieren aus den Reaktionen der anderen, daß sie in ihren Gedanken ganz woanders waren. Viele »Gespräche« bestehen ja vor allem darin, daß der eine geduldig wartet, bis der andere mit seiner Erzählung zu Ende ist, um dann seinerseits seine Geschichte loszuwerden. Das »schlechte Gedächtnis«, über das viele Leute klagen, ist oft darauf zurückzuführen, daß die »vergessenen« Inhalte gar nie aufgenommen wurden.
Dies gilt natürlich auch für die Schule. Auch Schülerinnen und Schüler hören nicht immer zu, wollen (und dürfen) dies aber nicht eingestehen. Sie wenden sich deshalb nicht an die Lehrerin oder den Lehrer, wenn sie etwas nicht verstanden haben, weil sie ja nicht wissen, ob er oder sie dies vielleicht bereits erklärt hat. Vor Prüfungen fragen sie dann eher die Eltern oder Klassenkameraden, wie wohl eine bestimmte Aufgabe gemeint war, was der Lehrer erwartet.
Folgende Vorbedingungen gehören zu einem aktiven Zuhören und führen zu langfristigem Behalten:

- *Konzentration* auf den Sprechenden (keine Ablenkung durch äußere Störfaktoren wie Lärm oder andere Anwesende oder durch innere Störfaktoren wie eigene Probleme und andere Gedanken);
- *Motivation*, Interesse für die Ausführungen (dies ist gleichzeitig eine wichtige Voraussetzung für die Konzentration);
- *Einblick in die Zusammenhänge*, »gleiche Wellenlänge« wie der oder die Sprechende.

Selbstverständlich können (und müssen) Vortragende von ihrer Seite entscheidend zur Erhöhung von Konzentration und Motivation der Zuhörenden beitragen und Rücksicht auf ihre Aufnahmekapazität nehmen. An dieser Stelle soll aber kurz erläutert werden, was die Zuhörenden selbst zur Herstellung dieser Bedingungen tun können.
Gemäß verschiedenen Untersuchungen (H. Mandl/H. Friedrich, 1992) sind folgende Verhaltensweisen von Lernenden für das Verstehen des Unterrichts und damit für das Lernergebnis wesentlich:

- Einstimmung, Vorbereitung auf die Unterrichtsziele
- Aktivierung des unterrichtsrelevanten Vorwissens
- Schlußfolgerungen aus Lehreräußerungen ziehen (elaborieren, mit eigenen Worten ausdrücken)

– Verknüpfen der Lehrinhalte aus den verschiedenen Phasen der Unterrichtsstunde zu einem Ganzen, Herstellen von Zusammenhängen.

Daraus ergeben sich grundsätzlich die gleichen Strategien wie beim Lernen mit Texten: Durch *Fragen*, die vorher formuliert und zusammengestellt werden, setzen sich Lernende ein Ziel und motivieren sich zum Zuhören. Dazu ist es natürlich erforderlich, daß sie das Thema und den Aufbau des Kurses kennen. Zusammenhänge werden vor allem hergestellt, indem sie sich schon vorher mit dem Inhalt auseinandersetzen, sich die Notizen der vorangehenden Lektion nochmals anschauen und laufend prüfen, ob keine Verständnisschwierigkeiten auftauchen. Normalerweise besteht ja die Möglichkeit, nach Definitionen von Fachausdrücken zu fragen oder sich schwierige Sachverhalte nochmals erklären zu lassen – ein Vorteil der mündlichen Darbietung im Vergleich zur schriftlichen, den Zuhörende auch entsprechend nutzen sollten.

Notizen, Mitschreiben

Das Erfassen der wesentlichen Punkte einer mündlichen Information stellt für viele Lernende ein Problem dar. Dies zeigt sich beispielsweise beim Vergleich von Notizen zweier Studenten zur gleichen Lektion, die manchmal kaum gemeinsame Inhalte aufweisen, oder auch bei der Durchsicht von Protokollen, bei denen wir gerade die wichtigsten Entscheidungen vermissen. So kann es geschehen, daß eifrige Schülerinnen und Schüler anfänglich allzuviel aufschreiben, auch Unwichtiges getreulich notieren, um gerade dann zu erlahmen, wenn die Lehrperson zum Kernpunkt ihrer Ausführungen kommt. Die Technik des Mitschreibens in Vorlesungen und des Abfassens von Protokollen erfordert viel Übung. Die Schülerinnen und Schüler müssen deshalb im normalen Unterricht immer wieder Gelegenheit erhalten, diese Techniken anzuwenden und ihre Notizen auf ihre Qualität zu überprüfen (s. III. Teil, S. 186ff.). Arbeitstechnikkurse können auch hier nur erste Hinweise geben. Mit den jüngeren Lernenden diskutieren wir vor allem die *äußere Form der Notizen* und achten darauf, daß Titel und Untertitel übersichtlich angebracht, Absätze eingeschaltet und wichtige Informationen angemessen gekennzeichnet werden (Markierungen am Rand, Unterstreichungen). Beim Übergang vom Diktat zu freien Notizen kann die Klasse gemeinsam versuchen, die Gliederung des Vortrags zu erkennen und in ihren Aufzeichnungen sichtbar zu machen. Hilfreich sind dabei Übersichten des Lehrers, die z.B. mit Hellraumprojektor vor Beginn der Ausführungen oder, zur Kontrolle der Notizen, am Schluß gegeben werden.
Die Notizen wie die abgegebenen Unterlagen sollen ja eine möglichst gute Grundlage für das weitere Lernen sein.
Wichtig ist deshalb, daß sie

– die Fülle des Gebotenen auf ein »aufnehmbares Maß« reduzieren und

– das neue Wissen mit dem bisherigen verknüpfen. »Normale Notizen«, die die Schülerinnen und Schüler sich im Laufe der Jahre angewöhnt haben, erfüllen diese Anforderungen in den seltensten Fällen.

In Gymnasien wie auch in Hochschulen werden immer weniger Notizen gemacht; teilweise wird in den Schulen noch diktiert. Die meisten Lehrenden gehen zudem dazu über, schriftliche Unterlagen (Skripten, Vervielfältigungen) abzugeben. Auf diese Weise stellen sie sicher, daß die Lernenden »im Besitz« des Stoffes sind. Natürlich ist diese Abgabe im Moment auch für die Lernenden bequemer. Ein wichtiger Bestandteil des Lernens geht dabei aber verloren: die eigene Auseinandersetzung, Gewichtung und Entscheidung. Die Fähigkeit, gute Notizen zu erstellen, wird zudem später, in der Weiterbildung, bei Interviews, bei Sitzungsprotokollen, immer wieder gebraucht.
Für die Erstellung von freien Notizen können wir den Lernenden einige Grundregeln vermitteln:

– Verzichtet auf wörtliches Mitschreiben und zu umfangreiche Notizen zugunsten von klar gegliederten, und beschränkt euch auf die wichtigsten Inhalte.
– Haltet vor allem den Aufbau des Vortrages fest (ausgehend von einer Zusammenfassung des Dozenten am Anfang oder am Schluß), die Haupt- und Untertitel und die wichtigsten Aussagen und Schlußfolgerungen.
– Achtet auf die Gliederung des Vortrages und Hinweise auf die Systematik (z.B. »Es gibt drei verschiedene Arten von …: Die erste ist …«).
– Haltet wichtige Zahlen und Namen (die der Lehrer in der Regel an die Tafel schreibt) fest.
– Benützt lose Blätter und Ordner, die eine flexible Zusammenstellung ermöglichen. Oft wird es erforderlich, die Notizen zu überarbeiten und eine neue Gliederung einzuführen. Dann erweist sich ein Heft als zu starr. Lose Blätter sollen aber sofort mit Datum, Lektion und einer fortlaufenden Numerierung versehen werden, damit nicht nachträglich mühsam der Zusammenhang rekonstruiert werden muß.
– Bewährt hat sich für viele Fälle eine Dreiteilung der Notizblätter (s. folgende Seite): Während der Stunde wird nur der Raum A mit den Notizen ausgefüllt. In Spalte B bringt man nachher Hinweise auf die Gliederung an (Schlagwörter, Untertitel), C dient der Aufnahme von eigenen Gedanken, offenen Fragen und Querverweisen – was sich vor allem bei der Prüfungsvorbereitung als nützlich erweist. Auf diese Weise wird auch von Anfang an klar zwischen den eigenen Gedanken und denjenigen der Lehrenden getrennt.

Dieses Vorgehen bewährt sich auch dann, wenn durch Fragen oder Diskussionen wichtige Zusatzinformationen geliefert werden, wenn der Aufbau oder die Gliederung während des Vortrages oder der Diskussion nicht klar ersichtlich ist oder nicht eingehalten wird.

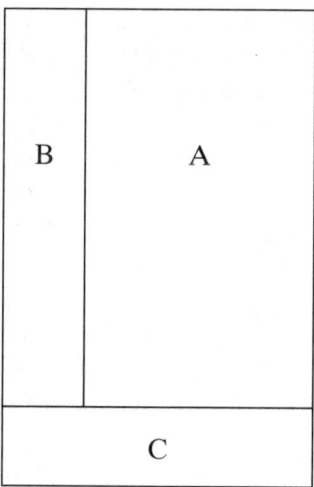

Gerade vor Prüfungen kann es sinnvoll sein, die Notizen völlig neu zusammen-zustellen, beispielsweise Tabellen oder graphische Darstellungen anzufertigen, um sie für sich anschaulicher zu machen.

– Vor allem beim Übergang auf freie Notizen ist den Schülern zu empfehlen, möglichst bald nach der Lektion die eigenen Notizen in einer kleinen Grup-pe zu vergleichen und sich die Frage nach den wichtigsten Informationen zu stellen.
– Die Durchsicht und Überarbeitung der Notizen sollte ganz allgemein sobald wie möglich nach dem Aufnehmen erfolgen. Die Erinnerung ist dann noch frisch, unvollständige und unklar formulierte Stellen können noch aus dem Gedächtnis ergänzt werden. Die Zeit, die für die Durchsicht und Überarbei-tung aufgewendet werden muß, ist bei guten Notizen gering, angesichts der besseren Verarbeitung der Inhalte und damit auch des längerfristigen Behal-tens aber gut investiert.
– Wenn Protokolle von Gruppendiskussionen erstellt werden, empfiehlt es sich, anfänglich zwei Teilnehmende gleichzeitig damit zu beauftragen, die später ihre Notizen vergleichen. Die Protokolle müssen natürlich auch den anderen Gruppenmitgliedern vorgelegt und mit ihnen diskutiert werden.

Mind-Maps

Eine andere Möglichkeit, Informationen für sich zusammenzufassen, ist das Er-stellen einer Mind-Map. Dabei werden die Hauptgedanken aus einem Text, ei-nem Vortrag oder aus den Notizen herausgearbeitet und die Begriffe und die Beziehungen zueinander in einem Netzwerk dargestellt (T. Buzan, 1984). Mind-Maps gleichen Bäumen, die von oben gesehen werden (s. Abbildung S. 74): Als Stamm im Mittelpunkt steht das Thema. Die Hauptäste sind die Schwerpunkte, die Zweige die Einzelheiten. Das Thema, die Überschrift wird ins Zentrum eines Papiers gesetzt, die einzelnen Gedankengänge können sich in alle Richtungen entwickeln und verzweigen. Neue Gedanken, die zu einem schon vorhandenen Hauptast passen, werden angehängt, sonst werden sie zu einem neuen Hauptast. Wichtig ist, daß kein Gedanke verlorengeht und der Gedankenfluß möglichst wenig gestört wird. Trotzdem ergibt diese Gedankenlandkarte ein geordnetes, übersichtliches und wiedererkennbares Ganzes. Das Bild, die visuelle Darstellung erleichtert das Behalten. T. Buzan ist überzeugt, daß diese Methode der Funktionsweise des menschlichen Gehirns bei der Informationsverarbeitung weit eher entspricht als herkömmliche Notizen.

Als Vorteile sind vor allem zu nennen:

– Jeder Lernstoff ist in vielfältiger Weise verknüpft; gewöhnliche Notizen sind jedoch ebenso wie Bücher linear. Zusammenhänge müssen auf diese Weise auseinandergerissen und durch Querverweise wieder hergestellt werden. Eine Mind-Map stellt dagegen die Beziehungen und Verflechtungen dar.
– Sie verbindet beide Hauptstrategien des Lernens: Der Stoff wird auf das Wesentliche reduziert, die Einzelheiten werden miteinander und mit früherem Wissen verknüpft.
– Alle Lernenden können sich nach ihren eigenen Ideen und persönlichen Vorlieben individuelle Mind-Maps erstellen, mit Bildern, Farben, Symbolen.
– Die Darstellung unterstützt das Sehgedächtnis.
– Eine Mind-Map spart Platz und Zeit beim Darstellen von Informationen.
– Bei der Prüfungsvorbereitung geben Mind-Maps einen Überblick, die Möglichkeit, systematisch zu lernen, von zentralen Begriffen auszugehen und die Einzelheiten zu rekonstruieren.

Die gleichen Möglichkeiten der Zusammenfassung und Darstellung, des Reduzierens und Elaborierens bieten sich auch bei der Lektüre an.

5.2 Lernziele

– Die Schülerinnen und Schüler nehmen beim Zuhören eine aktive Fragehaltung ein und setzen sich kritisch mit den Inhalten auseinander.
– Sie unterscheiden wesentliche von unwesentlichen Informationen.
– Sie kennen die häufigsten Fehler beim Mitschreiben und vermeiden sie.
– Sie erstellen knappe, übersichtliche und gut gegliederte Notizen von Vorträgen und Diskussionen.
– Sie unterscheiden in ihren Unterlagen klar zwischen eigenen Überlegungen und Fragen und den Informationen aus den Vorträgen.

Graphik 2: *Beispiel einer Mind-Map zum Thema Lernen lernen*

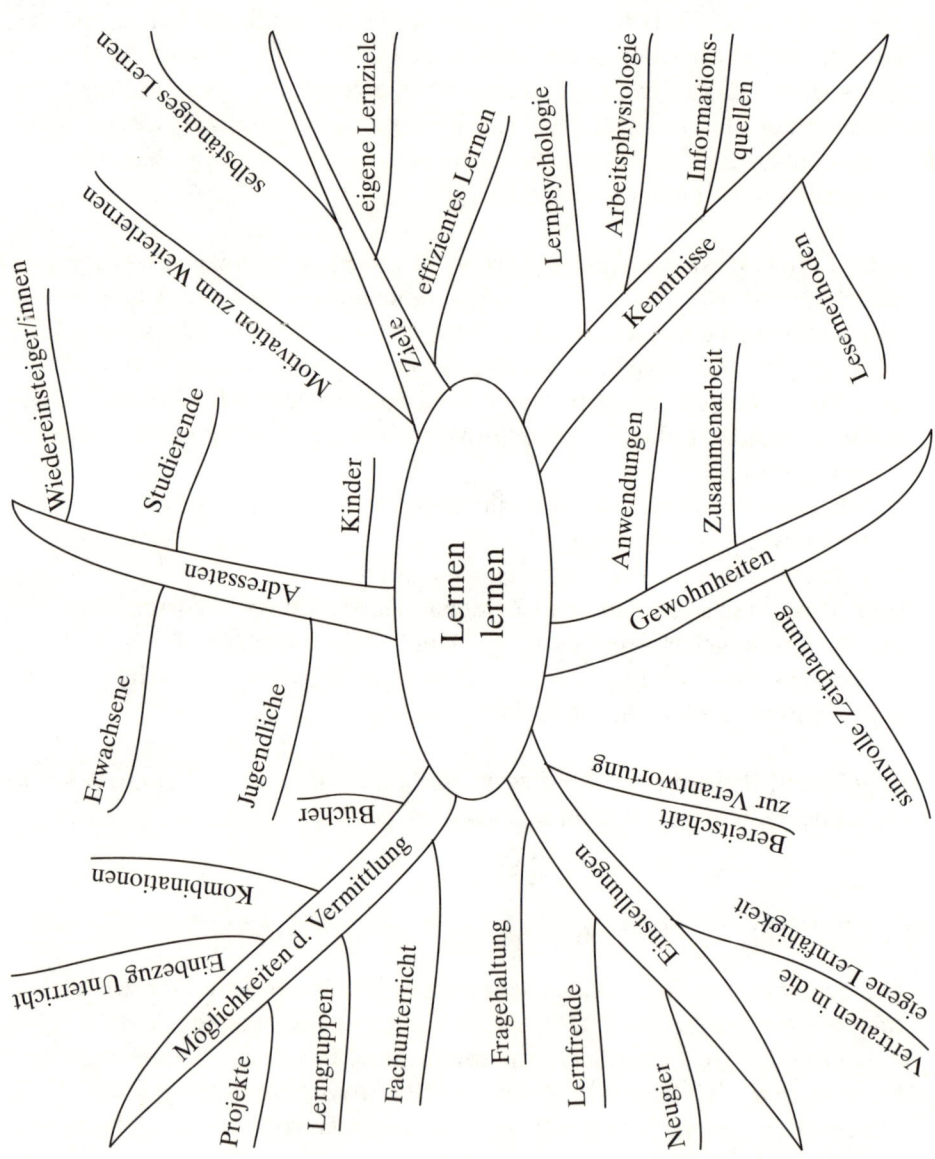

5.3 Methoden und Unterlagen

Verschiedene Informationen, Forschungsergebnisse und Gesetzmäßigkeiten zur Lernmethodik (z.B. der Texte zur Lernpsychologie S. 88–92) können als Vortrag gehalten und die Lernenden aufgefordert werden, besonders auf ihre Notizen zu achten. Anschließend wird das Kriterienblatt (S. 76) abgegeben, ausgefüllt und diskutiert, welche Möglichkeiten bestehen, diese Kriterien zu erfüllen (Blattaufteilung, Mind-Maps).

Im weiteren Verlauf des Kurses werden die einführenden Referate sorgfältig gegliedert, der Aufbau z.B. mit dem Overheadprojektor gezeigt und abschließend die Notizen gemeinsam kontrolliert: Die Schülerinnen und Schüler überlegen, welche Informationen unbedingt festgehalten werden müssen und welche zusätzlich dem besseren Verständnis dienen usw. Das gleiche Vorgehen kann auch bei Referaten, die Schülerinnen und Schüler im Rahmen des Kurses über verschiedene Themen halten (vgl. Kapitel 9, S. 121 und 14, S. 151), angewandt werden.

Bei allen im Kurs durchzuführenden Gruppenarbeiten und -diskussionen bietet sich Gelegenheit, das Protokollieren im obenerwähnten Sinn zu üben.

Analog zu den Experimenten zur Lesetechnik (Kapitel 6, S. 85) läßt sich die Wichtigkeit der eigenen Zielsetzung auch beim Zuhören demonstrieren: Schüler, die vorher Fragen zum Thema stellten, und andere ohne entsprechende Vorbereitung vergleichen anschließend ihre Notizen und ihre Behaltensrate.

Fragebogen Notizen

Erfüllen Ihre Notizen diese Kriterien?

	Ja	Nein
1. Sie sind leserlich, und ich arbeite gern damit.		
2. Sie sind übersichtlich und enthalten die wichtigsten Inhalte.		
3. Sie lassen die Gliederung des Vortrages erkennen.		
4. Sie stellen eine gute Grundlage für eine Prüfungsvorbereitung dar.		
5. Sie bieten Raum für meine Fragen, eigene Überlegungen, Verweise und Gliederungshinweise.		
6. Sie können zusammen mit Unterlagen, die im Laufe des Kurses abgegeben werden, geordnet werden.		
7. Ergänzungen, die sich aus Fragen, Diskussionsbeiträgen oder bei der Überarbeitung ergeben, können einbezogen werden.		
8. Sie sind so beschriftet, daß auch zu einem späteren Zeitpunkt erkennbar ist, von welchem Kurs oder Vortrag sie stammen.		
9. Sie trennen deutlich zwischen Ausführungen der Lehrerin oder des Lehrers, der Teilnehmenden und meinen eigenen Überlegungen.		
10. Die Form ist so flexibel, daß einzelne Teile ausgetauscht, ergänzt oder neu geschrieben werden können.		

Anzahl Ja-Antworten: ....

Persönliche Schlußfolgerungen:

_____

_____

_____

_____

_____

_____

_____

6. Lesen

6.1 Einführung

Die Fähigkeit des Lesens ist für die Menschen unserer Zeit von ungeheurer Bedeutung. Nicht nur zum Lernen und zur Weiterbildung, auch zur Orientierung über das Weltgeschehen, zur Information über Gesetze, Reglemente und Vorschriften, zur Kommunikation mit Freunden und Geschäftspartnern und zur Entspannung und Erbauung ist sie ständige Voraussetzung.

In der Schule werden in der Regel nur einige wenige dieser Bereiche gezielt gefördert. Dabei wird wohl von der Annahme ausgegangen, daß durch gemeinsame Lektüre und Bearbeitung von klassischer und moderner Literatur automatisch die Lesefertigkeit auf allen Gebieten erhöht werde.

H. Giehrls (1968) Unterscheidung von vier Arten des Lesens ist für die weitere Diskussion des Themas anschaulich und nützlich: Er trennt zwischen informatorischem, evasorischem, kognitivem und literarischem Lesen.

Informatorisches Lesen dient vor allem der Orientierung: Zeitungen und Zeitschriften, Fachbücher und -artikel, Berichte über andere Länder, über Wissenschaft und Technik werden auf diese Weise gelesen. Es geht darum, neue Informationen aufzunehmen, dabei Wesentliches von Unwesentlichem zu unterscheiden und die Kernpunkte der Information festzuhalten. Das informatorische Lesen ist – im Gegensatz zu den anderen Lesearten – dem »ökonomischen Prinzip« verhaftet: Mit dem geringstmöglichen Aufwand von Zeit und Kraft soll ein Maximum an Effektivität erreicht werden.

Das *evasorische* Lesen verhilft den Lesenden zur Entspannung und zur Flucht aus dem realen Leben. Giehrl versteht darunter das Verschlingen von Abenteuerbüchern und Groschenheftchen, von Kriminal- und Liebesromanen, durch das die Lesenden in eine andere Welt entführt werden.

Das *kognitive* Lesen setzt informatorisches Lesen voraus, geht aber tiefer. Die Informationen werden nicht einfach passiv aufgenommen, sondern aktiv gesucht. Die Lesenden nehmen eine *Fragehaltung* ein, sie wollen nicht nur den Inhalt der jeweiligen Mitteilung, sondern auch die geistigen Hintergründe und Verbindungen erkennen. Sie brauchen dazu eine kritische Distanz zu ihrer Lektüre und die Bereitschaft zur intensiven Auseinandersetzung. Diese Leseart ist nicht an ein bestimmtes Lesematerial gebunden, wird aber von manchen Texten gefordert (z.B. von wissenschaftlicher oder philosophischer Literatur).

Die vierte Leseart, das *literarische* Lesen, beschäftigt sich mit dem sprachlichen Kunstwerk. Bei der Auseinandersetzung mit den Meisterwerken der Literatur geht es um das Erfassen der klanglichen Schönheit, der Anschauungsfülle und des Vorstellungsreichtums. Giehrl ist der Ansicht, daß diese Leseart nicht nur seelisches und geistiges Engagement, sondern auch eine entsprechende Begabung erfordere.

Die in der Schule praktizierte Leseerziehung wird von ihm als einseitig bezeichnet, weil sie sich vor allem auf das literarische Lesen und die Führung zur Dichtung beschränke. Damit erschließe sie nur einen zwar wichtigen, aber doch begrenzten Ausschnitt des Schrifttums. Das Ziel der Leseerziehung sollte nach Giehrls Worten die »Fähigkeit sein, die Hauptarten des Lesens nach Maßgabe der individuellen Begabung bestmöglich zu beherrschen« (S. 130). Zuwenig geübt werde in der Schule vor allem die Analyse wissenschaftlicher Texte: Erfahrungen mit Studenten zeigten, daß viele von ihnen auf diesem Gebiet beträchtliche Mühe hätten.

Zu informatorischem Lesen sind die Kinder nach Ansicht Giehrls schon im elften Lebensjahr fähig und motiviert, weil sie in diesem Alter ihr Wissen erweitern wollen. Die Vollformen des literarischen und kognitiven Lesens sind nach seinen Erfahrungen erst ab etwa 17 Jahren möglich, während vorher lediglich Vorformen entwickelt werden können. Gleichzeitig ist er der Meinung, daß diese Vollformen bei weitem nicht von allen Gymnasiasten erreicht werden und die meisten Menschen überhaupt nicht über das informatorische und evasorische Lesen hinauskommen.

Beim Lesen lassen sich ganz allgemein vier Grundprobleme unterscheiden, bei denen auch Arbeitstechnikkurse ansetzen müssen:

– Beim Lernen aus Büchern können sich *Verständnisschwierigkeiten* ergeben, der Sinn der Texte wird nicht oder nur unter Schwierigkeiten erfaßt, die Eingliederung der neuen Informationen in das bisherige Wissen nur mangelhaft vollzogen. Auf diese Ursachen vor allem und auf ungenügende Konzentration ist zudem die Schwierigkeit, das *Gelesene zu behalten*, zurückzuführen.
– Bei der Lektüre fehlt die *kritische Distanz* zu den Inhalten. Gedruckte Informationen werden im allgemeinen wesentlich gutgläubiger und bereitwilliger akzeptiert als beispielsweise mündliche. Der Beziehung des Textes zu seinem Verfasser, dessen Einstellungen und Absichten wird meist zuwenig Beachtung geschenkt.
– Die Lesenden gehen von den Texten und *nicht von ihren eigenen Zielen und Fragen* aus. Wichtig wäre, die Intensität der Auseinandersetzung und die Lesestrategie flexibel den Lesezielen anzupassen.
– Bei der Fülle der täglich erscheinenden gedruckten Informationen muß eine *sinnvolle Auswahl* getroffen, Wesentliches von Unwesentlichem unterschieden, die zu bewältigende Lektüre *möglichst schnell* erledigt werden.

In Arbeitstechnikkursen können diese Probleme sicher nur aufgegriffen und erste Ansätze zu ihrer Lösung gezeigt werden. Daneben ist es für die Behandlung dieses Gebietes besonders wichtig, daß die Schülerinnen und Schüler im Rahmen des sonstigen Unterrichts immer wieder Gelegenheit zur Erprobung und Einübung der verschiedenen Lesearten und -methoden erhalten (vgl. III. Teil, S. 187).

Lesestrategien und die einzelnen Elemente davon gehören zu den am besten erforschten Bereichen der Arbeits- und Lerntechnik. Es liegen zahlreiche Erkenntnisse und vielfach belegte Ergebnisse vor, die dennoch in unseren Schulen noch kaum umgesetzt werden.

In einer finnischen Untersuchung (K. Lonka et al., 1994) wurden 500 Teilnehmende an einem Zulassungstest für das Medizinstudium nach ihren Lesestrategien befragt und ihre Testergebnisse analysiert. 88% der Teilnehmenden unterstrichen Textteile, 68% machten sich separate Notizen, 49% definierten Konzepte, 45% machten Notizen im Text, 14% Skizzen (Concept-Mapping). 27% beschrieben eine eigene Strategie. Es zeigte sich, daß jede Strategie, die sich auf das Lernen von Einzelheiten richtet, deren Erwerb begünstigt, während zentrale Gedanken unabhängig von der Lernstrategie gelernt werden. Wird eine Synthese eines Textes verlangt, wird diese Aufgabe durch Unterstreichen begünstigt. Wird dagegen eine kritische Zusammenfassung des Lernstoffes verlangt, ist »Concept-Mapping« erfolgreich. Die Autoren schließen daraus, daß es verschiedene Strategien gibt, um eine bestimmte Aufgabe zu erfüllen. Sie beobachteten auch, daß die Teilnehmenden sehr selten neue Strategien erprobten, und empfehlen Lehrerinnen und Lehrern, den Lernenden Alternativen aufzuzeigen und bewußtzumachen, daß es verschiedene Möglichkeiten zur Erfüllung von Lernaufgaben gibt. Entsprechende Übungen sollten vor allem das Verständnis für die Auswirkungen verschiedener Lernstrategien fördern und nicht nur Verhaltensweisen trainieren. Ein Lerntraining dürfte dann am erfolgreichsten sein, wenn die Lernenden ständig mit einer Vielzahl neuer Lernsituationen konfrontiert sind, in denen reines Auswendiglernen und Wiedergeben sinnlos ist. Die Lernenden werden dann ermutigt, ihre unbefriedigenden oder erfolglosen Strategien zu überprüfen.

Eine erste Einführung in das Lesen von Fachartikeln und Sachbüchern ist schon auf der untersten Stufe (5.–7. Schuljahr) sinnvoll. Den Kindern werden Hinweise gegeben, wie man sich vor der Lektüre eines Textes über dessen Aufbau orientiert (Titel und Untertitel, Inhaltsverzeichnis, Hervorhebungen, Zusammenfassungen am Schluß usw.), wie man während des Lesens den Überblick nicht verliert, gezielt und aktiv liest, Notizen macht oder unterstreicht, das Wesentliche des Gelesenen erfaßt. Anhand von geeigneten Texten kann gemeinsam oder in Gruppen versucht werden, aus jedem Abschnitt die zentrale Aussage herauszudestillieren und knappe Zusammenfassungen zu erstellen.

Beim Lernen aus Fachbüchern ist es wichtig, daß die Lernenden ihr bisheriges Wissen über das Gebiet aktivieren, daß sie gezielt die wichtigsten Informationen erkennen, sie richtig einordnen, daß sie den Überblick über das gesamte Gebiet nicht verlieren, die Zusammenhänge herstellen und klare Notizen abfassen können. Diese Bedingungen werden beispielsweise durch Anwendung der SQ3R-Methode (5-Punkte-Methode) erfüllt. Die Lesenden gehen dabei in folgenden fünf Schritten vor:

- Vor dem Lesen wird der Text *überflogen* (*S*urvey), um Aufbau und Gliederung zu registrieren; Umschlagklappe, Inhaltsverzeichnis, Titel und Untertitel, Zusammenfassungen, Schlagzeilen oder der erste und letzte Satz des Textes werden betrachtet. Dies ermöglicht einen Gesamtüberblick über den behandelten Stoff, der die spätere Einordnung der neuen Informationen erleichtert.
- Anhand der beim Überfliegen gewonnenen Informationen werden *Fragen* über den Text formuliert (*Q*uestion). Die Lesenden prüfen dabei, was ihnen bereits zum Thema bekannt ist und was ihnen neu erscheint. Sie setzen sich selbst ein Ziel, sie wollen Antworten finden und sich nicht einfach überraschen lassen. Fragen können sich beispielsweise nach der Definition neuer Begriffe und Fachausdrücke ergeben, nach der Beziehung eines Unterabschnitts zum übergeordneten Thema, nach der praktischen Relevanz der dargelegten Theorien, nach der Darstellungsart (neutrale Beschreibung, subjektive Meinung des Verfassers) oder nach der Beziehung zum bisherigen Wissen der Lesenden über das Thema.
- Nach diesen Vorbereitungen wird mit dem eigentlichen *Lesen* (*R*ead) begonnen, das dadurch aktiver, konzentrierter und mit dem Blick auf das Wesentliche erfolgt. Besonders wird auf die Beantwortung der vorher gestellten Fragen sowie auf etwaige Fremdwörter, Fachausdrücke und Definitionen geachtet. Wichtig ist auch die Anpassung des Lesetempos (s. weiter unten).
- Nach dem Lesen eines Abschnitts, dessen Länge vom Schwierigkeitsgrad des Textes und der eigenen Vertrautheit mit dem Thema abhängt, halten die Lesenden inne, *rekapitulieren* im Geist den Inhalt (*R*ecite), vergewissern sich, daß ihre Fragen beantwortet sind, und machen sich Notizen oder bringen Unterstreichungen an.
- Diese vier Schritte werden nun für jeden weiteren Abschnitt des Textes ausgeführt. Am Schluß folgt noch die *Gesamtrepetition* (*R*eview), bei der die Zusammenhänge zwischen den einzelnen Kapiteln oder Teilen hergestellt werden.

Die SQ3R-Methode ist zwar die bekannteste, aber keineswegs die einzige »Leseformel«, die in vielen Untersuchungen entwickelt und auf ihren Erfolg hin überprüft wurde (vgl. auch Ballstaedt u.a., 1980). Alle diese Formeln führen zu deutlich besseren Aufnahme-, Verarbeitungs- und Behaltensleistungen als das übliche Leseverhalten, das im allgemeinen darin besteht, den zu lernenden Text mehrmals hintereinander zu lesen.
Gemeinsam ist allen Vorgehensweisen eine Unterteilung in verschiedene Schritte der *Lesevorbereitung* (Motivierung, Erinnern des bereits vorhandenen Wissens, Zielsetzung), des eigentlichen *Lesens* und einer systematischen *Lesenachbereitung* (Verständniskontrolle, Beziehungen zu vorhandenem Wissen herstellen, Zusammenfassen, Einordnen in größere Zusammenhänge). Welche »Formel« von den Lernenden übernommen wird, ist deshalb letztlich weniger wichtig als die Erkenntnis, daß der Lesevorgang selbst nur einen Teil des Ler-

nens aus Texten darstellt und daß ein systematisches Vorgehen die Aufnahme und Verarbeitung wesentlich verbessert.

Vielen Schülerinnen und Schülern bereitet es auch Mühe, von ihrer Lektüre übersichtliche Notizen herzustellen oder sparsam zu unterstreichen. Eifrige Lernende unterstreichen und markieren oft so viel, daß die Übersicht verlorengeht. Sinnvolle Formen der Zusammenfassung, die das Verständnis verbessern, können auch Tabellen, graphische Darstellungen oder Strukturskizzen sein. In solchen Skizzen oder graphischen Darstellungen werden die Beziehungen der einzelnen Textabschnitte zueinander sichtbar gemacht. Ein Beispiel für das vorliegende Kapitel zeigt Graphik 3.

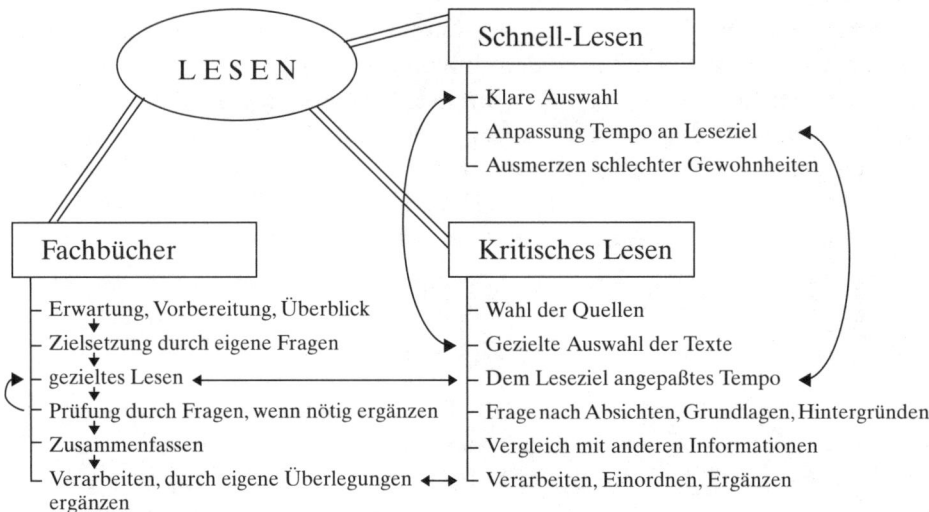

Kritisches Lesen

Auf die Tatsache, daß uns die wenigsten Informationen direkt zugänglich sind, und die daraus resultierenden Probleme der Informationsvermittlung wurde bereits hingewiesen. Jeder, der Informationen weitergibt, wählt aus, formuliert um, faßt zusammen oder schmückt aus, wobei sein Weltbild, seine Wahrnehmungsfähigkeit, seine Wünsche und Befürchtungen und seine bewußten oder unbewußten Absichten seine Auswahl ebenso beeinflussen wie die Art und Form der Weitergabe.

Die Fähigkeit, Informationen kritisch zu beurteilen, ist deshalb für unsere Orientierung von großer Wichtigkeit und muß mit den Jugendlichen immer wieder geübt werden. Auch der Empfänger hat die Tendenz, jene Informationen auszusuchen, die mit seinem Weltbild übereinstimmen. So werden vor allem solche Zeitungen abonniert und gelesen, die die eigene weltpolitische Einstellung spiegeln.

Daneben läßt sich aber auch ein Einfluß der Lektüre auf die persönliche Einstellung nachweisen. In einem von P. Braune (1974) berichteten Experiment wurde 760 Fachhochschulstudenten während eines Jahres entweder die Tageszeitung »Frankfurter Rundschau« oder »Die Welt« mit der Post kostenlos zugestellt, ohne daß damit irgendwelche Auflagen verbunden waren und die Studenten die Fragestellung der Untersuchung kannten. Die beiden Zeitungen unterscheiden sich in ihrer politischen Tendenz und damit in der Färbung der Kommentare zum Tagesgeschehen. Während vor Beginn der Untersuchung zwischen den beiden (zufällig ausgewählten) Studentengruppen kein Unterschied in der Einstellung bestand, ließ sich nach Ablauf des Jahres eine Änderung in Richtung der von der jeweiligen Zeitung propagierten Meinung nachweisen.

Auch aus diesen Ergebnissen ergibt sich die Forderung nach einer Erziehung zur kritischen Auseinandersetzung mit der Lektüre. Die Schülerinnen und Schüler müssen nicht nur die Frage nach dem Inhalt des Textes, sondern auch nach den Absichten des Verfassers stellen lernen. Dazu gehören die Fragen nach der offen ausgesprochenen oder aus den Aussagen erkennbaren Weltanschauung, nach der Kompetenz, nach den eingesetzten Mitteln und den berücksichtigten Quellen. Zum kritischen Lesen ist der Vergleich der Informationen mit dem bisherigen Wissen und mit den Aussagen anderer Autoren erforderlich.

Schnell-Lesen

Oft besteht das Problem des Lesens vor allem darin, möglichst rasch einen Überblick über eine Fülle von Informationen zu gewinnen. Dies kann einerseits durch eine gezielte Auswahl der Lektüre und eine bewußte Anpassung an die eigenen Bedürfnisse und andererseits durch eine Steigerung des eigenen Lesetempos erreicht werden. Viele Leute, vor allem auch in der Schule, stehen aber Schnell-Lese-Techniken mit Mißtrauen gegenüber. Schnelles Lesen wird im allgemeinen gleichgesetzt mit flüchtigem, oberflächlichem Lesen und baldigem Vergessen. Diese Gedankenverbindung ist jedoch falsch. Schnelleres Lesen zwingt im Gegenteil zur Konzentration auf den Text und verhindert ein Abschweifen der Gedanken. Im allgemeinen ist ja die Verarbeitungsfähigkeit weit größer als das Lesetempo. Anpassungen an den Schwierigkeitsgrad des Textes sind dabei selbstverständlich erforderlich. W. Zielke (1966 und 1967), Verfasser eines Schnell-Lese-Kurses, unterscheidet fünf verschiedene Lesegeschwindigkeiten, von 75 Wörtern pro Minute (wpm) für schwierige, technische oder fremdsprachige Texte bis 250 wpm für leichte Unterhaltungslektüre (durch besonderes Training läßt sich dieser Wert noch verdoppeln).

Geschulte Leserinnen und Leser zeichnen sich vor allem dadurch aus, daß sie ihr Tempo auf ihr jeweiliges Ziel (allgemeine Orientierung oder kritische Auseinandersetzung) und das Niveau der Lektüre einstellen. Dies gilt beim Bearbeiten verschiedener Texte ebenso wie beim Lesen der einzelnen Abschnitte und Kapitel: Durch einen ersten Überblick werden die großen Zusammenhänge hergestellt, wird geprüft, was bereits bekannt oder irrelevant ist und welche Abschnitte näher und intensiver bearbeitet werden sollen.

A. Krüger (1963) ließ Kinder des 2.–8. Schuljahres während zwei Stunden in einem selbstgewählten Buch lesen und stellte innerhalb der einzelnen Altersgruppen beträchtliche Unterschiede im Tempo fest. Durch das Abgewöhnen von »Unarten« wie Flüstern, mit dem Finger der Zeile nachfahren usw. und die Einführung von guten Lesemethoden ließ sich das Tempo steigern.

Auch P. Braun (1971) empfiehlt, bereits im 5. Schuljahr mit Übungen zur Steigerung der Lesegeschwindigkeit zu beginnen. Die Schülerinnen und Schüler sollen angeregt werden, ihre Leseleistung zu überprüfen. Neben der Messung der Geschwindigkeit muß natürlich stets auch die Behaltensquote kontrolliert werden. Das eigentliche Schnell-Lese-Training setzt neben der Ausmerzung schlechter Lesegewohnheiten (neben den bereits erwähnten vor allem das Rückwärtsspringen auf bereits gelesene Textstellen) bei der Blickspanne an: Die Augenbewegung der Lesenden geht ruckweise vor sich; während der Bewegung sieht man nichts, aufgenommen wird während der Haltepunkte. Lesende richten ihre Augen auf einen bestimmten Punkt und erfassen dabei, je nach Geübtheit, einen Buchstaben, eine Buchstabengruppe, ein Wort oder eine Wortgruppe. Dann verschieben sie ihren Fixationspunkt für die nächste Einheit. Das Training für schnelleres Lesen besteht deshalb darin, das Auge zu schulen, größere Einheiten auf einmal aufzufassen, weniger lang anzuhalten und möglichst selten zurückzugehen (E. Ott, 1970; W. Zielke, 1967).

6.2 Lernziele

– Die Schülerinnen und Schüler kennen die verschiedenen Lesearten.
– Sie passen ihre Lesemethode ihren Zielsetzungen an.
– Sie kennen die häufigsten Lesefehler und vermeiden sie.
– Sie kennen ihre Lesegeschwindigkeit und bemühen sich um eine Steigerung.
– Sie passen ihr Lesetempo dem Schwierigkeitsgrad des Textes und der gewünschten Aufnahmerate an.
– Sie können aus Sachbüchern Informationen aufnehmen und behalten.
– Sie nehmen Texte kritisch auf und fragen nach dem Standort und den Absichten des Autors.
– Sie treffen eine kritische Auswahl bei der eigenen Lektüre.

6.3 Methoden und Unterlagen

Das Lesen von Sachbüchern wie auch das Schnell-Lesen kann mit allen Altersstufen geübt werden. Da die Motivation der Lernenden wichtig ist, sollten Stoffe ausgewählt werden, die sie besonders interessieren oder bei denen sie von der intensiven Auseinandersetzung profitieren. Im Rahmen eines Arbeitstechnikkurses eignen sich dazu besonders Texte über Gebiete, die dazu eine enge Beziehung haben (z.B. über Lern- oder Sozialpsychologie, Arbeitsphysiologie). Der Aufbau des Kurses kann so geplant werden, daß den Schülerinnen und Schülern über diese Themen Lesetexte vorgelegt werden. Sie üben dabei gleichzeitig ihre Lesetechnik und werden mit den entsprechenden Problemkreisen konfrontiert. (Beispiele für den Aufbau von Arbeitstechnikkursen finden sich auf S. 171ff.).

Das Lesen von Fachbüchern läßt sich in verschiedenen Etappen einüben. Die Jugendlichen erhalten beispielsweise Texte, bei denen nur die Überschriften, Untertitel, Schlagzeilen und gesperrt Gedrucktes lesbar sind (vgl. Blatt 6.6 und Lesetext 6.7). Sie lernen auf diese Weise, sich zunächst an den wichtigsten Informationen zu orientieren, ohne sich gleich in Details zu verlieren. Sie überprüfen die Gliederung des Textes, halten fest, in welcher Beziehung die einzelnen Kapitel zueinander stehen (Aufzählung, über- oder untergeordnet usw.), und formulieren dann Fragen, deren Beantwortung sie vom Text erwarten. Mögliche Fragen zum Text (S. 93):

- *Was sind Biozide und Herbizide?*
- *Was versteht man unter »Instant Fish«?*
- *Was ist Sterilisation? Wie können damit Schädlinge bekämpft werden?*
- *Wie können Krankheiten als Schädlingsbekämpfungsmittel verwendet werden?*
- *Wessen Krankheiten sind gemeint?*
- *In welchem Zusammenhang stehen Geruchstoffe mit der Schädlingsbekämpfung?*
- *Wie hilft Pflanzenveredelung bei der Schädlingsbekämpfung?*

Die einzelnen Lesetexte sollten vor allem mit den jüngeren Schülerinnen und Schülern gemeinsam bearbeitet werden, wobei das Fragenstellen, das Innehalten und Rekapitulieren und das Erstellen von Zusammenfassungen geübt werden. Ein Beispiel eines für einen Lernmethodikkurs mit jüngeren Lernenden geeigneten Textes zeigen die Blätter S. 88/89.

Die Schülerinnen und Schüler werden zuerst angehalten festzustellen, wie der Text aufgebaut ist, d.h., welche Untertitel er enthält und wie er eingeleitet ist. Sodann werden gemeinsam Fragen formuliert. Beispiele von Fragen, die vor der Lektüre an den Text gestellt werden können:

- *Welche Arten von Lernstoff werden unterschieden?*
- *Welche Ergebnisse hat man bezüglich dieser verschiedenen Arten gefunden?*
- *Was bedeutet die Zeichnung?*
- *Welche verschiedenen Lernmethoden gibt es?*
- *Wie kann man sich die Zeit beim Lesen einteilen?*
- *Welche Gliederung ist zu empfehlen?*
- *Was ist in dem Text neu für mich?*
- *Was für Schlußfolgerungen lassen sich daraus ziehen?*
- *Wie kann ich diese Ergebnisse bei meiner täglichen Arbeit anwenden?*

Nach diesen Vorbereitungen lesen die Kinder zunächst den ersten Abschnitt (Art des Lernstoffes) und überlegen sodann, welches die wichtigsten darin enthaltenen Informationen sind und was in den Notizen zu vermerken ist. Besondere Aufmerksamkeit sollte beim gemeinsamen Rekapitulieren der graphischen Darstellung geschenkt werden: Die Schülerinnen und Schüler prüfen, wieviel Prozent von jedem Lernstoff zu verschiedenen Zeitpunkten noch reproduziert werden können. Nach der Lektüre des gesamten Textes wird kontrolliert, welche der vorher gestellten Fragen beantwortet wurden und welche noch offen sind, welche Fachausdrücke unklar sind, und versucht, diese Informationen zu beschaffen. Beim Abfassen von Notizen bewährt sich das im vorangehenden Kapitel dargestellte System der Dreiteilung der Blätter (s. S. 72).

Das Formulieren von Fragen ist für die Kinder ungewohnt und muß deshalb besonders geübt werden. Die jüngeren Schülerinnen und Schüler erhalten am besten zunächst die Aufgabe, *nach* der Lektüre Fragen zusammenzustellen, die im Text beantwortet wurden und die dann einer anderen Gruppe vor der Lektüre vorgelegt werden.

O. Spandl (1968) nennt folgende Schlüsselfragen, die den Lernenden beim Studium von Fachliteratur leiten sollten:

- Welche Einteilung, welchen Aufbau hat das Buch?
- Was weiß ich bereits über das Problem?
- Stimme ich mit der Betrachtungsweise des Autors überein?
- Welche Lösungen würde ich vorschlagen?
- Wie wird der Verfasser seine Gedanken im nächsten Kapitel weiterentwickeln?
- Wie definiert er die verwendeten Begriffe?
- Kann ich das Gelesene mit eigenen Beispielen belegen?
- Wie kann ich die neuen Erkenntnisse anwenden?
- Welche Fragen sind offengeblieben?
- Wo bin ich nicht einverstanden?

Nimmt eine größere Zahl von Schülerinnen und Schülern am Kurs teil, lassen sich *Experimente* durchführen: Eine Gruppe wird in die 5-Punkt-Methode eingeführt und angewiesen, diese an einem Text anzuwenden; die andere Gruppe erhält den Text ohne entsprechende Instruktion. Nachdem beide Gruppen einen Kontrolltest über den Text beantwortet haben, wird über die Unterschiede in den Ergebnissen diskutiert.

Um die Wichtigkeit von Zielsetzungen zu demonstrieren, gibt man einer Gruppe vor der Lektüre eine Anzahl von Fragen zu einem Text ab. Nach der Lektüre werden allen Gruppen Kontrollfragen zum Text vorgelegt und die Antworten verglichen. Bei einer Dreiteilung der Klasse können die Ergebnisse von Lernenden, die vorformulierte Fragen erhielten, mit denjenigen einer Gruppe, die selbst Fragen stellte, und einer Kontrollgruppe, die ohne Fragen las, verglichen werden.

Übungen zum *kritischen Lesen* können beispielsweise durch Analyse von Parteiprogrammen, Politikerreden und Wahlpropaganda sowie durch Gegenüberstellung von Werbetexten, Prospekten und Wirklichkeit im Rahmen des Deutschunterrichts durchgeführt werden. Bei aktuellen Ereignissen, die zu Kontroversen und unterschiedlichen Interpretationen führen, können auch Artikel aus verschiedenen Zeitungen zum gleichen Thema (z.B. Ausländerfeindlichkeit, Jugendarbeitslosigkeit) verglichen werden.

Im Rahmen eines Arbeitstechnikkurses lassen sich zum *Schnell-Lesen* nur erste Impulse geben. Die Unterrichtsblätter S. 99–102 enthalten Lesetexte und Kontrollfragen. Sie dienen der Feststellung der Lesegeschwindigkeit, gezielten Übungen zur Erhöhung des Lesetempos und der Feststellung der Behaltensquote. Es empfiehlt sich dabei folgendes Vorgehen:

Der Text wird der Kursgruppe ausgeteilt, die Zeit vom Kursleiter mit der Stoppuhr (oder dem Sekundenzeiger) kontrolliert. Die Teilnehmenden beginnen auf ein Kommando zu lesen. Um die Lesenden nicht zu stören, hebt der erste Schüler, der mit der Lektüre zu Ende ist, die Hand. Der Lehrer notiert die abgelaufene Zeit an der Wandtafel, der Schüler schreibt sie zu seinem Text und legt diesen zur Seite. Bis alle Teilnehmenden zu Ende gelesen haben, schreibt der Lehrer laufend die Zeit in Sekunden an die Tafel.

Das Lesetempo wird wie folgt ausgerechnet:

$$\frac{\text{Anzahl Wörter des Textes} \times 60}{\text{Zeit in Sekunden}} = \text{Wörter pro Minute.}$$

Beispiel:
Der erste Text (S. 99) hat 511 Wörter. Ein Schüler, der ihn in 210 Sekunden gelesen hat, hat eine Lesegeschwindigkeit von

$$\frac{511 \times 60}{120} = \text{ca. 255 Wörter pro Minute (wpm)}$$

Werden mehrere Schnell-Lese-Übungen durchgeführt, tragen die Teilnehmenden ihre Ergebnisse in die dafür vorgesehene Tabelle S. 97 ein und kontrollieren ihre Fortschritte anhand der in die Graphik S. 98 einzutragenden Kurve.
Natürlich muß bei jeder Schnell-Lese-Übung auch die Behaltensquote festgestellt werden, da es nicht sinnvoll ist, die Lernenden zum oberflächlichen, »leeren« Lesen zu bringen. Zu jedem Lesetext sind deshalb Kontrollfragen zusammengestellt, die von den Schülerinnen und Schülern beantwortet werden müssen. Die Antworten werden anschließend am besten gemeinsam korrigiert. Die höchstmögliche Punktzahl beträgt 100. Der erreichte Wert wird ebenfalls in die erwähnten Tabelle und Graphik eingetragen.

Die richtigen Antworten und Punktwerte zu den Kontrollfragen stehen auf S. 198f.

Als Vorstufe zum Schnell-Lese-Training kann die Blickspanne geprüft werden

(Vorlage 6.9, S. 96). Die Schülerinnen und Schüler benötigen dazu ein Blatt Papier oder ein nicht zu steifes Kärtchen, mit dem sie die Wortpyramide bedecken. Durch blitzschnelles Hin- und Herschieben des Papiers (bzw. durch Krümmen und Strecken der auf dem Papier liegenden Finger) wird Zeile für Zeile für Sekundenbruchteile sichtbar gemacht. Gelingt es, das Wort oder den Ausdruck zu erkennen, wird das Bild etwas verschoben und der Vorgang bei der nächsten Zeile wiederholt.

Auch bei schmalen Zeitungsspalten läßt sich mit diesem Vorgehen üben, die ganze Zeile auf einen Blick zu erfassen. Eine weitere Möglichkeit besteht darin, daß sich die Kinder beim Lesen gegenseitig beobachten und feststellen, wie viele Fixationspunkte sie für eine Zeile benötigen.

Nach diesen ersten Diagnosen entscheidet man, je nach Ergebnis, zur Verfügung stehender Zeit und Interesse der Teilnehmenden, ob weitere Übungen im Schnell-Lesen in den Kurs eingebaut werden sollen. Nicht alle Schülerinnen und Schüler empfinden ihr Lesetempo als Problem; die Schwierigkeiten liegen oft eher im Bereich der kritischen Auseinandersetzung oder des längerfristigen Behaltens. Interessierte Schülerinnen und Schüler können auf spezielle Trainingsprogramme, die sich für das Selbststudium eignen, verwiesen oder angeregt werden, regelmäßig mit geeigneten Texten an der Erhöhung ihrer Lesegeschwindigkeit zu arbeiten, ihr Tempo und ihre Behaltensquote zu ermitteln und in eine Tabelle zur Kontrolle der Fortschritte einzutragen. Im weiteren Verlauf des Kurses oder in besonderen Lektionen für diese Gruppe wird dann das Thema Schnell-Lesen erneut aufgegriffen und auf die Fortschritte bzw. Probleme eingegangen.

Lernpsychologie

Wichtige Ergebnisse für den Lernenden

Forscher in aller Welt haben versucht, in ihren Untersuchungen herauszufinden, welche Bedingungen und Voraussetzungen beim Lernen und Behalten eine Rolle spielen. Viele ihrer Ergebnisse sind auch für die Schüler wichtig.

1. Art des Lernstoffes
Manche Dinge vergessen wir wieder, kaum daß wir sie gelernt haben. An andere erinnern wir uns ein Leben lang.
Vergleichen wir, wieviel wir von verschiedenen Lernstoffen noch können, die wir gelernt haben, finden wir große Unterschiede. Am meisten behält man von *Regeln* und *Gesetzmäßigkeiten*. Dies sind für uns sehr wichtige Dinge, da sie uns helfen, etwas besser zu verstehen. Wir wenden sie auch oft wieder an und vergessen sie deshalb auch nach längerer Zeit kaum.
Gut behalten kann man *Gedichte*, wenn man sie einmal gelernt hat. Weil sie in Strophen aufgeteilt sind und sich reimen, hat man verschiedene Erinnerungshilfen. Wenn wir uns später an den Anfang einer Strophe erinnern, fällt uns der Rest oft schnell wieder ein, weil wir nach etwas suchen, das sich darauf reimt. Trotzdem vergessen wir natürlich die meisten Gedichte mit der Zeit, weil wir sie nicht mehr üben. Noch schwerer fällt es uns, einen zusammenhängenden Text zu behalten. Wenige Tage, nachdem wir ihn gelernt haben, haben wir das meiste wieder vergessen.
Am schwierigsten ist es, völlig *sinnlose* Dinge zu behalten. In der Lernforschung müssen die Versuchspersonen oft sinnlose Silben (z.B. mes, gob, ral) lernen, damit geprüft werden kann, wieviel sie davon behalten. Schon am nächsten Tag können sie aber höchstens noch die Hälfte davon, nach einem Monat nur noch ganz wenige.
Die nachfolgende Graphik stellt die beschriebenen Ergebnisse dar. Man kann daraus ablesen, an wieviel Prozent der verschiedenen Lernstoffe man sich durchschnittlich nach fünf, zehn oder mehr Tagen noch erinnert (aus H. Maddox, 1963).

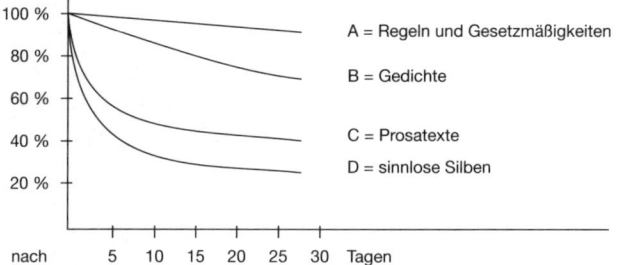

2. Lernmethode
Den gleichen Lernstoff behalten wir wesentlich besser und länger, wenn wir ihn *verstanden* haben, als wenn wir ihn einfach auswendig lernen. Dies zeigt eine Untersuchung, bei der zwei Gruppen von Studenten die gleichen Zahlenreihen lernen mußten. Eine Gruppe lernte die Zahlen auswendig, die andere fand heraus, wie sie geordnet waren. Von dieser zweiten Gruppe konnten viele Studenten die Zahlen auch noch nach mehreren Wochen richtig wiedergeben, von der ersten Gruppe dagegen kein einziger.

3. Zeiteinteilung beim Lernen
Wenn wir 50 fremdsprachige Vokabeln lernen müssen, brauchen wir wesentlich mehr Zeit dazu, wenn wir alle auf einmal lernen wollen, als wenn wir jeden Tag einen Teil davon lernen. Dies haben Untersuchungen gezeigt.
Gleichzeitig weiß man, daß man nicht nur schneller lernt, wenn man das Lernen auf mehrere Tage verteilt, sondern den Stoff auch länger behält. Dies ist auch darauf zurückzuführen, daß sich ähnliche Lernstoffe gegenseitig stören. Wenn wir gerade eine halbe Stunde lang französische Wörter gelernt haben, sollten wir deshalb nicht gleich anschließend englische Wörter lernen, sondern ganz andere Aufgaben erledigen.

4. Gliederung des Stoffes

Wie gliedern wir unseren Lernstoff am besten? Sollen wir jeden Tag ein Kapitel lernen, wenn wir über ein größeres Gebiet eine Prüfung haben, oder besser zuerst vom Ganzen ausgehen?

Untersuchungen zeigen, daß man den Stoff leichter lernt und besser behält, wenn man den *Überblick* hat. Wenn wir uns zu schnell auf einzelne Teile konzentrieren, fällt es uns dagegen schwerer, den Zusammenhang zu sehen.

Deshalb wird im allgemeinen empfohlen, vom Ganzen auszugehen. Wir gewinnen zuerst einen Überblick über das ganze Gebiet, blättern alles durch und schauen, wie es aufgebaut ist. Dann erst befassen wir uns mit Einzelheiten.

5. Schlußfolgerungen

Wie wir gesehen haben, sind verschiedene Voraussetzungen entscheidend dafür, wie schnell wir etwas lernen und wie lange wir es behalten. Beim Lernen sollten wir deshalb auf folgende *Regeln* achten:

– Am leichtesten behalten wir Regeln und Dinge, die wir ganz verstanden haben. Es ist deshalb wichtig, daß wir beim Lernen immer prüfen, ob alles klar ist. Beim Lesen schreiben wir die Fragen auf, die uns auftauchen, und schlagen Wörter, die wir nicht verstehen, im Wörterbuch nach oder fragen die Eltern oder den Lehrer. Auch beim Zuhören in der Schule sollten wir uns immer melden, wenn wir etwas nicht verstanden haben. Wir helfen damit nicht nur uns selbst, sondern auch den Mitschülern.

– Manche Dinge kann man nicht mit Verständnis lernen, sondern muß sie einfach auswendig lernen (z.B. fremdsprachige Vokabeln, Formeln, Namen). Wir sollten dann daran denken, daß wir besser jeden Tag kurze Zeit dafür verwenden, als zuviel auf einmal lernen zu wollen.

Wie die Zeichnung zeigt, vergißt man in den ersten Tagen nach dem Lernen am schnellsten. Wir frischen deshalb die gelernten Wörter einige Tage später nochmals auf und behalten sie dadurch länger.

– Manche Schüler behalten besser, was sie gesehen, andere, was sie gehört haben. Alle erinnern sich am besten an Dinge, die sie sowohl gelesen, gehört als auch geschrieben haben. Wenn wir Wörter lernen müssen, können wir uns deshalb kleine Zettelchen schreiben, auf die eine Seite das deutsche Wort, auf die Rückseite die Übersetzung, und uns mit diesen Zetteln selbst abfragen.

– Gedichte werden besser behalten als Prosatexte oder sinnlose Silben. Manche Sachen, die man lernen muß, sind deshalb in einen kleinen Reim gekleidet, den man viel leichter behält. Manchmal kann man sich auch selbst einen Vers oder Merksatz aus Dingen machen, die man immer wieder vergißt.

Lerngesetze

Die nachfolgenden Erkenntnisse stellen Schlußfolgerungen aus vielen Beobachtungen und Untersuchungen über Bedingungen, die das Lernen fördern, dar.

1. Signallernen: Ängste, Widerstände und Gefühle, die auf frühere Erfahrungen zurückzuführen sind, können uns beim Lernen beeinflussen und blockieren.
Alle Menschen, Erwachsene, Jugendliche und Kinder, reagieren in jeder Situation, bei der Arbeit, im Unterricht, im Gespräch und natürlich auch beim Lernen, ganzheitlich: Spaß und Erfolgserlebnisse sorgen für eine positive Stimmung und damit für eine gute Aufnahme. Mit positiven Erlebnissen verknüpfte Informationen werden besonders gut verarbeitet und verstanden und vielseitig im Gedächtnis verankert. Streß und Abwehrhaltungen blockieren dagegen das Aufnahmevermögen.
Lernende reagieren auf die aktuellen Situationen und bringen zugleich ihre ganzen bisherigen Erfahrungen mit. Negative Gefühle, Ängste, Widerstände blockieren, positive Einstellungen, Freude und Selbstvertrauen beflügeln.
Kinder und Jugendliche übertragen den Ärger über einen ungerechten Lehrer oder schlechte Noten auf das ganze Wissensgebiet; die Einstellung: »Dieses Fach mag ich nicht/liegt mir nicht« verfestigt sich und bleibt erhalten, auch wenn die ursprünglichen Gründe längst überholt sind.
Wenn uns klar wird, welche Lernsituationen uns geprägt haben, welche Vorlieben und Abneigungen uns fördern oder belasten, können wir besser damit umgehen: Einstellungen, die durch negative Gefühle zustande gekommen sind, lassen sich durch positive Verbindungen auflösen.

2. Lernen nach Versuch und Irrtum: Fehler sind notwendig.
Viele Dinge werden nach *Versuch und Irrtum* gelernt: In einer neuen und für uns nicht überschaubaren Situation werden verschiedene Wege eingeschlagen, der erfolgreiche schließlich gelernt und beibehalten. Auch viele Fertigkeiten, wie beispielsweise Schlittschuhlaufen oder Radfahren, werden auf die gleiche Art erworben.
Dabei lassen sich zwei entgegengesetzte Reaktionsweisen unterscheiden: Manche Menschen werden vom Mißerfolg bei den ersten Versuchen so irritiert, daß sie wütend aufgeben – während andere angespornt werden, ihre Anstrengungen zu verdoppeln. Früher oder später werden sie auf diese Weise zum Ziel kommen. Sie werden dadurch in ihrer Hartnäckigkeit bestätigt und auch bei der nächsten Herausforderung ähnlich reagieren.
Die Menschen, die schnell aufgeben, gewinnen dagegen die Überzeugung, daß sie sich in neuen Situationen, bei neuen Aufgaben nicht zurechtfinden, und werden versuchen, diesen in Zukunft aus dem Wege zu gehen, die Bewältigung anderen zu überlassen.
Ähnliche Beobachtungen lassen sich auch in Schulklassen machen: Die Angst vor Fehlern, vor Kritik, vor einer Blamage lähmt viele Kinder und Jugendliche und hindert sie, sich zu melden, wenn sie nicht hundertprozentig sicher sind oder wenn sie Fragen haben, etwas unklar ist. Sie ziehen es vor, nichts zu sagen, um nichts Falsches zu riskieren – und kommen deshalb auch nicht weiter. Die Einschätzung durch den Lehrer hängt aber sehr stark von der mündlichen Beteiligung im Unterricht ab. Schülerinnen und Schüler, die sich nicht melden, werden als desinteressiert eingestuft, während sie in Wirklichkeit nur schüchtern sind.

3. Einsichtiges Lernen: Das Bedürfnis, Gesetzmäßigkeiten zu suchen und Ordnung in seine Erfahrungen zu bringen, ist angeboren.
Auch wenn wir ein Zufallsmuster oder ziehende Wolken betrachten – es fällt uns schwer, keine Figuren darin zu sehen: Wir verknüpfen Beobachtungen mit früheren, vergleichen, suchen Zusammenhänge und Gesetzmäßigkeiten, versuchen neue Inhalte mit früheren Erfahrungen in Verbindung zu bringen. Wissen, Strukturen, die uns helfen, Informationen zu ordnen, Klarheit in unsere Gedanken zu bringen, sind wichtig, entsprechen einem Bedürfnis. Solche Informationen vergessen wir auch nicht.
Lernende versuchen beim Lesen oder Zuhören, das neue Wissen mit ihrem Vorwissen zu verknüpfen. Das Vorwissen stellt somit eine entscheidende Voraussetzung für den Wissenserwerb dar, die Lernenden müssen darauf zurückgreifen, um Sachverhalte für sich einsichtig zu machen, Unvertrautes in Vertrautes überzuführen und Unklares zu erklären.

4. Soziales Lernen: Viele Verhaltensweisen werden durch Beobachtung des Vorgehens anderer gelernt.

Die Gruppe ist für den Menschen sehr wichtig. Wir brauchen den Austausch, wir sind darauf angelegt, von den Erfahrungen der anderen zu profitieren, unsere Erfahrungen weiterzugeben – anders wäre die menschliche Kultur und Zivilisation nicht möglich. Wenn wir diese Tatsachen beim Lernen einbeziehen, profitieren wir von der besseren Motivation in Gruppen, von den Möglichkeiten des Austausches. Auch hier reagieren wir ganzheitlich: Wenn wir uns in einer Gruppe wohl fühlen, wenn die anderen eine positive Einstellung zum Lernen haben, den Stoff interessant finden, überträgt sich dies auch auf uns. Ist die Umgebung dagegen lernfeindlich eingestellt, ist das Durchhalten schwieriger.

Dies gilt natürlich für alle Menschen, besonders aber für Kinder und Jugendliche: Wenn eine Klasse oder ihre Meinungsführer ein Fach oder einen Lehrer ablehnen, wird es für den einzelnen schwierig, eine positive Einstellung zu vertreten. Andererseits können gemeinsame Lernziele eine Gruppe mitreißen. Voneinander können die einzelnen lernen, welche Methoden am günstigsten sind, welche Lösungen zu Vorgehensweisen, Zeitplanung usw. sie gefunden haben. Natürlich ist nicht alles für jeden anwendbar – allein die Erkenntnis, daß es verschiedene Wege zum Ziel gibt, kann uns anregen, unsere Vorgehensweisen einmal zu überprüfen.

5. Individuelle Voraussetzungen und Wege: Aufbau und Gliederung des Stoffes müssen den Lernenden angepaßt sein.

In der gleichen Lektion können sich die einen Schülerinnen und Schüler langweilen, andere überfordert fühlen, weil der Lehrer einen Stoff behandelt, der einigen schon sehr vertraut, für andere aber völlig neu ist.

Der größte Lernerfolg ist zu erwarten, wenn vom Stand der Lernenden ausgegangen und Bezug zu ihrem bisherigen Wissen genommen wird, wenn sie in kleinen Schritten und in ihrem eigenen Tempo weitergehen können und die Fortschritte ständig kontrolliert werden.

Das bekannteste Beispiel für diese Vorgehensweise sind Lernprogramme. In programmierten Büchern wird durch ständige Zwischenfragen geprüft, ob die Lernenden einen jeweiligen Schritt vollzogen haben. Noch flexibler sind infolge ihres großen Speichers natürlich Lernprogramme im Computer. Sie sind systematisch aufgebaut, prüfen ständig die Antworten der Lernenden und können entsprechend ergänzen, fehlendes und vergessenes Wissen nachliefern. Wichtig ist auch hier die Erkenntnis, daß es verschiedene Lernstile und Strategien gibt und nicht für alle der gleiche Lernweg sinnvoll ist.

6. Eigenes Tun: Die eigene Aktivität fördert das Lernen.

Bei sportlichen Aktivitäten ist uns klar, daß Zuschauen die eigene Aktivität nicht ersetzt – auch wenn wir noch so viele Tennis- oder Fußballspiele gesehen haben, verbessert dies unsere eigene Spielstärke nicht wesentlich. Aber auch bei geistigen Aktivitäten ist der Erfolg weit größer, wenn wir selbst den Weg herausfinden, den Stoff bearbeiten, als wenn ein anderer dies für uns tut.

Beim Lernen gibt es viele Möglichkeiten zur eigenen Aktivität:

– Die Lernenden prüfen den Stoff und überlegen sich, wie sie ihn gliedern könnten, ob auch eine andere Anordnung, ein anderer Aufbau möglich wäre, welche Titel und Untertitel für die einzelnen Abschnitte sinnvoll sind.
– Sie suchen nach Beziehungen zu Informationen, die sie bereits haben, zu anderen Wissensgebieten, sie formulieren Fragen zu Unklarheiten, Widersprüchen, Informationslücken, die sie schließen wollen, sie vergleichen und bewerten.
– Sie schreiben Zusammenfassungen oder übersichtliche, kurze Notizen.
– Sie überlegen, wie die Informationen in einer Tabelle zusammengefaßt, durch eine Graphik oder eine Skizze dargestellt werden können.
– Sie denken bei Kursen mit, setzen eigene Ziele, bringen ihre Wünsche, Fragen und Anregungen ein.
– Sie diskutieren den Stoff mit anderen, erklären ihn, fassen ihn mit eigenen Worten zusammen.
– Sie suchen nach Anwendungs- und Übungsmöglichkeiten.

7. Eine sinnvolle Planung und Zeiteinteilung erleichtert die Lern- und Gedächtnisleistung.

Die Zeiteinteilung ist ein wichtiger Faktor beim Lernen. So ist der Mensch in Abhängigkeit von der Tageszeit unterschiedlich aufnahmefähig. Wichtig sind Pausen, ein Wechsel der Tätigkeit. Zu diesem Bereich gibt es viele Untersuchungen, die zeigen, wie wichtig die Zeiteinteilung für die Lerntechnik ist. Gleichzeitig stoßen Ratschläge jedoch auch auf viel Widerstand.

91

Die gleichen Vokabeln werden schneller gelernt und besser behalten, wenn die Lernarbeit auf mehrere Tage verteilt wird, als wenn sie alle auf einmal »gepaukt« werden. Wenn wir beispielsweise täglich eine halbe Stunde üben, machen wir schnellere Fortschritte, als wenn wir einmal pro Woche dreieinhalb Stunden einsetzen.

Nicht nur die Dauer der Lernzeit spielt eine Rolle, sondern auch die vorangehenden und die folgenden Tätigkeiten. Wenn sich mehrere ähnliche Lernelemente folgen, fällt uns das Behalten schwerer. Beispiel: Stundenlanges Lernen von Englischwörtern vermindert die Leistung. Reduziert ist sie auch, wenn auf Französischwörter spanische Vokabeln gepaukt werden.

8. Gedächtnisforschung: Unser Aufnahmevermögen ist begrenzt.

Gleichzeitig können wir nur wenige Elemente aufnehmen. Wichtig ist deshalb, dafür zu sorgen, daß es die richtigen Elemente sind – und dabei die Funktionsweise des Gedächtnisses zu berücksichtigen. Die gleichen Inhalte (beispielsweise die Nachrichten der Tagesschau) werden von den einen Leuten sofort wieder vergessen, weil es für sie zusammenhangslose Einzelheiten sind. Andere aber, die die jeweiligen Hintergründe und Zusammenhänge kennen, nehmen die Neuigkeiten auf und behalten sie. Lerntexte oder Lehrermitteilungen beruhen immer auf Vorwissen, d.h., der Lernende muß die Hintergründe kennen, um die Lücken zu füllen. Neu zu erlernendes Wissen wird um so besser behalten, je stärker und vielfältiger es mit dem bestehenden Vorwissen verknüpft wird, beispielsweise indem *Fragen dazu gestellt* werden, besonders, wenn die Lernenden die Fragen selbst formulieren. Wichtiger Bestandteil des Lernens ist es somit, einerseits das Netz bereitzustellen, in das die neuen Informationen eingeknüpft werden können, andererseits nach zusätzlichen, neuen Anknüpfungen zu suchen.

Da die Aufnahmekapazität beschränkt ist, muß zudem die ursprüngliche Informationsfülle reduziert, müssen wichtige und unwichtige Inhalte unterschieden werden. Zu überlegen ist beispielsweise, wie die Informationen in einer Tabelle zusammengefaßt, durch eine Graphik oder eine Skizze dargestellt werden können, welches die wichtigsten Inhalte, die Schlüsselbegriffe sind, die gespeichert werden sollen, und welches lediglich Ausschmückungen, Beispiele, Einzelheiten.

Zusammenfassung

Die genannten Erkenntnisse kommen nicht alle in einer Lernsituation zur Anwendung. Daraus erklärt sich der scheinbare Widerspruch beispielsweise zwischen einsichtigem Lernen und Lernen nach Versuch und Irrtum: Für die Entscheidung, welche Strategien angewendet werden, ist vor allem wichtig, ob die Situation überschaubar ist oder nicht.

Biologische Methoden

Neue Bekämpfungsmittel:

Seit dem Ende der 40er Jahre verwendet man schwer abbaubare Biozide und Herbizide. Sie haben sich als gefährlich erwiesen. Jetzt wissen wir, daß wir andere Methoden anwenden müssen. Man könnte z.B. Mittel entwickeln, die in der Natur schnell entgiftet werden. Aber es gibt noch viele andere Methoden. Alle zusammen sind sie billig und unschädlich, aber sie müssen erforscht und von Fachleuten angewandt werden. In alten Zeiten bekämpfte man Unkraut mit Hacke und Spaten. Gegen Insekten gab es nur wenig Schutz. Im 19. Jahrhundert benutzte man Kupfer, Blei und Arsen. Viele Böden in den USA sind jetzt immer noch mit Arsen vergiftet. Der Arsengehalt ist 4- bis 7mal höher, als er sonst wäre. Danach kamen unschädliche Stoffe, wie Nikotin und Pyretrum.

1. »Instant Fish«

2. Natürliche Feinde

3. Krankheiten

4. Sterilisation

5. Die Gegengifte der Pflanzen

6. Pflanzenveredelung

7. Geruchstoffe

93

Biologische Methoden

Neue Bekämpfungsmittel:

Seit dem Ende der 40er Jahre verwendet man schwer abbaubare Biozide und Herbizide. Sie haben sich als gefährlich erwiesen. Jetzt wissen wir, daß wir andere Methoden anwenden müssen. Man könnte z.B. Mittel entwickeln, die in der Natur schnell entgiftet werden. Aber es gibt noch viele andere Methoden. Alle zusammen sind sie billig und unschädlich, aber sie müssen erforscht und von Fachleuten angewandt werden. In alten Zeiten bekämpfte man Unkraut mit Hacke und Spaten. Gegen Insekten gab es nur wenig Schutz. Im 19. Jahrhundert benutzte man Kupfer, Blei und Arsen. Viele Böden in den USA sind jetzt immer noch mit Arsen vergiftet. Der Arsengehalt ist 4- bis 7mal höher, als er sonst wäre. Danach kamen unschädliche Stoffe, wie Nikotin und Pyretrum.

1. »Instant Fish«
Es gibt kleine Fische, die in den halbtrockenen tropischen Gebieten leben. Sie fressen Insekten. Die Eier dieser Fische vertragen es sogar, wenn sie eintrocknen. Die Engländer züchteten sie und verbreiteten sie mit Flugzeugen über relativ große Gebiete, nachdem Regen gefallen war. So hält man die Malariamücke zurück. Der Fisch ist außerdem wertvolle Nahrung. Als die Biozide kamen, wurde diese Methode vollkommen vergessen.

2. Natürliche Feinde
Es gibt eine Heuschreckenart, die unglaublich schnell große Apfelsinen-, Grapefruit- und Zitronenplantagen zerstört. Man hat ein Insekt entdeckt, das von ihren Eiern lebt. Dieses Insekt kann aber nur in schwarzen Johannisbeerbüschen überwintern. Deshalb hat man schwarze Johannisbeerbüsche angepflanzt und eine kleinere Anzahl eierfressender Insekten in den Zitrusplantagen verbreitet. So wurde man die Heuschrecken fast vollkommen los.

3. Krankheiten
Jede Tierart, jede Pflanzenart hat ihre besonderen Krankheiten. Man züchtet Schimmel, Bakterien und Viren. Sie verbreiten Krankheiten unter schädlichen Insekten. Man züchtet z.B. den Bazillus thuringiensis und verbreitet ihn mit Flugzeugen oder durch Bewässerungsanlagen. Dadurch ist es gelungen, die schwarze Blattlaus zu bekämpfen, die manchmal die Zuckerrübenfelder in Schweden bedrohte. Ein Acker braucht nur ein einziges Mal mit solchem Schimmel gegen die Blattläuse bespritzt zu werden und ist viele Jahre hindurch geschützt.

4. Sterilisation
Malaria ist eine der größten Volkskrankheiten in den wärmeren Ländern. Sie wird von bestimmten Mückenarten verbreitet. Man kann große Mengen der Mückenmännchen in Behältern züchten und sie durch Röntgenstrahlen sterilisieren. Die Samenflüssigkeit kann dann nicht die Eier des Weibchens befruchten. Dann verbreitet man die Mückenmännchen in der Natur. Die Folge ist, daß die Eier dann nicht befruchtet werden. Auf diese Art und Weise hat man auch die Fliegenarten ausgerottet, die ihre Eier in kleine Wunden des Viehs legen und so große Verluste in Mittelamerika und Texas verursacht haben.

5. Die Gegengifte der Pflanzen
Viele Pflanzen haben einen eingebauten Schutz gegen bestimmte schädliche Insekten. Man hat herausgefunden, daß eine bestimmte Weizenart in Amerika einen Stoff enthält, der die Larven daran hindert, sich zu voll ausgewachsenen Insekten zu entwickeln. Solche Stoffe können aus Weizenkörnern oder aus Papiermasse gewonnen werden. Man kann sie mit Flugzeugen versprühen oder unter das Wasser mischen, das zur Bewässerung gebraucht wird.

6. Pflanzenveredelung
Als man begann, DDT und ähnliche Biozide zu verwenden, glaubte man zunächst, sich die mühsame Arbeit der Pflanzenveredelung sparen zu können, mit Hilfe deren man einen eingebauten Schutz gegen schädliche Insekten bekommen hätte. Dadurch vergingen viele Jahre ungenutzt. Viel zu wenige Wissenschaftler arbeiten auf diesem wichtigen Gebiet. Aber mit intensiver Forschung und mehr Geld kann man die verlorene Zeit wieder einholen.

7. Geruchstoffe
Viele Insektenmännchen werden über Kilometer hinweg vom Weibchen angelockt. Man hat jetzt verschiedene Geruchstoffe der Weibchen hergestellt. Man kann sie entweder über ein großes Gebiet verbreiten und die Männchen irreleiten, oder man lockt die Männchen damit in Fallen. Einige dieser Geruchstoffe locken nur eine bestimmte Art an. Es gibt aber auch Geruchstoffe, die mehrere Insektenarten gleichzeitig anlocken.

Man kann nicht warten, bis die Industrie, die DDT und andere Biozide herstellt, über biologische Methoden begeistert sein wird.

Industrielle und staatliche Forschung haben zuwenig Geld, und deshalb wird zuwenig Arbeit in die Herstellung und Verbesserung nützlicher Gewächse und Methoden gesteckt. Die Veredelung von Rosen und Tulpen bringt mehr Profit für solche Institute und Baumschulen.

Aus: »Bedrohte Umwelt« von Börje Dahl, Hans Palmstierna und Erik Sandegard, übersetzt und bearbeitet von Peter Jacobi und Lutz Maier, Weinheim 1974, S. 64f.

Kontrolle der Blickspanne

	Anzahl Buchstaben
Buch	4
Stoff	5
Erfolg	6
Problem	7
Leistung	8
Vorlesung	9
Gedächtnis	10
Stundenplan	11
Schreibtisch	12
Konzentration	13
Aufmerksamkeit	14
Schneller lesen	14
Richtig zuhören	14
Ordnung spart Zeit	16
Rechtzeitig planen	17
Stets Fragen stellen	18
Öfter eine Pause machen	20
Die Macht der Gewohnheit	21
Bewegung an frischer Luft	22
Graphische Darstellungen	23
Wer hat Angst vor Prüfungen?	24
Konkurrenz oder Kooperation	25

Tabelle zur Kontrolle der Schnell-Lese-Übungen

Datum	Text	Zeit in Sek.	Anzahl Wörter	Tempo (w.p.m.)	Behaltensquote (Maximum: 100)

Kontrolle der Übungsfortschritte

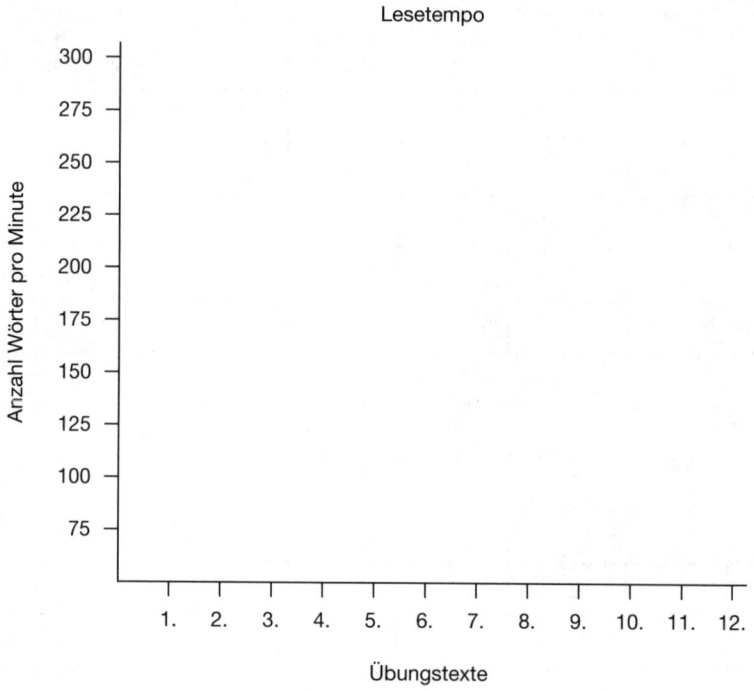

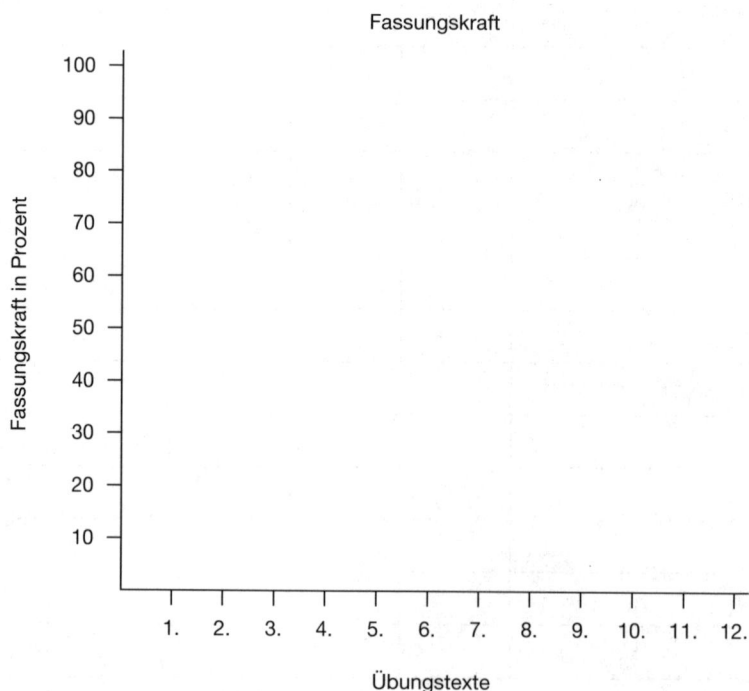

Arbeitszeit

Viele Leute neigen dazu, die menschliche Arbeitskraft wie eine Maschine zu sehen. Eine Maschine hat eine ganz bestimmte Stundenleistung: Läuft sie drei Stunden, leistet sie dreimal soviel wie in einer Stunde, läuft sie 15 Stunden am Tag, entsprechend 15mal soviel.
Die Beobachtung zeigt aber, daß sich der Mensch anders verhält. Nicht nur braucht er offensichtlich Schlaf und Erholung; er kann auch innerhalb seiner Wachzeit nicht in jeder Stunde gleich viel leisten. Vor allem kann er seine Tagesleistung durch Verlängerung seiner Arbeitszeit nicht beliebig steigern.
Verschiedene Untersuchungen deuten vielmehr darauf hin, daß der Mensch relativ unabhängig von der Länge seiner Arbeitszeit eine gewisse Tagesleistung einhält. Dies zeigt sich beispielsweise überall dort, wo die tägliche Arbeitszeit verkürzt wurde. So wurde in einem typischen Fall die Arbeitszeit von neun auf acht Stunden verkürzt; die Stundenleistung nahm dadurch um 10 Prozent zu, so daß die Gesamtleistung nur wenig abnahm.
In gleicher Weise läßt sich die Leistung durch Verlängerung der Arbeitszeit nicht einfach vergrößern. Diese Erfahrung mußten viele Firmen machen, die in Krisenzeiten (z.B. im Krieg) die täglichen Arbeitszeiten von neun auf zehn Stunden heraufsetzten. Meist wurde dadurch die Gesamtleistung nicht wesentlich gesteigert, weil die Stundenleistungen entsprechend abnahmen.
Aus diesen Beobachtungen kann der Schluß gezogen werden, daß eine bestimmte Tagesleistung nicht ständig überschritten werden kann. Bei intensiver Arbeit wird das Maximum nach etwa acht Stunden erreicht, jede Verlängerung führt zum Absinken der Stundenleistung.
Dies gilt natürlich nicht für eine einmalige Überzeitarbeit; vielmehr pendelt sich eine gewisse Stundenleistung über einen längeren Zeitraum hinweg ein.
Auch Zeitdruck führt im allgemeinen nicht zu Leistungssteigerungen; eher trifft das Gegenteil zu. Muß eine Arbeit in einer beschränkten Zeit erledigt werden, ergibt sich für die Arbeitenden ein Gefühl des Gehetztseins, das eine raschere Ermüdung bewirkt.
Eine nicht übertrieben lange tägliche Arbeitszeit dient somit den Arbeitgebern und Arbeitnehmern gleichermaßen. Die Arbeitnehmer haben mehr Freizeit, die Arbeitgeber eine zufriedene und gesündere Belegschaft.
Auch ständige Überzeitarbeit lohnt sich in dieser Sicht nicht. Es wird dabei nicht nur die Leistung pro Stunde herabgesetzt, sondern es erhöhen sich auch die Absenzen durch Krankheiten.
Wenn aber diese Gesetze für Arbeiter und Angestellte gelten, kann auch derjenige seine Schlüsse daraus ziehen, der seine Zeit selbst einteilen kann. Zwar beziehen sich die meisten Untersuchungen auf manuelle Arbeit – schon deshalb, weil sich auf diesem Gebiet die Leistungen leichter messen lassen als bei geistiger Tätigkeit. Es dürfte aber auch für den geistigen Bereich zutreffen, daß eine allzu lange tägliche Arbeitszeit zu einer Verminderung der Stundenleistung führt. Es ist somit meist sinnlos, sich vor Prüfungen vorzunehmen, zwölf Stunden am Tag zu lernen. Wahrscheinlich würde die Lernleistung bei acht Stunden die gleiche sein; daneben aber kämen die für Sport und Erholung verwendeten restlichen Stunden der Gesundheit zugute.
Natürlich gelten diese Gesetze nicht absolut. Vor allem spielt die Motivation eine wichtige Rolle dabei, wann das Tagesmaximum erreicht wird. Auch ist die Situation erwiesenermaßen anders, wenn sich ganz verschiedenartige Tätigkeiten folgen, wenn also z.B. ein Student noch einem Nebenverdienst nachgeht. Dann kann die Summe der täglichen Arbeitszeit acht oder neun Stunden übersteigen, ohne daß sich negative Auswirkungen auf die Qualität bemerkbar machen.

511 Wörter
Aus: »Rationeller Lernen lernen« von Regula Schräder-Naef, Weinheim, 18. Auflage 1994, S. 98f.

1. Auf welche Unterschiede zwischen menschlicher Arbeitskraft und Maschine wird in dem Artikel hingewiesen?

2. Warum sank die Tagesleistung nur unwesentlich, als die tägliche Arbeitszeit von neun auf acht Stunden gesenkt wurde?

3. Warum erhöhte sich die Tagesleistung kaum, als die tägliche Arbeitszeit von neun auf zehn Stunden heraufgesetzt wurde?

4. Nach wie vielen Stunden intensiver Arbeit wird nach den Angaben in diesem Artikel ein Tagesmaximum erreicht, das durch Verlängerung der Arbeitszeit nicht wesentlich überschritten werden kann?

5. Wie wirkt sich eine einmalige Überzeitarbeit aus?

6. Wie wirkt sich Zeitdruck aus?

7. Wie wirkt sich ständige Überzeitarbeit aus?

8. Aus welchem Gebiet stammen die zitierten Untersuchungen über Arbeitszeit und Leistung?

9. Warum ist es sinnlos, zwölf Stunden hintereinander lernen zu wollen?

10. Welche weiteren Bedingungen werden genannt, die die maximale Tagesleistung beeinflussen?

Pausen

Während bei der Maschine jeder Stillstand einen Zeitverlust bedeutet, sind Pausen bei der Arbeit für den Menschen unentbehrlich und leistungsfördernd.

E. Grandjean (1963) weist darauf hin, daß bei allen Funktionen des menschlichen Körpers ein Wechsel zwischen Kräfteverbrauch und -wiederherstellung, zwischen Arbeit und Ruhe besteht. Dieser Wechsel ist nicht nur bei körperlich anstrengenden Tätigkeiten erforderlich, sondern ebenso bei allen Arbeiten, die das Nervensystem beanspruchen, wie z.B. geistige Konzentration, Beanspruchung der Sinnesorgane. Werden keine Pausen eingeschaltet, sinkt die Leistung immer mehr ab.

Eine Pause muß dabei nicht lang sein. Die Erholung ist am Anfang am größten, wird der Arbeitsunterbruch über längere Zeit ausgedehnt, steigen die Leistungen nicht in entsprechendem Ausmaß wieder an.

O. Graf (1961) untersuchte den Einfluß von Pausen auf die Arbeitsleistung bei mehrstündigem Rechnen. Während 30 Tagen mußten die Versuchspersonen jeweils drei Stunden hintereinander einfache Additionen ausführen. Eine Gruppe arbeitete durchgehend ohne Pause, eine zweite Gruppe schaltete drei Pausen von zwei, vier und sechs Minuten Dauer ein, die dritte Gruppe erholte sich nach jeder Viertelstunde für kurze Zeit; sie machte insgesamt elf Pausen von zusammen zwölf Minuten Dauer (die Pausendauer betrug somit gleich viel wie bei der zweiten Gruppe).

Bei dieser Untersuchung ergab sich, daß die Leistungen der ersten Gruppe als Folge der Ermüdung immer mehr absanken, während die zweite und dritte Gruppe während der drei Stunden dank der Pausen gleichmäßig hohe Leistungen erbrachten. Auffallend war auch, daß die »Pausengruppen« bereits mit höheren Durchschnittsleistungen begannen. Die Mehrleistung der zweiten Gruppe gegenüber der ersten betrug 5,6%, der dritten sogar 9,8%. Die durch die Pausen verlorene Arbeitszeit wurde dadurch mehr als wettgemacht.

Die leistungssteigernde Wirkung von Kurzpausen hält auch über längere Zeit an. Am besten läßt man eine starke Ermüdung gar nicht erst entstehen, sondern schaltet rechtzeitig eine kurze Pause ein.

Die Beobachtung in Fabriken zeigt zudem, daß die Arbeiter auch ohne offizielle Pausen eine Erholung suchen: Sie behelfen sich mit *maskierten* Pausen, indem sie irgendwelche Nebenarbeiten vortäuschen, umständlich etwas suchen, die Nase putzen usw. Werden hingegen offizielle Pausen eingeführt, nehmen die maskierten Pausen ab. Da der Erholungswert von offiziellen Pausen – schon aus psychologischen Gründen – größer ist, wird die effektive Arbeitszeit durch ihre Einführung eher verlängert (O. Graf, 1961).

Auch diese Erfahrungen kann sich der geistig Tätige zunutze machen: Wenn wir, statt fünf Stunden ununterbrochen zu büffeln, unsere Arbeit unterteilen, zwischen zwei Kapiteln ab und zu aufstehen, ans Fenster treten, einen kurzen Spaziergang machen, werden wir nicht nur Besseres leisten, sondern am Schluß auch weniger erschöpft sein.

400 Wörter
Aus: »Rationeller Lernen lernen« von Regula Schräder-Naef, Weinheim, 18. Auflage 1994, S. 99f.

1. Welche Tätigkeiten werden genannt, bei denen ein Wechsel zwischen Anspannung und Erholung besonders wichtig ist?

_____

_____

_____

2. Wenn die Länge der Pause verdoppelt wird, erholt man sich doppelt so gut. Diese Aussage

   ○ stimmt

   ○ stimmt nicht

3. Welche Aufgabe mußten die Versuchspersonen in der von O. Graf zitierten Untersuchung durchführen?

_____

4. Über welchen Zeitraum erstreckten sich diese Aufgaben pro Tag?

_____

5. Worin unterschieden sich die drei Gruppen?

_____

_____

_____

6. Welche Ergebnisse fand Graf bei der ersten Gruppe?

_____

_____

7. Welche Ergebnisse fanden sich bei den beiden anderen Gruppen?

_____

8. Durch die Pausen ging Arbeitszeit verloren; die Gesamtleistung wurde deshalb vermindert. Diese Aussage

   ○ stimmt

   ○ stimmt nicht

9. Was versteht man unter maskierten Pausen?

_____

_____

10. Welche Schlußfolgerungen werden aus diesen Ergebnissen gezogen?

_____

_____

7. Denken und Problemlösen

7.1 Einführung

Viele Schulfächer (z.B. Latein, Mathematik) erheben Anspruch darauf, den Lernenden das Denken beizubringen, ohne daß bisher der Nachweis gelang, daß dies durch die Vermittlung bestimmter Kenntnisse »automatisch« erfolgt. Sicher können die Schülerinnen und Schüler auch im Rahmen eines Arbeitstechnikkurses nicht zum selbständigen und kritischen Denken erzogen werden, da dies ein langer Prozeß ist. Es werden hier nur einzelne Impulse gegeben, die zur Anwendung beim sonstigen Lernen und Arbeiten anregen sollen.

Das Vorgehen beim Lösen eines Problems (das hier mit Denken gleichgesetzt werden soll) besteht aus verschiedenen Stufen:

- Am Anfang steht die *Konfrontation* mit einem Problem, dessen Lösung nicht auf Anhieb gefunden werden kann. Es muß genau erfaßt, beschrieben und eine Lösung definiert werden (Zielsetzung).
- Bei der *Suche nach einer Lösung* werden die bekannten Informationen überprüft und ergänzt, bevor gezielt nach neuen gesucht wird.
- Auf dieser Grundlage werden verschiedene *Hypothesen* aufgestellt.
- Diese Hypothesen werden teils durch genauere Analyse, teils durch Austesten oder den Einbezug weiterer Informationen *überprüft*, bis eine mögliche Lösung auftaucht.
- Die Lösung wird einer kritischen Prüfung unterzogen. Hält sie dieser stand, ist der Prozeß beendet, wenn nicht, muß eine andere Hypothese herangezogen und überprüft werden.

Diese Schritte sind sich im Grunde bei allen Problemen gleich, handele es sich nun um eine Mathematikaufgabe, eine wissenschaftliche Forschung oder beispielsweise die Planung des nächsten Urlaubs.

Schwierigkeiten können in jeder Phase auftauchen. Oft wird bereits das Problem nicht richtig gesehen oder falsch definiert.

Verfasser von Kursen oder Büchern, mit denen das Denken gelernt werden soll, schenken in der Regel den *Sackgassen* besondere Aufmerksamkeit. Sie prüfen, warum man beim Lösen von Problemen an einen Punkt geraten kann, an dem man einfach nicht mehr weiterkommt, und was sich dagegen tun läßt.

Anschaulich ist dazu der Vergleich E. de Bonos (1992) mit einem Schatzsucher: Er gräbt an einem bestimmten Ort, der für ihn die wahrscheinlichste Fundstelle zu sein scheint. Statt aber bei einem Mißerfolg an der betreffenden Stelle eine Reihe weiterer Möglichkeiten in Betracht zu ziehen und dort zu suchen, gräbt er am gleichen Ort immer tiefer. E. de Bono nennt dieses Verhalten beim Problemlösen *vertikales Denken* und stellt dem das *laterale* Denken gegenüber. Viele Denksportaufgaben liefern Beispiele dafür: Sie haben im Grunde genommen eine einfache Lösung, die aber nicht gefunden wird, weil der Befragte von falschen Annahmen ausgeht oder immer in der gleichen falschen Richtung sucht.

Vor die Aufgabe gestellt, die nachfolgenden neun Punkte ohne Absetzen des Bleistifts durch vier gerade Linie zu verbinden, suchen die meisten Leute nach Lösungen, bei denen die Linien innerhalb des durch die Punkte gebildeten Quadrats bleiben.

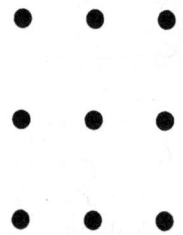

Die Aufgabe ist aber nur lösbar, wenn man darüber hinausgeht (s. S. 106). De Bono formuliert folgende Prinzipien des lateralen Denkens:

- Erkennen der dominanten oder polarisierenden Idee.
- Suche nach anderen Wegen, die Dinge zu betrachten. Dies kann beispielsweise durch den grundsätzlichen Versuch erfolgen, jedes Problem auf mindestens drei oder fünf Arten zu sehen, auch wenn dann viele Varianten absurd erscheinen.
- Durch bewußtes Umkehren der gegebenen Relationen.
- Durch Übertragung der gegebenen Relationen auf eine andere, leichter zu handhabende Situation.
- Durch bewußte Verlagerung der Aufmerksamkeit von einem Teil des Problems auf einen anderen.
- Lockerung der strengen Kontrolle, die das vertikale Denken ausübt, spielerisches, phantasievolles Angehen des Problems.

Dazu weist De Bono darauf hin, daß das auf Erfahrung beruhende, systematisch aufbauende Denken die negative Eigenschaft habe, Kreativität zu hindern: Der denkende Mensch ordnet neu eintreffende Informationen so ein, daß sich stets ein sinnvolles Ganzes ergibt. Die Schwierigkeit liegt nun darin, daß dadurch die *Reihenfolge des Eintreffens* darüber entscheidet, wie die Informationen angeordnet werden. Durch bewußtes Umgruppieren und Neuordnen können deshalb neue Einsichten entstehen.

In vielen Fällen ist eine »Inkubationszeit« erforderlich. Nach der Faktensammlung und intensiven Auseinandersetzung mit der Problemstellung wird die Aufgabe liegengelassen. Während man sich anderen Dingen zuwendet, beschäftigt sich das Unterbewußtsein weiter mit dem Problem. Die entscheidende Idee kann dann als plötzliche Einsicht auftreten.

Nach G. Heinelt (1974) läßt sich die Kreativität durch Diskussion der folgenden Fragen beispielsweise in einem »Brainstorming« schulen:

- Läßt sich das Objekt auch anders verwenden?
- Welche Parallelen lassen sich ziehen?
- Was kann man verändern (Farbe, Größe, Form)?
- Was läßt sich vergrößern, verdoppeln, multiplizieren?
- Was kann man wegnehmen, kleiner oder kürzer machen?
- Wodurch kann man etwas ersetzen, etwas anders gestalten?
- Läßt sich eine andere Reihenfolge herstellen?
- Können die Rollen vertauscht werden? Wie sieht das Gegenteil aus?
- Wie lassen sich die Gedanken, Absichten, Elemente anders kombinieren?

Eine andere Vorgehensweise besteht darin, daß das Objekt genau beschrieben wird, d.h., möglichst viele Eigenschaften aufgezählt werden und sodann jede einzelne auf ihre Veränderlichkeit geprüft wid.

E. Geissler (1973) betont, daß die *Begrenztheit der eigenen Wahrnehmung* den Lernenden bewußtgemacht werden muß. Auch bei aufmerksamer Beobachtung geht man in der Regel von einem einzigen Aspekt aus. Bekannt ist hierzu das Beispiel des Waldes, der von einem Maler, einem Biologen und dem Eigentümer betrachtet wird: Während der Künstler das Farbenspiel und den Lichteinfall zwischen den Bäumen wahrnimmt, sieht der Biologe den Wald als Umwelt für die dort lebenden Tiere, und der Besitzer errechnet sich seine Wirtschaftlichkeit.

Die Erziehung zum kritischen Denken beginnt deshalb damit, daß die eigenen Erfahrungs- und Denkpositionen in Frage gestellt werden und über die Bedingungen der eigenen Erkenntnis nachgedacht wird. Anlaß dazu können in der Schule beispielsweise Kommentare zum gleichen Ereignis sein (z.B. Grenzstreitigkeiten aus der Sicht der betroffenen Länder oder sportliche Triumphe einer Nation, die für eine andere eine enttäuschende Niederlage bedeuten). Die Schülerinnen und Schüler müssen lernen, die Motive zu verstehen, die in eine bestimmte Interpretation eingegangen sind.

Manche Autoren empfehlen ein allgemeines Problemlösetraining, andere halten dies für wenig sinnvoll. Dasselbe gilt für bereichsspezifische Problemlösestrategien. So untersuchte K. Klauer (1992), ob das Einüben einer generellen Problemlösestrategie zu gleichen Resultaten führt wie eine bereichsspezifische Strategie. Die Effekte des allgemeinen Problemlösetrainings überstiegen jedoch kaum die Ergebnisse einer Kontrollgruppe ohne Training, jene einer bereichsspezifisch trainierten taten dies deutlich. Klauer kommt deshalb zu dem Schluß, daß allgemeine Ratschläge wenig nützen. Die moderne Problemlösungsforschung zeigt, daß oft höchst spezifisches Wissen den Ausschlag über Erfolg und Mißerfolg gibt. Er empfiehlt, bereichsspezifische Denkstrategien pädagogisch zu fördern, z.B. die Strategien des induktiven Denkens. Kinder sollen dabei planvoll und reflexiv statt impulsiv vorgehen, Hypothesen bilden und diese auch überprüfen.

Learning-to-Learn-Seminare (R. Smith, 1990) über kritisches Denken beruhen auf Forschungsergebnissen, die zeigen, daß vier Elemente die Grundlage des kritischen Denkens bilden:

1. An neuen Stoff Fragen stellen, Hypothesen testen, sich in einen Dialog mit dem Autor oder Unterrichtenden einlassen.
2. Beim Lernen Schlüsselelemente identifizieren von komplexen Prinzipien und Ideen.
3. Eigene Lernkontrollen einbauen und durchführen.
4. Lernziele des Unterrichtenden erkennen.

Am wichtigsten ist aber das Fragenstellen.

Von D. Ausubel (1974) stammen folgende Hinweise zur Förderung der Problemlösefähigkeiten:

– Vor dem Lösungsversuch wird das Problem formuliert und abgegrenzt.
– Man vermeidet es, die Aufmerksamkeit auf einen einzigen Aspekt des Problems einzuengen.
– Hinausgehen über das Augenfällige.
– Man bleibt sich der Gefahr der Einengung durch frühere Erfahrungen bewußt und vermeidet sie.
– Aussichtslose Spuren werden aufgegeben und andere Alternativen erforscht.
– Die Zuverlässigkeit und Gültigkeit der Daten werden in Frage gestellt.
– Klarstellen und Ausformulieren der Annahmen und Voraussetzungen.
– Klare Unterscheidung zwischen Daten und Schlüssen.
– Schlußfolgerungen, die mit den eigenen Ansichten übereinstimmen, werden mit Vorsicht akzeptiert.

Oft wird eine Lösung deswegen nicht gefunden, weil man zuwenig Distanz zum Problem hat und sich zu stark darin verbeißt. Wenn alle angegebenen Vorgehensweisen nicht helfen, ist es deshalb oft nützlich, die Aufgabe eine Weile liegenzulassen und sich etwas anderem zuzuwenden. Kehrt man nach einiger Zeit zu der »Knacknuß« zurück, ist man eher für neue Wege und Gesichtspunkte offen – ein Hinweis, der sich gerade auch für Schülerinnen und Schüler in Prüfungen bewähren kann.

Lösung zu S. 104

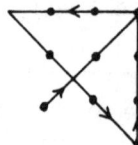

7.2 Lernziele

- Die Schülerinnen und Schüler kennen die Prinzipien des kritischen Denkens.
- Sie sind sich der Relativität der eigenen Wahrnehmung bewußt.
- Sie kennen die Gefahren, die sich aus dem zu starken Vertrauen auf die bisherigen Erfahrungen ergeben, und vermeiden sie.
- Sie suchen bei Schwierigkeiten mit dem eingeschlagenen Vorgehen gezielt nach neuen Wegen.
- Sie können verschiedene Informationen kritisch gegeneinander abwägen.

7.3 Methoden und Unterlagen

Zur Demonstration der verschiedenen Vorgehensweisen beim Problemlösen eignen sich Denksportaufgaben und kleine Problemstellungen. So können beispielsweise die auf S. 104 erwähnte Aufgabe des Punkteverbindens oder Streichholzaufgaben verwendet werden.

Die Streichholzprobleme (7.2, S. 111) können einerseits durch einfaches Ausprobieren (Vorgehen nach Versuch und Irrtum) oder durch Ausarbeiten einer »Strategie« (Einsicht) gelöst werden. Die Schülerinnen und Schüler können diese verschiedenen Vorgehensweisen entweder selbst erarbeiten oder in zwei Gruppen ausprobieren. Während bei den ersten Aufgaben die »Versuch-und-Irrtum«-Gruppe möglicherweise schneller sein wird, kann das einmal erkannte Prinzip von der »Einsicht«-Gruppe leichter auf alle weiteren Probleme übertragen werden.

Die »Strategie« besteht darin zu überlegen, wie viele Seiten die Quadrate gemeinsam haben dürfen, um mit einer bestimmten Anzahl Hölzer eine gegebene Zahl von Quadraten zu bilden. Bei der ersten Aufgabe wird bei diesem Vorgehen sofort klar, daß bei 16 Hölzern und vier Quadraten keine Seite gemeinsam sein darf. Die Lösung muß deshalb in der Aufhebung der gemeinsamen Seiten bestehen. Das gleiche Vorgehen ist bei der nächsten Aufgabe erforderlich (Lösungen s. S. 199f.).

Mit dem Wasserkrugproblem (7.1, S. 110) läßt sich zeigen, daß es uns oft schwerfällt, uns umzustellen, wenn wir einmal mit einem bestimmten Vorgehen erfolgreich waren: Die Aufgaben 2–6 erfordern eine Dreierkombination, die letzten beiden Aufgaben sind durch Benutzung von nur zwei Krügen lösbar. Durch die vorangehenden Aufgaben »gewöhnen« sich aber die meisten Versuchspersonen an die kompliziertere Vorgehensweise und werden blind für den einfachen Weg. In einem Experiment schlugen 81% der Studenten, die vorher die schwierigeren Aufgaben gelöst hatten, als Lösung der Aufgabe 8 B–A–2C vor, während sämtliche Teilnehmer der Kontrollgruppe, die sofort vor diese Aufgabe gestellt wurden, die einfache Lösung fanden (A+C).

Am besten läßt man die Schülerinnen und Schüler einzeln die Aufgaben lösen und bespricht nachher gemeinsam die Lösungswege – mit dem hier aufgezeigten Umweg und den Schlußfolgerungen, die sich für das Problemlösen ergeben.

Lösungen der Wasserkrug Probleme:

1. A–3B	5. B–A–2C (oder A+2C)
2. B–A–2C	6. B–A–2C
3. B–A–2C	7. A–C
4. A–B–2C	8. A+C

Bei allen den Lernenden gestellten Aufgaben sollte versucht werden, die zugrundeliegende Strategie sichtbar zu machen und auf ihre Brauchbarkeit und Übertragbarkeit in jedem neuen Fall zu überprüfen. Im Funkkolleg »Pädagogische Psychologie« werden verschiedene Problemlösungsstrategien am Beispiel des allgemein bekannten »Beruferatens« erläutert. Die Aufgabe besteht darin, den Beruf einer Person zu erraten, indem höchstens 20 Fragen gestellt werden, auf die mit »Ja« oder »Nein« geantwortet werden kann. Unterschieden werden dabei vier verschiedene Möglichkeiten:

1. Eingrenzungen:
   Durch eine möglichst allgemeine Frage wird eine große Anzahl spezieller Möglichkeiten eingegrenzt oder ausgeschlossen; z.B.: Handelt es sich um einen künstlerischen Beruf?
2. Pseudoeingrenzungen:
   Sie sind wie Eingrenzungsfragen formuliert, beziehen sich aber nur auf eine Möglichkeit, z.B.: Unterrichten Sie Kinder?
3. Überprüfen spezifischer Hypothesen:
   Die Frage bezieht sich auf einen bestimmten Beruf, den man für möglich oder wahrscheinlich hält; z.B.: Sind Sie Landwirt?

(Aus: A. Wellek, Psychologie, Dalp-Taschenbuch, Bern 1963.)

Kippfigur: Braut oder Schwiegermutter

4. Raten:
Die Fragen beziehen sich auf einzelne Möglichkeiten, die Suchstrategie erweist sich jedoch als völlig unverbunden und willkürlich.

Die wirkungsvollste, aber zugleich anspruchsvollste Strategie ist in diesem Fall natürlich die Technik des Eingrenzens.

Allgemein gilt aber, daß es bei der »Denkschulung« weniger darum geht, den Lernenden bestimmte Techniken zu vermitteln, als vielmehr ihre Flexibilität zu erhöhen und sie dazu anzuregen, auch erfolgreiche Vorgehensweisen immer wieder in Frage zu stellen.

Einsicht in die Begrenztheit der eigenen Wahrnehmung vermitteln beispielsweise die verschiedenen optischen Täuschungen oder »Kippfiguren« (s. Abbildung S. 108), bei denen je nach Erwartungshaltung etwas anderes gesehen wird. Die Schüler können auch Rollenspiele durchführen und das gleiche Objekt (z.B. einen See im Sommer) aus der Sicht eines Fischers, eines Jungen, eines Biologen und eines Beamten der Wasserversorgung schildern.

F. Turner (in L. Roth, 1972) beschreibt zwei amerikanische Kursprogramme zur Förderung des selbständigen Denkens der Kinder. Beim einen erhalten die Kinder z.B. die Aufgabe, ein Entwicklungsland zu beraten, welche Produkte es herstellen soll. Die Kinder notieren die Fragen, die sie vor der Entscheidung stellen würden (z.B.: Läßt sich in dieser Gegend Baumwolle anbauen, gibt es Schafzucht?) und erhalten daraufhin Unterlagen, mit deren Hilfe sie wieder ein Stück weiterkommen (z.B. Wirtschaftskarte der Region). Das andere Kursprogramm stammt von R. Crutchfield und besteht aus Detektivgeschichten. Die Schüler lernen dabei, viele Ideen zu sammeln, voreilige Schlußfolgerungen zu vermeiden, zu überlegen, welche Ideen am besten zu den gegebenen Tatsachen passen, sowie Ideen zu verwerfen, wenn sich deren Untauglichkeit erweist.

In einem anderen Problemlösekurs wird versucht, den Schülerinnen und Schülern Einblick in ihre Denkvorgänge zu verschaffen, indem immer zwei zusammenarbeiten: Ein Partner ist der Problemlöser, der andere der Zuhörer. Der Problemlöser ist gehalten, seine Gedanken laut zu äußern und ständig auszusprechen, welche Überlegungen ihn leiten. Dem Zuhörer ist es verboten, das Problem zu lösen, er soll lediglich den Partner auf Löcher und Sprünge im Denken hinweisen, Einzelheiten erfragen, um Klärung bitten und ihm so die gedanklichen Abläufe bewußtmachen (M. Hunt, 1984).

Offen bleibt bei allen Übungen allerdings die Frage, wieweit sie über die Bearbeitung des gerade vorliegenden Problems hinaus die allgemeine Fähigkeit zum Denken verbessern. Der Nachweis, daß die Methoden auch auf andere, neue Probleme übertragen werden, ist schwer zu erbringen.

Wichtig ist auch hier die Einstellung: Lassen sich die Schülerinnen und Schüler von komplizierten Situationen entmutigen, verbeißen sie sich in einen Teilaspekt, oder können sie die Informationen unvoreingenommen prüfen?

Wasserkrugproblem (J. Kagan/E. Haveman, 1968)

Durch Umleeren von drei Krügen verschiedener Größe muß jeweils eine bestimmte Menge Wasser abgemessen werden. Bei Problem Nr. 1 besteht die Lösung darin, daß die Kanne A gefüllt und daraus dreimal die Kanne B entnommen wird.

Überlegen Sie jedes Problem, und notieren Sie Ihre Lösung in der letzten Kolonne:

Problem Nr.	Inhalt der Kannen (Anzahl Liter)			Gewünschte Menge	Lösung
	A	B	C		
1	29	3	–	20	
2	21	127	3	100	
3	14	163	25	99	
4	43	18	10	5	
5	9	42	6	21	
6	20	59	4	31	
7	23	49	3	20	
8	15	39	3	18	

Streichholzprobleme

Grundregel: Es müssen immer alle Streichhölzer zur Lösung der Aufgabe verwendet werden.

1) Welche 3 Streichhölzer müssen umgelegt werden, damit 4 Quadrate gebildet werden?

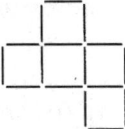

2) Welche 3 Streichhölzer müssen umgelegt werden, damit 4 Quadrate gebildet werden?

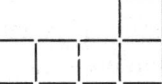

3) 1 Streichholz soll so umgelegt werden, daß nur noch 7 Quadrate gebildet werden.

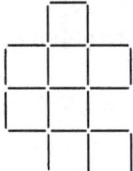

4) 2 Streichhölzer sollen umgelegt werden, daß ein Quadrat weniger gebildet wird.

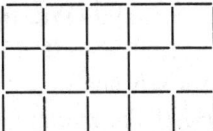

5) 2 Streichhölzer sollen so umgelegt werden, daß 9 Quadrate entstehen.

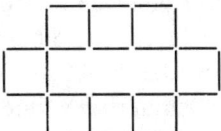

6) 2 Streichhölzer sollen so umgelegt werden, daß ein Quadrat weniger gebildet wird.

(nach G. Katona, 1940)

8. Zusammenarbeit

8.1 Einführung

In vielen Klassen schließen sich die Schülerinnen und Schüler von selbst zu kleinen Lerngruppen zusammen. Sie treffen sich mit Nachbarskindern zum Lösen der Hausaufgaben oder besprechen sich mit der Freundin, wenn beim Lernen Probleme auftauchen. Sicher sind diese Zusammenschlüsse nicht nur Zweckgemeinschaften, die die Kinder und Jugendlichen eingehen, weil sie sich – etwa durch Abschreiben der richtigen Lösungen – Arbeit ersparen und von den Kenntnissen der anderen profitieren wollen; sie setzen sich vor allem deshalb zusammen, weil es ihrem Bedürfnis nach Kontakt entgegenkommt und weil »geteiltes Leid halbes Leid« ist.

Der *Wunsch* nach Zusammenarbeit besteht somit auf seiten der Lernenden zweifellos. Die Wichtigkeit der Fähigkeit, mit anderen zusammenzuarbeiten, dürfte in der heutigen arbeitsteiligen Welt, in der jeder auf andere angewiesen ist und seine Entscheidungen nur auf Vorarbeiten anderer aufbauen kann, auch von niemandem ernsthaft in Zweifel gezogen werden. Dennoch wird diese Fähigkeit in den Schulen noch zuwenig trainiert – wie Ergebnisse von Studentenbefragungen zeigen.

Die bei den meisten Jugendlichen vorhandene Bereitschaft zur Zusammenarbeit reicht nicht aus. Bei ihrer Verwirklichung ergeben sich oft Probleme. Als häufigste sind hier zu nennen:

– Oft haben die Schülerinnen und Schüler schon durch den Vorsatz, daß sie gemeinsam arbeiten wollen, ihr Gewissen beruhigt. Wie man als einzelner Probleme mit dem »Anfangen« haben kann (vgl. Kapitel 11, S. 132), können natürlich auch Gruppen abschweifen, bei anderen Themen stehenbleiben (seien es nun Ferienpläne, Tagesanlässe oder sportliche Ereignisse, die eingehend diskutiert werden).

– Viele Lernende überlegen sich zuwenig, *welche Arbeiten besser allein und welche in Gruppen* gelöst werden können; sie setzen sich oft einfach zusammen und gehen die durchzuführenden Aufgaben durch, oder aber sie haben es sich zur Regel gemacht, alles allein zu erledigen. Beide Vorgehensweisen bergen Gefahren in sich. Vor allem für schwächere Schülerinnen und Schüler kann es sich als nachteilig erweisen, wenn sie alle Aufgaben in der Gruppe lösen: Weil sie der gemeinsamen Diskussion folgen können, glauben sie, im betreffenden Gebiet sattelfest zu sein, und realisieren vielleicht erst in der Prüfung, daß sie allein nicht weiterkommen. Für die eigene Lernkontrolle ist es deshalb wichtig, ab und zu auch allein zu arbeiten. Wer andererseits immer allein arbeitet, muß auf wichtige Anregungen, die aus der Gruppe kommen, verzichten. Die Diskussion mit anderen ermöglicht immer auch die Überprüfung der eigenen Meinung und bringt neue Gesichtspunkte – was sich gerade bei der Prüfungsvorbereitung sehr vorteilhaft auswirkt.

- In jeder Gruppe gibt es Rollenerwartungen, Rivalitäten unter den Mitgliedern, positive und negative Gefühle, die auch bei scheinbar sachlichen Diskussionen die Wahrnehmung beeinflussen. Unausgesprochene Ängste, Frustrationen, Abneigungen stören die Zusammenarbeit, blockieren ein Vorankommen.
- Voraussetzung für eine fruchtbare Zusammenarbeit ist eine *realistische Selbsteinschätzung* der Teilnehmenden: Wer sich selbst nichts oder zuwenig zutraut, wird kaum einen sinnvollen Beitrag leisten, weil er oder sie gar nicht wagt, die eigene Arbeit der Kritik der anderen auszusetzen.
  Wer sich den anderen überlegen fühlt, wird umgekehrt deren Beiträge nicht ernst nehmen und somit auch nicht davon profitieren.
- Besondere Probleme werfen oft *Gruppendiskussionen* auf: Häufig schweifen die Teilnehmenden ab, reden endlos über Nebensächlichkeiten, verbeißen sich in Streitigkeiten über Details, fallen einander ins Wort oder lassen einander nicht zu Wort kommen, hören den anderen gar nicht zu, sondern warten nur auf eine Gelegenheit, um wieder auf ihr eigenes Lieblingsthema zurückzukommen – und trennen sich nach Stunden, ohne etwas erreicht zu haben.
- Kritik an den eigenen Beiträgen zu akzeptieren fällt vielen schwer. Beleidigt verharren sie auf ihrer Meinung, bringen immer unhaltbarere Argumente zu deren Unterstützung und werden vielleicht sogar ausfallend gegen die anderen.
  Aber auch der umgekehrten Gefahr muß man sich bewußt sein: Wie beispielsweise die klassischen Experimente von S. Asch (zitiert von L. Mann, 1972) zeigen, neigt man im allgemeinen dazu, sich auch wider besseres Wissen der Gruppenmeinung anzupassen. Asch ließ Studenten die Länge einer Strecke schätzen; die ahnungslosen Versuchspersonen lagen richtig, wenn sie ihre Schätzung als erste bekanntgaben, aber häufig falsch, wenn sie sie erst nach einer Reihe von falschen Schätzungen durch eingeweihte Versuchsteilnehmer äußerten. Das Bedürfnis, mit der Meinung der Mehrheit übereinzustimmen und »dazuzugehören«, ist eben sehr stark.

Der Vergleich der Resultate einer Gruppenarbeit mit den Ergebnissen einer gleichen Anzahl allein arbeitender Personen zeigt, daß die Gruppenproduktion oft (aber keineswegs in jedem Fall) größer ist als die Summe der Einzelleistungen. Beim Lösen von Problemen arbeiten Gruppen im allgemeinen schneller als Einzelpersonen. Die Überlegenheit der Gruppe ist dabei vor allem auf folgende Gründe zurückzuführen:

- In der Gruppe ist das Spektrum von Ideen breiter – einzelne suchen oft nur in einer bestimmten Richtung und verrennen sich dadurch eher in »Sackgassen«.
- Bei Schätzungen profitiert man vom statistischen Fehlerausgleich.
- Falsche Wege werden schneller erkannt, da man den Vorschlägen der anderen im allgemeinen kritischer gegenübersteht als den eigenen.

– Die Notwendigkeit, sich den anderen mitzuteilen, führt dazu, daß man die Gedanken klarer ausformuliert und kritischer überprüft.
– Ein wichtiger Faktor ist die *Motivation*. Wenn ein Problem gemeinsam bearbeitet wird, bleibt das Interesse der Beteiligten in der Regel länger aufrechterhalten als beim Lernen in Einzelarbeit. Die bessere Motivation in der Gruppe führt nicht nur dazu, daß eine Aufgabe schneller gelöst, sondern auch, daß Gelerntes länger behalten wird.

Die Gruppe eignet sich dazu, Informationen arbeitsteilig zu sammeln, Entscheidungen unter Berücksichtigung verschiedener Gesichtspunkte zu treffen, Begriffe zu klären, zu planen und zu kontrollieren.
Wichtige Entscheidungen werden aus diesen Gründen meist in einer Gruppe besprochen.
Lange Zeit wurde auch angenommen, daß Gruppen *kreativer* sind. Beliebt war (und ist) deshalb die in Amerika entwickelte Technik des »Brainstorming«: Einige Personen setzen sich zusammen und äußern alle ihnen zum Thema kommenden Gedanken, wobei zunächst keine Zensur erfolgt, sondern nur die Quantität der Ideen zählt. Ein Vergleich der auf diese Weise produzierten Einfälle einer Gruppe mit den Ideen einer gleichen Anzahl Einzelpersonen zeigt aber, daß die Gruppe die Ideen bereits in eine bestimmte Richtung lenkt und Einzelpersonen zusammen eine größere Variabilität von Ideen hervorbringen. Experimente ergaben, daß sowohl die Gruppe als auch Einzelpersonen ihre schöpferischen Leistungen erhöhen, wenn auf eine vorbereitende Alleinphase eine gemeinsame Diskussion und ein Gedankenaustausch und schließlich wieder Einzelarbeit folgt.
Zusammenfassend kann geschlossen werden, daß Aufgaben, die ein *divergierendes Denken* (möglichst viele verschiedene Lösungen) erfordern, besser von einer Anzahl Einzelpersonen gelöst werden, während Gruppen bei Problemen, die ein *konvergierendes Denken* (Finden der besten Lösung) verlangen, den einzelnen überlegen sind. Aus einer Gruppenarbeit gehen meist weniger, aber genauere Ergebnisse hervor.
Für die Schülerinnen und Schüler ist es von Vorteil, wenn sie diese Erkenntnisse bei ihren Lernaufgaben berücksichtigen. Die erste Konfrontation mit dem Wissensstoff, die Suche beispielsweise auch nach einem Aufsatzthema und dessen Gestaltung, erfolgt am besten allein. Gruppendiskussionen und die gemeinsame Bearbeitung von Problemen oder Vorbereitung auf Prüfungen sind dann am fruchtbarsten, wenn alle Beteiligten sich bereits mit der entsprechenden Fragestellung auseinandergesetzt und ihre Gedanken festgehalten haben. In der Gruppe werden die einzelnen Überlegungen diskutiert, auf die Kritik der anderen hin überprüft, revidiert oder erhärtet. In einer nächsten Alleinarbeitsphase kann jeder die erkannten Unsicherheiten durch weitere Informationen beseitigen oder seine Gedanken neu formulieren.
Von folgenden Regeln können die Lernenden bei der Durchführung von *Gruppendiskussionen* profitieren:

114

– Eine Gruppe löst im allgemeinen eine Aufgabe weniger gut, wenn sie zu klein ist; ist sie dagegen zu groß, dauert es oft zu lange und ist es zu schwierig, ein gemeinsames Resultat zu erzielen. Je größer die Gruppe ist, desto ungleicher wird zudem die Aktivität in der Diskussion auf die Mitglieder verteilt: Bei Gruppen von acht und mehr Personen kommen meistens nicht alle zu Wort; das Verhältnis der Sprechdauer des aktivsten Teilnehmers zu demjenigen, der am wenigsten sagt, kann sich wie 10 : 1 verhalten. Bei sechs und weniger Teilnehmenden ist die Sprechdauer und Beteiligung im allgemeinen ausgeglichener, bei vier und weniger Personen besitzt die Gruppe aber zuwenig Informationen und wird die Diskussion oft zu persönlich. Für Diskussionsgruppen besteht die ideale Gruppengröße somit aus mehr als vier und weniger als acht Personen.

– Eine Diskussionsgruppe braucht eine *Diskussionsleitung*. Diese ist den anderen Teilnehmenden gleichgestellt, wird am Anfang von ihnen gewählt, hat aber bestimmte *Aufgaben* zu erfüllen. Der oder die Leitende führt in die Diskussion ein (ohne durch Propagierung der eigenen Meinung die Richtung des Gesprächs schon einzuengen). Bei einer größeren Anzahl von Teilnehmenden oder bei sehr lebhaften Diskussionen, bei denen die Gefahr besteht, daß die am schnellsten Reagierenden die anderen dominieren, kann vereinbart werden, daß man sich melden muß. Der Leiter oder die Leiterin nimmt dann die Wortmeldungen entgegen und achtet darauf, daß beim Reden die Reihenfolge eingehalten wird. Er oder sie muß auch für Ordnung sorgen, d.h., Abschweifungen der Sprechenden verhindern, eventuell auch unterbrechen, wenn Teilnehmende zu lange sprechen oder wenn nebenher Privatunterhaltungen geführt werden. Dabei ist darauf zu achten, daß die Diskussionsleitung jenen Personen, mit deren Meinung sie übereinstimmt, nicht mehr Zeit einräumt als den anderen und daß Personen, die eine abweichende Meinung vertreten, nicht häufiger unterbrochen werden.

Bei längeren Diskussionen wird die Diskussionsleitung zwischendurch an den Stand erinnern, festhalten, was bereits gemacht wurde, bei welchen Punkten Einigkeit besteht und was noch weiter geklärt werden muß. Abschließend faßt sie kurz zusammen, wobei eine Gruppendiskussion natürlich nicht in einer gemeinsamen Meinung enden muß: Sie weist dann auf die verschiedenen Standpunkte und die wichtigsten Argumente dazu hin, ohne ihre eigene Meinung überzubetonen.

– Der oder die *Protokollführer/in* wird ebenfalls zu Beginn gewählt und arbeitet eng mit der Diskussionsleitung zusammen (z.B. beim Verweis auf die noch unerledigten Punkte). Je nach Zielsetzung der Gruppe werden die einzelnen Beiträge oder nur die gemeinsamen Beschlüsse notiert.

– Viele Leute empfinden es als Belastung, wenn in einer Gruppe einmal niemand spricht und plötzlich Schweigen herrscht. Eine kurze Gesprächspause wirkt sich aber oft produktiv aus. Dauert sie zu lange, kann der Leiter/die Leiterin eine Zwischenbilanz ziehen und auf die noch offenen Punkte verweisen.

– Obwohl es natürlich wünschbar ist, daß alle Schülerinnen und Schüler an der Diskussion mitwirken, sollte niemand zum Sprechen gezwungen werden. Vielen fällt es anfänglich schwer, ihre Meinung vor einer größeren Gruppe zu vertreten. Werden sie direkt aufgefordert, steigert sich ihre Nervosität nur. Sie lernen eher, aus sich herauszugehen, wenn sie im Rahmen von Gruppenarbeiten Gelegenheit erhalten, sich über ein bestimmtes Gebiet zu informieren und dann einen Beitrag als »Experten« liefern können.

Auch am Anfang von *Gruppenarbeiten* steht eine Diskussion. Die Gruppe muß sich auf eine klare Zielsetzung einigen, überlegen, wie die Aufgabe angegangen und wie sie sinnvoll in Teilschritte aufgegliedert werden kann. Dann wird eine Arbeitsteilung vorgenommen. Bei größeren Aufgaben sind auch zwischendurch Gespräche zur Diskussion von auftauchenden Problemen und zur gegenseitigen Information erforderlich.

Natürlich können auch auf diesem Gebiet Arbeitstechnikkurse nur erste Hinweise geben. Viele Kapitel des Kurses können in Gruppen diskutiert oder durch bestimmte Aufgaben in Gruppenarbeit vorbereitet werden. Die Teilnehmenden erhalten dadurch Gelegenheit, das gemeinsame Diskutieren und Arbeiten zu üben. Dies ist natürlich nicht genug; auch im Rahmen des sonstigen Unterrichts müssen Möglichkeiten zur Einübung verschiedener Diskussionsformen sowie zur zunehmend selbständigen Arbeit in Gruppen bestehen (vgl. III. Teil, S. 177).

8.2 Lernziele

– Die Schülerinnen und Schüler kennen die Wichtigkeit der Zusammenarbeit.
– Sie wissen, welche Aufgaben besser allein und welche in Gruppen durchgeführt werden.
– Sie können an Gruppendiskussionen teilnehmen, sachlich ihre Meinung äußern und vertreten.
– Sie können auch eine Diskussion leiten und darauf achten, daß jeder zu Wort kommt, daß sachlich und zum Thema diskutiert wird.
– Sie können Arbeiten in Gruppen durchführen, indem sie nach einer Analyse der Problemstellung eine Arbeitsteilung vornehmen, die verschiedenen Einzelarbeiten sinnvoll kombinieren und zu einem gemeinsamen Ergebnis kommen.
– Sie sind sich bewußt, daß Gefühle in allen Diskussionen eine Rolle spielen, können auch mit Kränkungen umgehen und bemühen sich, sachlich zu bleiben oder ihre Frustrationen auszusprechen.
– Sie wenden diese Kenntnisse und Fertigkeiten auch bei der Organisation ihrer Lerngruppen an.

8.3 Methoden und Unterlagen

Die Überlegenheit der Gruppe bei bestimmten Aufgaben läßt sich mit einer Anzahl klassischer Experimente demonstrieren. Beispielsweise kann die Wirkung des statistischen Fehlerausgleichs gezeigt werden, indem die einzelnen Schülerinnen und Schüler die Anzahl von Kugeln schätzen, die sich in einem großen Glas befinden (alle einzeln notieren und abgeben), oder die Größenreihenfolge der Flächen verschiedener Figuren erraten. Während die durchschnittliche Abweichung der einzelnen Beteiligten vom richtigen Ergebnis relativ groß ist, ergibt sich aus der Summe der Einzelschätzungen in der Regel ein recht genaues Resultat. Blatt 8.1, S. 120, zeigt die sogenannten Poffenberger Figuren. Alle Teilnehmenden erhalten eine Kopie und schätzen für sich die richtige Größenrangfolge:

Sie bezeichnen die Figur, die nach ihrer Ansicht die größte Fläche hat, mit 1, die zweitgrößte mit 2 usw. bis 10. Es dürfen dabei nicht zwei Figuren im gleichen Rang stehen. Nachdem alle Schülerinnen und Schüler ihre Schätzungen vorgenommen haben, wird die Gruppenschätzung ermittelt: Am besten schreibt man dazu die Figurenbezeichnungen an die Tafel und trägt alle Schülerschätzungen darunter ein:

Schüler/Schülerin	Figuren									
	a	*b*	*c*	*d*	*e*	*f*	*g*	*h*	*i*	*k*
A	1	7	6	2	10	5	4	9	8	3
B	3	8	5	4	9	6	1	10	7	2
C	.		.	.	.	.				
D										
...										
Summe	52	103	86	49	116	67	64	113	95	80
Gruppenrang	2	8	6	1	10	4	3	9	7	5

Aus der Summe aller Schätzungen ergibt sich die Gruppenrangliste (vgl. Beispiel): Die Figur mit der kleinsten Summe steht im Rang 1, diejenige mit der zweitkleinsten Summe im Rang 2 usw. Diese Rangliste wird nun mit der richtigen verglichen.

Die richtige Rangfolge lautet:

a	*b*	*c*	*d*	*e*	*f*	*g*	*h*	*i*	*k*
2	9	6	1	10	5	3	8	7	4

Bei guten Mathematikkenntnissen der Klasse können Korrelationsrechnungen durchgeführt werden. Für die Auswertung des Experimentes genügt es aber auch, wenn die Summe der Abweichungen zwischen dem richtigen Rang und der Schätzung aller Teilnehmenden festgestellt wird. Für den Schüler A ergibt sich beispiels-

weise bei der Figur a eine Abweichung von 1 (2–1), bei b von 2 (9–7), bei c von 0 usw. und eine Abweichungssumme von 8. Die Abweichungssumme von Schüler 2 beträgt 14. Auch für die vorher ermittelte Gruppenrangliste wird die Abweichungssumme ausgerechnet (im Beispiel = 4). Infolge des statistischen Fehlerausgleichs (einige Schüler schätzen eine bestimmte Figur zu groß, andere zu klein ein, der Durchschnitt aller Schätzungen liegt deshalb nahe beim richtigen Wert) ist in der Regel die Abweichungssumme der Gruppenrangliste kleiner als die Abweichungssumme der (meisten) einzelnen Schüler.

Als Problemlösungsaufgaben eignen sich beispielsweise Anagramme (»Buchstabensalat«, aus dem ein Substantiv gebildet werden muß). Die gleiche Aufgabe wird einzelnen Schülern, Zweier- und Vierergruppen übertragen. Alle beginnen gleichzeitig mit dem Lösen der Probleme. Entweder nach einer bestimmten Zeit oder wenn die erste Gruppe alle Aufgaben gelöst hat, wird abgebrochen. Dann wird verglichen, auf wie viele richtige Lösungen durchschnittlich die einzeln arbeitenden Schülerinnen und Schüler kamen, auf wie viele die Zweier- und die Vierergruppen. Im allgemeinen wird sich zeigen, daß Gruppen die Aufgaben wesentlich schneller lösen: Der einzelne sucht oft nur in einer bestimmten Richtung und kann sich nicht so schnell umstellen, die Gruppe sucht dagegen gleichzeitig in mehreren Richtungen. Auch dieses Ergebnis kann zum Ausgangspunkt einer Diskussion über die Zusammenarbeit genommen werden.

Auch verschiedene andere Ratespiele (Begriff erraten, nach dem nur mit Fragen geforscht werden darf, die mit Ja oder Nein beantwortet werden können, oder der von der Klasse durch Gesten dargestellt wird) können zum Vergleich der Leistungen von einzelnen und kleineren oder größeren Gruppen durchgeführt werden.

Nach einer Einführung in die Regeln des Zusammenarbeitens lassen sich verschiedene Aufgabenstellungen des Kurses in Gruppen bearbeiten (vgl. methodische Hinweise zu den verschiedenen Lektionen).

Die Rolle der Diskussionsleitung und der Teilnehmenden wird erläutert, indem beispielsweise eine Tonbandaufnahme oder eine Aufzeichnung einer Diskussion am Fernsehen durchgeführt wird (Fernsehdiskussionen folgen durchaus nicht immer den erwähnten Regeln – entsprechend unsachlich ist oft die Argumentation und entsprechend häufig das »Überfahren« einzelner Beteiligter). Auch von den Diskussionen der Lernenden können Tonband- oder Videoaufzeichnungen gemacht und zum Anlaß einer »Manöverkritik« genommen werden. Stehen solche Geräte nicht zur Verfügung, setzt man einige Schülerinnen und Schüler als »unabhängige Beobachter« ein, die beispielsweise die Anzahl der Wortmeldungen und Länge der Beiträge der einzelnen Teilnehmenden registrieren und überprüfen, ob alle Gelegenheit erhalten auszureden.

Lernstiltests ergeben im allgemeinen, daß viele Jugendliche und Erwachsene am liebsten gemeinsam und voneinander lernen. Dies kann beim Thema Zusammenarbeit aufgegriffen werden. Auch zu den anderen bevorzugten Lernstrategien können Gruppen gebildet werden, die sich überlegen, wie sie ihre Vorgehensweisen optimieren und bei den Aufgaben und Prüfungsvorbereitungen gezielt einsetzen können. Ihre Ergebnisse können sie den anderen Gruppen vorstellen.

Bestehen Probleme, Spannungen, Schwierigkeiten in der Klasse, können Rollenspiele den Beteiligten helfen, ihre Gefühle, Ängste und Vorurteile zu erkennen und damit umzugehen. Soziale Situationen werden im Spiel vorweggenommen oder nachgespielt, wobei die Teilnehmenden sowohl eigene als auch fremde Rollen übernehmen können.

Bei Simulations- und Planspielen lernen Gruppen im Rahmen eines Modells. Sie können sich mit ihrer Aufgabe identifizieren, selbst aktiv werden, etwas riskieren, ohne negative Auswirkungen befürchten zu müssen.

Poffenberger Figuren

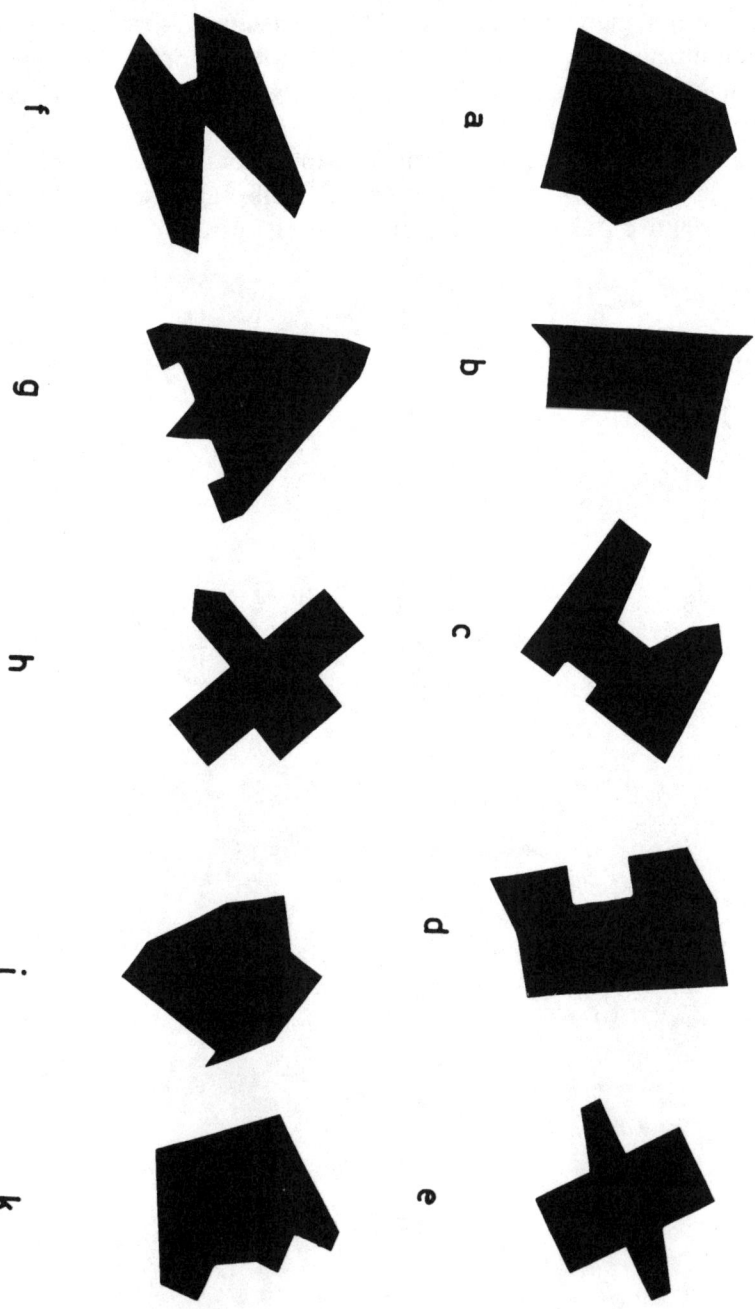

9. Voraussetzungen und Forschungsergebnisse

9.1 Einführung

Zur sinnvollen Arbeitsgestaltung des einzelnen gehört auch die Berücksichtigung physiologischer Gegebenheiten, wie des Schlafbedürfnisses, der Ernährung, Bewegung, eines sinnvollen Arbeitsrhythmus, richtiger Beleuchtung, Heizung und die Ausschaltung von Störfaktoren wie Lärm. Falls die Jugendlichen die entsprechenden Kenntnisse nicht in einem anderen Fach (etwa Gesundheitslehre) erwerben, sollten diese Bereiche in einem Kurs über Lernmethoden mit Vorteil ebenso thematisiert werden wie Ergebnisse der Streßforschung.

Das *Schlafbedürfnis* ist recht unterschiedlich und kann bei Erwachsenen zwischen sechs und neun Stunden pro Tag liegen. Die meisten Menschen kennen ihr individuelles Schlafbedürfnis. Für die Jugendlichen ist vor allem wichtig zu wissen, daß bei einem Schlafdefizit zwar trotzdem gearbeitet werden kann, daß aber dazu mehr Energie aufgewendet werden muß. Die gleiche Arbeit erfordert dann mehr Zeit als in ausgeruhtem Zustand oder wird qualitativ schlechter erledigt. Es lohnt sich deshalb für die Jugendlichen, sich schlafen zu legen, wenn sie müde sind oder sich nicht ganz auf der Höhe fühlen. Wenn sie am nächsten Morgen dafür eine Stunde früher aufstehen, werden sie die Arbeit wesentlich leichter bewältigen.

Durch rechtzeitige Planung und dadurch Vermeidung von »Nachtschichten« vor Prüfungen können die Lernenden Zeit und Kraft sparen.

Der Mensch ist keine Maschine, die immer gleich viel leistet. Die *Tagesleistungskurve* ist grundsätzlich bei allen gesunden Menschen gleich, auch wenn bei »Morgenmuffeln« der Beginn des Leistungshochs später einsetzt und die Kurve nicht bei allen gleich steil verläuft: Die Leistungsfähigkeit steigt am Vormittag von acht bis elf, über Mittag haben wir ein körperliches Leistungstief und das Bedürfnis nach einem Nickerchen. Unabhängig davon, ob wir schlafen können oder nicht, steigt die Leistungsfähigkeit aber am Nachmittag wieder an. Der tiefste Wert liegt in den frühen Morgenstunden. Wenn Lernende ihren Tagesrhythmus kennen und wissen, zu welchen Stunden sie am leistungsfähigsten sind, können sie schwierige Aufgaben zu diesen Zeiten erledigen. Routine- oder leichtere Arbeiten lassen sich auch in bereits etwas ermüdetem Zustand noch durchführen.

Was die *Ernährung* betrifft, wird in unseren Breiten so viel über Kalorien und Schlankheitskuren geschrieben und gesprochen, daß auch die Schülerinnen und Schüler in der Regel gut informiert sind. Den meisten ist bekannt, daß Leute, die keine körperliche Schwerarbeit leisten und insgesamt wenig Bewegung haben, kalorienarme, aber vitaminreiche Mahlzeiten (Salate, Früchte, Milch) bevorzugen sollten. Wichtig ist für sie auch zu wissen, daß sich sowohl ein zu voller als auch ein leerer Magen störend auf die Leistungsfähigkeit auswirkt. Am sinnvollsten ist deshalb eine Verteilung der Nahrungsmittelaufnahme auf fünf Zeiten: ein gutes Frühstück, eine leichte Zwischenverpflegung in der Mitte des Vormittags, bei einer kurzen Mittagspause nur ein mäßiges Mittagessen, eine weitere Zwischenverpflegung am Nachmittag und ein Abendessen, das kräftig sein kann, wenn man anschließend nicht mehr arbeiten muß.

Vor allem auf das Frühstück verzichten viele Jugendliche aus Zeitgründen und schwächen damit ihre Leistungsfähigkeit am Vormittag. In diesem Zusammenhang ist ein Experiment von Interesse, das in einem größeren deutschen Unternehmen durchgeführt wurde: Nachdem in einer Befragung festgestellt worden war, daß ein Drittel der Belegschaft ohne und ein weiteres Drittel nur mit einem mangelhaften Frühstück zur Arbeit erschienen (Prozentsätze, die dem allgemein festgestellten Durchschnitt in Deutschland und der Schweiz entsprechen), wurde der ganzen Belegschaft auf Kosten der Firma vor Arbeitsbeginn ein Frühstück gereicht. Obwohl dadurch ein täglicher Arbeitsausfall von einer halben Stunde entstand, steigerten sich innerhalb eines Monats die Leistungen jener Angestellten, die vorher ungenügend gefrühstückt hatten, um 18 bis 26 Prozent, während die Produktivität des letzten Drittels ungefähr gleich blieb.

Von Bedeutung sind für die Lernenden auch die Ergebnisse von Untersuchungen über die Wirkung von *Pausen* auf die Arbeitsleistung (vgl. Lesetext 6.14, S. 101). Ebensowenig wie die Länge der einzelnen Lernetappen läßt sich die *Gesamtdauer der täglichen Arbeitszeit* beliebig steigern: Nimmt man sich zuviel vor (z.B. zehn Stunden Lernen), schaltet man selbst unbewußt auf »Sparflamme«, um überhaupt durchhalten zu können. Dies zeigen beispielsweise die Erfahrungen von Firmen, die in Krisenzeiten die tägliche Arbeitszeit verlängerten; weil die jeweiligen Stundenleistungen abnahmen, stieg die Gesamtproduktion nicht im erwarteten Umfang (vergl. Lesetext 6.12, S. 99).

Auch vor Prüfungen ist somit den Lernenden die Einhaltung eines vernünftigen Tagespensums, das zudem die Möglichkeit zur Entspannung und Bewegung noch einschließt, zu empfehlen. Besser als überlange Lernzeiten sind kürzere, aber konzentriert durchgehaltene Etappen, unterbrochen von Stunden der Erholung oder des Sportes, die ebenso bewußt erlebt werden.

O. Engelmayer (1965) weist darauf hin, daß Kinder oft weniger ermüdet werden von dem, was sie tun, als vielmehr von dem, was sie nicht tun dürfen. Anstrengend sind deshalb für sie nach seiner Meinung einseitige Tätigkeiten und jeder ausgesprochene Lernbetrieb und damit auch der Mangel an eigener Aktivität oder Bewegung.

Wenn wir Angst und Schrecken erleben, stößt unser Körper Streßhormone aus, die in kürzester Zeit riesige Energiemengen (Fett, Zucker) mobilisieren. Gleichzeitig blockieren die Streßhormone im Gehirn die Schaltstellen (Synapsen) der Nervenfasern (Neuronen) und somit das Denken. Diese körperliche Reaktion dient dem schnellen Handeln zur Abwehr einer Gefahr, behindert aber natürlich das Lernen. Situationen, die von Lernenden als bedrohlich empfunden werden, hemmen oder blockieren die Aufnahme und das Erinnern von Wissen. Informationen können dann optimal aufgenommen und verarbeitet werden, wenn wir ruhig, entspannt und angstfrei sind. Diese Erkenntnis führte auch zur Entwicklung von Suggestopädie und Superlearning.

9.2 Lernziele

– Die Schülerinnen und Schüler kennen die für ihre Arbeit wichtigen Ergebnisse der Physiologie.
– Sie berücksichtigen sie bei ihrer Tagesplanung.

9.3 Methoden und Unterlagen

Wie erwähnt, sind viele der oben aufgeführten Informationen den Jugendlichen bereits bekannt. Sie gehören jedoch auch zu einer sinnvollen Arbeitstechnik und sollten deshalb der Vollständigkeit halber in einen Kurs einbezogen werden. Die Vermittlung kann beispielsweise in Form von Schnell-Lese-Texten über die verschiedenen Gebiete erfolgen, an die sich eine Diskussion über die Möglichkeiten der praktischen Anwendung anschließt (Blätter 6.12 und 6.14).

Die Informationen aus den verschiedenen Bereichen können auch in Übungen zur Durchführung von Gruppenarbeiten zusammengetragen oder in Kurzvorträgen den anderen vorgestellt werden. Der Lehrer oder die Lehrerin setzt dann die Lernziele und stellt die entsprechenden Informationen (Bücher, Artikel über Experimente und Ergebnisse zum Thema) zur Verfügung. Die Schülerinnen und Schüler üben damit die Formulierung konkreter Fragestellungen, das Zusammentragen von Informationen, den Aufbau und die Darbietung von Kurzvorträgen.

Die Sammlung der entsprechenden Informationen eignet sich außerdem als Übung zum Aufbau eines Karteikartensystems oder einer Datenbank: Die Lernenden tragen die Ergebnisse ihrer Lektüre und Nachforschungen zu den einzelnen Fragestellungen auf Karten mit den verschiedenen Schlagwörtern wie »Ermüdung«, »Pausen«, »Ernährung« usw. ein (vgl. S. 148) oder legen entsprechende Computer-Files an.

10. Konzentration im Unterricht und zu Hause

10.1 Einführung

Konzentrationsprobleme stellen für viele Lernenden die eigentlichen Hauptprobleme dar. Sie sitzen wohl ihre Stunden in der Schule oder hinter ihren Büchern ab – denken dabei aber an tausend andere Dinge und nehmen nur einen Bruchteil des Lernstoffes auf. In erster Linie geht es dabei natürlich um *Motivationsprobleme* (vgl. Kapitel 3, S. 53), da die Lernenden sich für anderes wesentlich mehr interessieren als für ihre Lektionen und ihnen die in der Schule vermittelten Inhalte fremd oder gleichgültig sind. Schülerinnen und Schüler aller Altersstufen können sich – entgegen den Klagen ihrer Eltern und Lehrer – mit äußerster Konzentration Aufgaben hingeben, die sie sich selbst gestellt haben. Die Frage nach der Konzentration läßt sich somit nicht beantworten, wenn dem Lernen der Jugendlichen keine eigenen Zielsctzungen zugrunde liegen.

Aber auch durchaus lernwillige Schülerinnen und Schüler können mit Konzentrationsproblemen zu kämpfen haben. Auf sie soll an dieser Stelle eingegangen werden.

Störungen der Konzentration können entweder von *außen*, aus der Umgebung der Lernenden, oder von *innen*, durch ihre eigenen Gedanken, kommen. Die Selbstbeobachtung zeigt, daß die zweite Art der Störungen – entgegen vielleicht der allgemeinen Annahme – wesentlich häufiger ist. Davon können wir uns beispielsweise überzeugen, indem wir jedesmal, wenn wir uns beim Abschweifen von unserer Arbeit »ertappen«, einen Strich beim entsprechenden Grund machen.

Die Bekämpfung der Störungen von *außen* hängt eng mit der Gestaltung des Arbeitsplatzes zusammen. Wie es sinnvoll ist, zeitlich zwischen Arbeits- und Freizeit zu unterscheiden (vgl. S. 131), sollten wir dies auch *räumlich* tun. Im Bett oder auf dem Fernsehsessel fällt das Lernen wesentlich schwerer, weil bei diesen Möbeln »Entspannungsassoziationen« aufkommen. Am Arbeitsplatz sollte womöglich nichts sein, das die Gedanken in andere Richtungen lenkt, weder Fotos, Unterhaltungslektüre, Privatbriefe noch Zwischenverpflegung. Wenn wir zudem den als Arbeitsplatz gewählten Ort nur dann aufsuchen, wenn wir wirklich arbeiten wollen, wird dort mit der Zeit Arbeitsstimmung leichter aufkommen. (Die Beeinflußbarkeit durch solche Assoziationen, die von der Lernpsychologie bestätigt wird, erfährt jeder, der durch den Anblick eines gedeckten Eßtisches Appetit bekommt oder beim zufälligen Zusammentreffen mit dem Zahnarzt in Schrecken versetzt wird.)

An dem als Arbeitsplatz bestimmten Ort sollten natürlich auch alle benötigten Hilfsmittel wie Lexikon, Schreibutensilien und Unterlagen in Reichweite bereitliegen – damit der »Arbeitswillige« nicht alle paar Minuten einen guten Grund findet, aufzustehen und sich auf die Suche zu begeben.

Ein wichtiger Störfaktor von außen sind Lärm und Geräusche. Besonders lästig sind sehr laute, unerwartete oder unregelmäßige Geräusche, während gleichmäßige Geräusche in der Regel weniger stören. Viele Jugendliche erledigen ihre Aufgaben mit Musikbegleitung. Untersuchungen zeigen aber, daß sich dies höchstens bei Routinearbeiten positiv auswirkt, weil die Musik dann anregen und die Stimmung heben kann. Dagegen steigt beispielsweise beim Rechnen die Fehlerzahl, wenn gleichzeitig Musik gehört wird. Besonders störend wirken sich die Kommentare zwischen den einzelnen Musikstücken sowie allgemein gesungene Lieder aus. Leichte Instrumentalmusik kann dagegen den Lernenden helfen, ein angenehmes »Klima« zu schaffen, wenn dadurch andere, unangenehmere Geräusche übertönt werden.

Bei der Musik wie auch bei anderen Geräuschen entscheidet vor allem die eigene Einstellung dazu über das Ausmaß der Störung. So wird der Lärm spielender Kinder den kinderfeindlichen Nachbarn wesentlich mehr aufregen als die Mutter.

Wer zu Hause durch Lärm oder andere Ablenkungen (Geschwister, Telefon) zu stark oder zu oft in seiner Konzentration gestört wird, kann prüfen, ob er oder sie bestimmte Aufgaben nicht besser im Lesesaal einer Bibliothek erledigt. Hier darf nicht gesprochen werden – auf viele Lernende wirkt zudem der Anblick der anderen schweigend vertieften Leute fördernd auf die eigene Konzentration.

Die Störungen von *innen* sind auf verschiedene Ursachen zurückzuführen. Am schwersten wiegen ungelöste persönliche Probleme, die z.B. in Konflikten mit der Familie oder mit Freunden oder in Entwicklungskrisen wurzeln. Spannungen, Streitigkeiten, bevorstehende Entscheidungen können die Lernenden stark beschäftigen und ihre Gedanken immer wieder in Anspruch nehmen. Nicht immer gelingt es dann, sich während der Lernzeit davon zu lösen und der Arbeit zuzuwenden.

Wie bereits ausgeführt, belegt die Streßforschung, daß Angst das Denken blockiert. Dies gilt auch für das Gefühl der Überforderung. Die Grenzen der Belastbarkeit sind bei jedem Kind anders. Sowohl qualitative als auch quantitative Überforderung führt entweder zum krampfhaften Versuch mitzukommen, zu Resignation oder zu einem Pendeln zwischen hektischem Bemühen und resigniertem Aufgeben.

Bedroht und in Frage gestellt fühlt sich ein Kind auch, wenn es vor der Klasse steht und eine Aufgabe nicht lösen kann. Schwer fällt die Konzentration zudem, wenn der Lehrer hinter ihm steht.

Andere Störungen sind dagegen auf eine mangelnde Arbeitstechnik zurückzuführen. Oft fällt uns während einer bestimmten Arbeit plötzlich ein, was wir eigentlich noch dringender erledigen müßten, oder wir versuchen gar, verschiedene Dinge gleichzeitig zu tun (oft werden dazu historische Persönlichkeiten zitiert, die fähig waren, mehrere Briefe gleichzeitig zu diktieren oder mehrere Schachspiele gleichzeitig zu gewinnen). Eine echte Konzentration ist aber nur auf ein Objekt möglich – bei »gleichzeitiger« Erledigung mehrerer Aufgaben wandert die Aufmerksamkeit in Wirklichkeit in raschem Wechsel hin und her, was eine ständige Umstellung und einen erhöhten Aufwand zur Folge hat. Durch eine sinnvolle Zeit- und Tagesplanung (vgl. Kapitel 11, S. 131) können die Lernenden sicherstellen, daß alle Aufgaben rechtzeitig in Angriff genommen und in Ruhe durchgeführt werden können. Ablenkende Gedanken drängen sich natürlich auch dann dazwischen, wenn Jugendliche (wiederum infolge schlechter Zeitplanung) eigentlich viel lieber mit den Geschwistern den gerade laufenden Fernsehkrimi oder das Fußball-Länderspiel verfolgen möchten.

Erschwerend auf die Konzentration wirken sich auch ein zu leerer oder zu voller Magen (vgl. Kapitel 9, S. 121), ein Schlafdefizit oder zunehmende Ermüdung aus. Allgemein muß betont werden, daß eine höchste Konzentration nicht lange durchgehalten werden kann. Nach einer bestimmten Spanne läßt sie automatisch nach. Von Anfang an sollten deshalb Pausen und ein sinnvoller Wechsel zwischen Anstrengung und Erholung geplant werden. Die Fähigkeit, sich zu entspannen, steht in engem Zusammenhang mit der Fähigkeit zur Konzentration (dies zeigt sich auch darin, daß das »Autogene Training« von J.H. Schultz von vielen zur Förderung ihrer Konzentrationsfähigkeit benutzt wird).

Oft liegen die Hindernisse deshalb darin, daß sich die Lernenden zu große Etappen vornehmen, die sie nicht durchhalten können. In solchen Fällen ist zu empfehlen, mit ganz kurzen Zeitspannen (z.B. 15 Minuten) zu beginnen und dann eine Pause einzuschalten. Kann diese Periode durchgestanden werden (an den Ablauf der Zeit erinnert beispielsweise ein Wecker, so daß keine ständigen Kontrollblicke auf die Uhr erforderlich sind), können die Lernphasen langsam gesteigert werden.

Bei anderen liegt das Problem darin, daß sie von der Größe einer vor ihnen liegenden Aufgabe »gelähmt« werden. Ihnen hilft die Aufgliederung in kleine Lernschritte mit Zwischenzielen und Terminen – es ist einfacher durchzuhalten, bis ein solches nahe vor einem liegendes Teilziel erreicht ist, als einfach noch ein Stück weiter an der Gesamtaufgabe zu arbeiten.

Wenn den Schülerinnen und Schülern während des Unterrichts die Konzentration schwerfällt, liegt es oft an der mangelnden Gelegenheit zu eigener Aktivität. Die Beteiligung der Lernenden an der Festsetzung des Stundenziels, die Erzeugung einer Fragehaltung wie auch die Aufgabe, selbst Notizen zu verfassen, dienen der kritischen Auseinandersetzung mit dem Unterrichtsstoff und verhindern ein Abschweifen der Gedanken (vgl. auch S. 53 und S. 69).

10.2 Lernziele

– Die Lernenden können sich einer Aufgabe längere Zeit intensiv zuwenden.
– Sie nehmen eine Aufgabe nach der anderen in Angriff und versuchen nicht, mehrere Dinge gleichzeitig zu tun.
– Sie überprüfen ihren Arbeitsplatz auf Störfaktoren hin und versuchen, diese soweit als möglich auszuschalten.
– Sie teilen ihre Zeit so ein, daß sie die schwierigen Aufgaben zu den Zeiten ihrer höchsten Lernfähigkeit erledigen.

– Sie beginnen zu dem Zeitpunkt konzentriert zu arbeiten, an dem sie es sich vorgenommen haben.

10.3 Methoden und Unterlagen

Das Formular (S. 128) dient der Analyse von Konzentrationsproblemen. Meist ist es nicht sinnvoll, es von allen Teilnehmenden eines Kurses ausfüllen zu lassen. Es kann an jene abgegeben werden, die über Konzentrationsstörungen vor allem bei der Arbeit zu Hause klagen und nicht wissen, worauf diese zurückzuführen sind. Die ausgefüllten Formulare können entweder von den Betroffenen selbst ausgewertet, in Kleingruppen diskutiert oder als Grundlage von Lernberatungen genommen werden.

Die Konzentrationsfähigkeit der Schülerinnen und Schüler kann mit verschiedenen Übungen geprüft werden. Bekannt ist z.B. das sogenannte »Kim-Spiel«: Man läßt die Schüler 20 oder 30 verschiedene auf einem Tablett liegende Gegenstände eine Minute lang betrachten, räumt dieses weg und fordert die Schüler auf, die Gegenstände zu nennen. Oder man spielt eine Nachrichtensendung ab, der die Schüler konzentriert zuhören und von der sie nachher möglichst viele Einzelmeldungen reproduzieren sollen.

Die Schwierigkeit, mehrere Dinge gleichzeitig konzentriert zu tun, läßt sich zeigen, indem Schüler Nachrichten hören (und nachher rekapitulieren) und gleichzeitig beobachten sollen, was zwei Mitschüler tun.

Natürlich lassen sich auch verschiedene Experimente durchführen, beispielsweise der Vergleich zweier Gruppen, die mit und ohne Pausen Konzentrationsaufgaben lösen. Als Konzentrationsaufgaben, die über längere Zeit hinweg (mindestens 20 Minuten) durchgeführt werden müssen, eignen sich beispielsweise einfache Additionsaufgaben (vgl. Blatt 10.2 und 10.3) oder die Aufgabe, in einem Text alle »a« durchzustreichen. Dabei stellt sich im allgemeinen heraus, daß die Pausengruppe sowohl höhere Gesamtleistungen erzielt als auch weniger Fehler macht als die pausenlos arbeitende Gruppe.

Bei den Zahlenreihen besteht die Aufgabe der Lernenden darin, jeweils zwei einstellige Zahlen zu addieren: Sie beginnen mit der ersten Kolonne links, addieren 2 + 8 und schreiben die Lösung rechts zwischen die beiden Zahlen. Dann addieren sie 8 + 5, weiter 5 + 1 usw. Pro Kolonne sind 30 Additionen auszuführen, ein Blatt enthält zehn Kolonnen. Für die Bearbeitung eines Blattes oder beider Blätter wird eine bestimmte Zeit eingeräumt (zehn Minuten pro Blatt).

Die Konzentrationsfähigkeit kann unter verschiedenen Bedingungen geprüft werden: Eine Gruppe arbeitet ungestört, eine mit leichter Hintergrundmusik und eine mit Schlagern und Zwischenkommentaren; nach zehn Minuten werden die Bedingungen getauscht. Zahl und Qualität der unter den verschiedenen Bedingungen gelösten Aufgaben werden verglichen.

Selbstbeobachtung

Halte in der rechten Kolonne des Ablaufplanes fest, wie intensiv du bei deiner Tätigkeit dabei warst:
Es bedeutet:

☐☐☐☐ Die Zeit ist ungenutzt verstrichen.

▨☐☐☐ Bei konzentrierter Arbeit hätte ich das gleiche Ergebnis in einem Viertel der Zeit erreichen können.

▨▨☐☐ Das Ergebnis wäre auch in der halben Zeit zu erreichen gewesen.

▨▨▨☐ Ich habe gut gearbeitet. Bei optimalem Einsatz hätte ich drei Viertel der Zeit aufwenden müssen.

▨▨▨▨ In der gegebenen Zeit war nicht mehr erreichbar.

Bis um	Zeit	Tätigkeit	Intensität			

Konzentrationsexperiment (Additionen)

2	7	1	3	7	4	2	9	2	3
8	9	3	4	6	7	7	4	1	6
5	8	3	7	8	9	2	4	8	7
1	1	9	4	9	6	9	7	6	5
8	3	6	9	4	5	8	1	6	2
3	2	2	5	3	7	7	9	2	8
4	4	8	6	1	3	6	3	4	5
7	5	7	8	2	8	3	5	4	1
2	8	4	2	6	1	5	8	1	9
9	9	5	1	5	2	1	8	7	7
3	6	3	6	4	3	4	6	3	2
5	7	8	7	8	2	2	2	8	5
6	7	2	1	2	4	8	2	6	6
1	2	1	8	5	9	1	3	5	4
7	8	6	4	1	7	7	3	9	3
5	6	5	9	7	8	6	4	1	1
2	3	9	3	9	5	5	9	5	8
4	3	4	5	6	6	4	5	9	9
6	9	7	2	3	1	4	6	6	7
8	5	1	7	6	6	9	1	7	5
3	2	5	3	5	3	2	7	4	2
7	1	4	6	9	9	3	8	8	3
9	8	9	1	8	5	7	1	2	4
9	4	8	5	4	5	2	3	2	6
5	5	3	4	3	8	4	9	5	4
2	7	2	8	2	1	9	4	6	1
4	6	6	2	7	4	5	7	9	6
3	2	7	9	1	7	3	5	1	7
2	9	5	4	9	3	5	2	7	2
1	2	4	2	7	5	2	1	6	3
6	3	8	8	6	1	1	4	3	5

Konzentrationsexperiment (Additionen)

8	7	2	3	8	5	1	6	6	4
5	9	5	8	6	8	4	7	1	8
3	7	9	7	3	1	3	2	2	7
8	6	4	1	7	4	2	9	5	9
9	8	7	2	4	2	6	8	3	3
5	3	7	3	5	7	8	4	9	2
3	5	5	5	1	6	7	5	7	6
8	5	3	6	9	9	5	3	8	1
5	4	6	5	2	3	9	1	4	1
2	3	8	7	7	5	7	1	5	5
7	2	4	8	2	8	8	7	1	6
6	7	1	4	5	4	2	3	4	2
9	9	9	1	8	1	5	6	7	5
1	6	5	6	1	2	4	9	3	9
4	1	2	3	4	7	9	5	8	4
2	8	7	9	9	2	6	4	2	7
8	8	3	2	3	9	3	2	6	1
7	6	6	3	6	1	1	8	9	8
4	7	2	5	7	8	7	4	9	3
4	3	8	4	9	4	8	6	3	5
9	4	9	6	5	3	4	1	4	2
6	1	5	7	6	6	7	3	2	3
1	9	7	1	2	5	9	7	6	5
3	2	4	8	8	8	2	7	8	8
5	5	1	2	3	4	1	8	6	9
9	8	3	9	1	2	6	9	1	4
2	2	8	5	4	7	5	5	7	7
4	1	9	2	3	9	3	2	9	7
1	6	4	8	7	1	4	6	5	1
1	6	8	2	9	4	7	8	3	8
7	9	4	1	6	3	1	4	8	3

11. Zeiteinteilung

11.1 Einführung

Kein anderer Aspekt der Lerntechnik wird von Lehrerinnen, Lehrern und Eltern so oft als Problem genannt wie die Beziehung zur Zeit und führt gleichzeitig zu so heftiger Ablehnung durch die Jugendlichen, die sich Ratschläge zu diesem Thema verbitten. Offensichtlich identifizieren sich sowohl Jugendliche als auch Erwachsene sehr stark mit ihrer persönlichen Art, den Tag zu gestalten – und auch mit ihrem Mangel an Planung und ihrem Bedürfnis, unangenehme oder anstrengende Arbeiten aufzuschieben. Das Problem der »fehlenden Zeit« ist so verbreitet und so allgemein, daß sich geradezu die Frage aufdrängt, welche Funktion es erfüllt. Die Klage darüber, keine Zeit zu haben und zu diesem oder jenem »nicht mehr gekommen zu sein«, gehört – zumindest in unseren Breiten – zum guten Ton. Ratschlägen zur besseren Einteilung werden dagegen oft Widerstände entgegengebracht – es scheint, daß die meisten Menschen aus ihrem Zeitmangel eine gewisse Befriedigung und eine Bestätigung der eigenen Wichtigkeit ableiten. Wahrscheinlich gibt der Zeitmangel vielen Menschen das Gefühl, gebraucht zu werden; sie nehmen oft deshalb mehr Arbeiten in Angriff, als sie erledigen können, um das Risiko klein zu halten, plötzlich nichts zu tun und Zeit zum Nachdenken zu haben (vgl. auch R. Schräder-Naef, 1993a).

Die meisten Menschen träumen von freien, unverplanten Tagen, an denen spontan alle die lange beiseite geschobenen Bedürfnisse befriedigt werden können. Sie weigern sich jedoch, eine Entscheidung zu treffen, weil damit immer auch ein Verzicht auf andere Möglichkeiten verbunden ist. Die Verweigerung der Planung führt jedoch nicht zu Freiheit und bewußtem Erleben und meist auch nicht zu vermehrten Gelegenheiten zur Selbstverwirklichung, sondern vielmehr zu einem Verlust an eigenen Gestaltungsmöglichkeiten: Wer keine eigenen Entscheidungen trifft, reagiert nur auf die Erfordernisse von außen, während die eigenen Bedürfnisse unberücksichtigt bleiben.

Lernen braucht Zeit. Wenn der Tag total verplant ist, bleibt wenig übrig. Sinnvoller wäre die Konzentration auf das, was den Kindern und Jugendlichen wirklich wichtig ist; sie müssen lernen, sich zu entscheiden, ihre Zeit einzuteilen. Dies können sie aber nur, wenn sie über ihre Zeit verfügen dürfen. Sowohl die Lehrerinnen und Lehrer als auch die Eltern müssen die Heranwachsenden dabei unterstützen, indem sie nicht selbst die Planung und Kontrolle übernehmen, sondern die Kinder auch in Ruhe lernen lassen, Respekt für ihre Zeit aufbringen und sie nicht nach Belieben stören.

Wenn auf das viele Jugendliche und Erwachsene belastende Zeitproblem eingegangen wird, müssen diese Zusammenhänge berücksichtigt werden. Es ist relativ einfach, Hinweise zur sinnvollen Zeiteinteilung zu geben, aber viel schwieriger, die verbreitete Abneigung gegen eine bessere Planung abzubauen.

Bei den Zeitproblemen der Lernenden (wie auch der Arbeitenden im allgemeinen) lassen sich Schwierigkeiten bei der langfristigen Einteilung einerseits, bei der Tagesgestaltung andererseits unterscheiden.

– Die Unfähigkeit, langfristig zu planen, äußert sich darin, daß Termine nicht oder nur durch Einschalten von »Sonderschichten« eingehalten werden können. Obwohl beispielsweise ein Prüfungstag oder die Frist zur Abgabe einer Semesterarbeit lange vorher bekannt ist, setzt für viele Schülerinnen und Schüler in den letzten Tagen und Wochen eine hektische Aktivität ein. Entweder haben sie vorher allzulange den Gedanken an das bevorstehende Ereignis verdrängt oder die dafür aufzuwendende Zeit stark unterschätzt. Der Versuch, allzuviel in die letzten Tage hineinzupacken, vergrößert aber im allgemeinen den Aufwand und die einzusetzende Energie beträchtlich.
Viele Lernende betreiben eine »Saunaplanung«. In einem Wechselbad von Heiß und Kalt lassen sie sich eine Weile treiben, gönnen sich viel Zeit für Hobbys, Sport und Geselligkeit, um dann plötzlich, von guten Vorsätzen gepackt, wilde und unrealistische Lernanläufe zu nehmen. Während einiger Tage oder Wochen (je nach Intensität des Vorsatzes) wird nur noch gelernt und alles andere abgesagt. Da solche Gewalteinsätze (z.B. ein Tagespensum von zehn Stunden und mehr) und krampfhafte Lernanläufe – wie die Lernpsychologie zeigt – meist nicht sehr erfolgreich sind, brechen diese Lernenden sie nach einiger Zeit entmutigt ab und verfallen wieder in das andere Extrem.
– Bei der Tagesgestaltung kämpfen viele Lernende vor allem mit der »Tücke des Anfangens«. Sie nehmen sich zwar vor, sich zu einer bestimmten Zeit an den Schreibtisch zu setzen, können sich dann aber von irgendeiner Unterhaltung doch nicht losreißen, lassen sich immer neue Dinge einfallen, um die Arbeit noch ein wenig aufzuschieben – und ärgern sich schließlich über die kurze noch verbleibende Zeit, die ihnen für die Lernaufgabe zur Verfügung steht.
– Innerhalb der einzelnen Lernperioden können sich viele nicht entscheiden, welche Aufgaben denn nun vordringlich sind. Sie beginnen mehrere Arbeiten, die sie jedoch bald wieder zugunsten einer anderen unterbrechen.
– Unser Zeitempfinden ist unzuverlässig und von vielen Faktoren abhängig. Je interessanter und vielseitiger die Tätigkeit ist, desto schneller verfliegt für uns die Zeit, während ereignislose Stunden und Tage als sehr lange empfunden werden. Im Rückblick verhält es sich dagegen umgekehrt: Viele Wochen der Alltagsroutine schrumpfen im Gedächtnis zusammen, wenige ereignisreiche Ferientage nehmen einen großen Raum ein. Diese Mechanismen sind dafür verantwortlich, daß wir uns über unseren Tagesablauf und die für eine bestimmte Arbeit erforderliche Zeit täuschen.

Bei der Diskussion dieser Probleme in einem Arbeitstechnikkurs empfiehlt es sich, die Themen Motivation (3., S. 53), Lernpsychologie (4., S. 64) und physiologische Voraussetzungen (9., S. 121) vorher zu behandeln, da eine vernünftige Zeitplanung die Kenntnis dieser Gesetzmäßigkeiten erfordert. Die Schülerinnen und Schüler können dann weitgehend selbständig die praktische Umsetzung überlegen.

Eine sinnvolle Zeiteinteilung beginnt mit dem *Klarwerden über die eigenen Bedürfnisse*. Man überlegt, welche Aufgaben an einen gestellt werden und welche Etappen zu diesen Zielen führen. Für Jugendliche können diese Ziele beispielsweise lauten: das Gymnasium erfolgreich abschließen, gesund bleiben, musizieren, Zeit für Kontakte mit Freunden haben. Jedes dieser Ziele läßt sich in Teilziele gliedern: Zum erfolgreichen Abschluß gehören ausreichende Zensuren. Die Lernenden überlegen sich somit, in welchen Fächern sie sich verbessern müssen, welche Prüfungen und Aufgaben bewältigt werden müssen; die Gesundheit erfordert ausreichenden Schlaf, vernünftige Ernährung, Zeit für Bewegung an der frischen Luft usw. Zeigt die Analyse, daß man sich mehr vorgenommen hat, als zu bewältigen ist, müssen *Prioritäten* gesetzt werden und muß entschieden werden, welche Ziele im Vordergrund stehen und welche aufgeschoben werden können.

Wenn Schülerinnen und Schüler lernen sollen, ihre Zeit längerfristig zu planen, müssen sie auch in der Schule dazu Gelegenheit erhalten. Wenn die Lehrer nur kurzfristige Aufgaben erteilen, wenn nur sie wissen, welche Unterrichtsziele sie anstreben, bleibt den Lernenden nichts anderes übrig, als sich von Tag zu Tag auf die kleinen verabreichten »Bissen« einzustellen. Neben den Hinweisen zur Zeiteinteilung in einem Arbeitstechnikkurs müssen deshalb im sonstigen Unterricht immer wieder langfristige Aufgaben gegeben werden (vgl. III. Teil, S. 190).

Eine realistische längerfristige Planung setzt die Kenntnis von Erfahrungswerten voraus: Die Lernenden müssen ungefähr abschätzen können, wieviel Zeit eine Stoffsammlung für einen Vortrag erfordert, und wissen, wie lange sie zur Einarbeitung in ein Gebiet eines bestimmten Umfanges etwa benötigen. Im allgemeinen werden solche Zeiten zu gering angesetzt. Ein wichtiges Instrument zur weiteren Planung ist deshalb die Führung von Tages- und Aufgabenrapporten über eine bestimmte Zeit.

In den *Tagesrapporten* wird festgehalten, wie die 24 Stunden des Tages verwendet wurden. Am besten wird laufend notiert, was man gerade getan hat. Die Werte werden sodann zu Kategorien zusammengefaßt (z.B. Schlafen, Essen, Sport und Bewegung, Schule, Fahrzeit, Lernen, Fernsehen usw.) und nach einer Woche Durchschnittswerte errechnet. Sie zeigen zunächst, wieviel Zeit für notwendige Tätigkeiten aufgewendet wird, wieviel zur eigenen Planung zur Verfügung steht, und können Ansatzpunkte für eine kritische Analyse sein: Die vorher formulierten Ziele werden der Realität gegenübergestellt. In den *Aufgabenrapporten* wird festgehalten, welche Aufgaben in welcher Zeit bewältigt wurden (z.B. »in der Bibliothek Bücher zum Thema X suchen, Bestellzettel ausfüllen und auf Auslieferung warten: 2 Stunden«, »erste Disposition für den Vortrag erstellen: $3^1/_2$ Stunden«). Diese Informationen können bei der späteren Planung als Richtwerte dienen.

Stellen Jugendliche *Etappenziele* für die kommende Woche, den kommenden Monat oder das ganze Semester auf, sollten sie nach Ablauf dieser Frist stets kontrollieren, ob diese erreicht wurden. Ist dies der Fall, dient ihnen diese Gewißheit als Erfolgsbestätigung, die sie zur weiteren Planung ermutigt. Haben die Jugendlichen dagegen nicht alle Ziele erreicht (und dieser Fall wird zumindest am Anfang der häufigere sein), müssen sie den Ursachen nachgehen: Habe ich meine Lernkapazität, die zur Verfügung stehende Zeit über- oder die für die Erreichung der Ziele erforderliche Zeit unterschätzt, sind unvorhergesehene Dinge dazwischengekommen, haben andere Tätigkeiten mich zu stark in Anspruch genommen? (Hier müßte kontrolliert werden, ob sich die Prioritäten insgesamt verschoben haben.) Aufgrund der neuen Erfahrungswerte und mit Einplanung einer ausreichenden Reserve werden dann die neuen Ziele festgelegt.

In Zeiten besonderer Belastung empfiehlt sich das Aufstellen detaillierter Wochenpläne: Von der Stunde des Aufstehens bis zum Schlafengehen wird festgehalten, wie die Zeit verwendet werden soll. Zuerst müssen natürlich die unveränderlichen Zeiten (Schulstunden, Wegzeiten) eingetragen werden. Daneben wird eingetragen, wann für welches Fach gelernt werden soll (wobei natürlich flexibel vorgegangen werden muß, wenn der Plan für mehrere Wochen Gültigkeit haben soll; die Eintragungen für einen Schüler lauten dann beispielsweise »Lernen für eine kommende Prüfung«, »Lernen für ein Fach mit aktuellen Problemen«, »Überarbeiten der Notizen des Tages«), welche Zeit für Sport, Musizieren oder für Hausarbeiten vorgesehen ist und welche als Reserve für Unvorhergesehenes zur Verfügung steht. Daneben muß natürlich auch noch genügend Zeit zur freien Verwendung, zum Ausruhen, zum Kontakt mit Freunden oder für ein Hobby übrigbleiben.

Die Vorteile eines solchen Planes liegen darin, daß auch größere Arbeitsbelastungen bewältigt werden können, ohne daß die Schülerin oder der Schüler einen unübersehbaren Berg vor sich hat. Wenn sie wissen, daß sie für alle anfallenden Aufgaben Zeit eingeplant haben und daneben auch noch dazu kommen, ihren sonstigen Bedürfnissen nachzugehen, werden sie sich nicht in eine Hektik hineintreiben lassen. Selbst wenn sie mehrere Abende in der Woche arbeiten müssen, können sie weiterhin Verabredungen mit Freunden treffen, weil sie die Freizeit klar abgegrenzt haben.

Das häufigste Argument gegen eine derartige Detailplanung lautet, daß wir durch die täglichen Aufgaben und Terminpläne schon zu stark eingezwängt seien und uns nicht die freie Zeit noch selbst »verreglementieren« wollen. Bei einer großen Arbeitsbelastung bleibt aber ohne Stundenplan kaum Zeit zur eigenen Gestaltung, wir werden vielmehr vom unbewältigten Aufgabenberg zu ständiger Aktivität getrieben und können weder Verabredungen treffen noch ein Hobby ruhigen Gewissens pflegen.

Im »Normalfall« der Jugendlichen sind derart detaillierte Stundenpläne allerdings nicht erforderlich. Aus obigen Gründen empfiehlt sich für sie (und vor allem für die Studierenden, die weit freier über ihre Tage verfügen können) jedoch zumindest eine *Unterteilung der Woche in Arbeits- und Freizeit.* Sie können sich beispielsweise grundsätzlich zwei Abende in der Woche sowie den ganzen Sonntag freihalten und bestimmte andere Zeiten eisern als Lernzeiten festlegen (und sich dann natürlich auch daran halten). Mit Vorteil wählen sie für diese zweite Kategorie Stunden, in denen sie erfahrungsgemäß besonders leistungsfähig sind und keine Interessenkonflikte befürchten müssen (also beispielsweise nicht den einzigen freien Nachmittag der Freundin oder den Abend, an dem immer die spannenden Fußballspiele stattfinden). Daneben werden noch Zeiten abgegrenzt, an denen sie »nach Bedarf« arbeiten. Sie können dafür zwar keine längerfristigen Verabredungen treffen, müssen aber nur arbeiten, wenn dies die Umstände erfordern.

Wie sicher jeder aus eigener Erfahrung bestätigen kann, ist eine Planung auch erforderlich, wenn *genügend* Zeit für die zu bewältigende Aufgabe zur Verfügung steht (wenn z.B. während längerer Ferien ein Buch durchgearbeitet oder in einem halben Jahr eine Arbeit abgegeben werden muß): Wenn wir nicht von Anfang an festlegen, zu welchen Zeiten wir uns dieser Aufgabe widmen wollen, schieben wir sie immer schlechten Gewissens vor uns hin, können nie unbelastet die Freizeit genießen und kommen zum Schluß doch noch in Terminnot.

Bei der Planung der laufend zu erledigenden Arbeiten empfiehlt sich eine systematische Kontrolle. Eine einfache Eintragung der einzuhaltenden Fristen in einen Kalender hat den Nachteil, daß längerfristige Aufgaben leicht vergessen oder zu lange hinausgeschoben werden. Die Jugendlichen müssen deshalb lernen, diese Aufgaben selbst in Teilschritte aufzugliedern und dafür Zwischenfristen zu setzen.

Oft bewährt sich die Führung von zwei verschiedenen Listen oder Unterbringung in zwei verschiedene Mäppchen, in die einerseits die »baldmöglichst zu erledigenden« Aufgaben, andererseits die »gelegentlich in Angriff zu nehmenden« eingetragen werden. Während die »baldmöglichst«-Liste Ausgangspunkt der täglichen Planung ist, sollte die »gelegentlich«-Liste mindestens einmal wöchentlich überprüft und die fällig werdenden Arbeiten übertragen werden.

Diese verschiedenen Planungsmethoden mögen den Lernenden im ersten Augenblick sehr kompliziert und aufwendig erscheinen, dienen aber alle der Zeitersparnis. Es sind dazu auch keine kostspieligen Materialien oder zeitraubenden Vorbereitungen erforderlich – für viele reichen ein »schwarzes Brett«, an das die verschiedenen Notizzettel geheftet werden, oder zwei Klarsichtmäppchen auf dem Schreibtisch, die die erwähnten Listen aufnehmen, durchaus aus. Betont werden muß dazu auch immer wieder, daß es nicht darum geht, allen Lernenden ein bestimmtes System aufzuzwingen, sondern sie dazu zu bringen, ihre Zeit selbständig zu planen.

11.2 Lernziele

- Die Schülerinnen und Schüler sehen die Planung der Zeit nicht als eine Einschränkung ihrer Freiheit an, sondern als Mittel, die eigenen Ziele mit den eigenen Möglichkeiten am besten zu erreichen.
- Sie kennen ihre eigenen Probleme bei der lang- und kurzfristigen Zeiteinteilung.

- Sie kennen ihre eigenen Bedürfnisse und Ziele und setzen auf dieser Grundlage Teilziele und Arbeitsschritte fest (vgl. auch 3.2, S. 57).
- Sie richten ihre langfristige Zeitplanung nach diesen Teilzielen und vermeiden damit Terminschwierigkeiten und Stoßzeiten.
- Sie unterscheiden bei der Wochenplanung zwischen Arbeits- und Freizeit.
- Sie setzen die eigene Zeit bewußt ein und gehen dabei von den eigenen Bedürfnissen aus.

11.3 Methoden und Unterlagen

Wie bereits erwähnt, ist die Zeiteinteilung zwar für die meisten Lernenden ein akutes Problem, seine Bewältigung aber auch von Widerständen begleitet. Gerade bei diesem Thema ist es deshalb besonders wichtig, daß im Arbeitstechnikkurs nicht doziert und gepredigt, sondern auf Diskussionen aufgebaut wird.

Nachdem die Kapitel Lernpsychologie, Motivation und physiologische Gegebenheiten behandelt worden sind, können beispielsweise die Schülerinnen und Schüler gruppenweise die Schlußfolgerungen im Hinblick auf die Zeitplanung zusammentragen.

Wenn die Jugendlichen bereits mit Debattiertechniken vertraut sind, läßt sich auch ein eigentliches *Streitgespräch pro und contra Zeitplanung* durchführen: Für jede Seite wird ein Anwalt und eventuell ein Sekundant bestellt, die ihre Argumente vortragen; die Gruppe nimmt vor und nach den Plädoyers, die durch Diskussionen und »Kreuzfeuer« ergänzt werden, zum Problem Stellung.

Als Einstieg kann man die Schülerinnen und Schüler in vier Gruppen teilen und sie auffordern, ihre Uhren auszuziehen und aus dem Blickfeld zu entfernen. Jede Gruppe erhält eine andere Beschäftigung: Eine kann in einem unterhaltsamen Buch lesen, eine zweite eine anspruchsvolle Aufgabe (z.B. Denksportaufgabe) lösen, die dritte erhält eine monotone, aber Konzentration erfordernde Arbeit (z.B. Rechenaufgaben, Blatt 10.2), während die vierte Gruppe nur ruhig sitzen und nichts tun soll. Der Lehrer gibt ein Startzeichen und fordert die Schülerinnen und Schüler nach einer bestimmten Zeit (z.B. drei Minuten) auf zu schätzen, wieviel Zeit verstrichen ist. Dann wechseln die Gruppen ihre Tätigkeit und schätzen erneut die verstrichene Zeit. Die Schätzungen werden im allgemeinen sehr stark voneinander abweichen. Vor allem die Gruppe ohne Beschäftigung neigt dazu, die Zeit stark zu überschätzen.

Diese Ergebnisse können Anlaß zu einer Diskussion über das Zeitempfinden und die sich daraus ergebenden Folgerungen für unsere Planung sein: Wissen wir, wieviel Zeit wir für bestimmte Aufgaben benötigen, können wir aufgrund unserer Schätzungen sinnvoll planen? Wenn unser Zeitempfinden so ungenau ist, könnte das Führen von Tagesrapporten objektivere Zahlen liefern.

Zu diesem Zweck dienen die Formulare 11.1. Es empfiehlt sich, während mindestens einer Woche Buch über die Verwendung der Zeit zu führen. Auf jeweils eine Viertelstunde genau wird täglich notiert, wie die 24 Stunden verbracht wurden: In die erste Kolonne wird die Uhrzeit eingetragen, zu der die betreffende Tätigkeit endete, in die zweite Kolonne eine kurze Beschreibung der Tätigkeit, in die letzte die Dauer in Stunden:

Beispiel:

bis um	Tätigkeit	Dauer
7.00	Schlafen	$8\,^1/_2$
7.30	Morgentoilette	$^1/_2$
7.45	Frühstück	$^1/_4$
	usw.	

Für jeden Tag werden sodann die einzelnen Tätigkeiten zu Gruppen (Essen, Schlafen, Hausarbeiten usw.) zusammengefaßt und die dafür aufgewendete Zeit in das Formular 11.2 eingetragen. Am Ende der Woche werden die Wochensummen für jede Tätigkeitskategorie und der Tagesdurchschnitt errechnet und wird überlegt, ob Änderungen notwendig sind. Insbesondere drängen sich dabei folgende Fragen auf:

— Entspricht diese Verwendung der Zeit meinen Zielen und Bedürfnissen?
— Gibt es Tätigkeitskategorien, die unverhältnismäßig viel Zeit in Anspruch nehmen?
— Kommt eine wichtige Tätigkeit zu kurz? Schlafe ich genug? Sollte ich mir mehr Zeit schaffen für Sport und Bewegung?
— Gibt es in meinen Tagesabläufen leere oder verschwendete Stunden?
— Welche Maßnahmen will ich ergreifen, welche Änderungen durchführen?

Als Beispiel sowie als Ausgangspunkt von gemeinsamen Diskussionen zum Thema Zeiteinteilung können die auf Blatt 11.3 zusammengestellten Zahlen dienen.

Erstellen von Stundenplänen

In besonderen Drucksituationen (z.B. vor großen Prüfungen, wenn Lernende ständig mit ihren Arbeiten im Rückstand sind, wenn sie zusätzlichen Belastungen ausgesetzt sind) kann es sinnvoll sein, die Zeit genau zu planen und im voraus festzulegen, welche Stunden für welche Tätigkeit verwendet werden.
Das Vorgehen kann anhand der Stundenpläne der betreffenden Jugendlichen oder – wenn die Kursteilnehmer beispielsweise aus verschiedenen Klassen kommen – mit fiktiven Beispielen eingeübt werden. Die Aufgabe wird am besten in Gruppen bearbeitet. Den Lernenden wird folgendes Vorgehen empfohlen:

— Zuerst werden die festen Stunden wie Schule, Kurse und Fahrzeiten eingetragen.
— Dann folgen Schlaf- und Essenszeiten. Dafür sollte genügend Zeit reserviert

werden. Um in entspannter Atmosphäre essen zu können, sollte für die Haupt-
mahlzeit etwa eine Stunde vorgesehen werden.

- Die verbleibende Zeit wird zuerst grob in Arbeitszeit und in Freizeit eingeteilt:
Die Stunden, die für die Arbeit reserviert werden, können beispielsweise mit
dem Bleistift leicht schraffiert werden.

- Die als Arbeitszeit reservierten Stunden werden sodann einzelnen Aufgaben
und Fächern zugewiesen. Schwierige Fächer sollten möglichst zu Zeiten der optimalen Leistungsfähigkeit bearbeitet werden. Bei Fächern, in denen die Schüler
selbst Notizen erstellen, sollte für den gleichen Tag Zeit für die Überarbeitung
vorgesehen werden.

- Es ist besser, für ein Fach mehrere Lernetappen an verschiedenen Tagen zu planen, als an einem Tag mehrere Stunden hintereinander dafür vorzusehen (eine
Ausnahme ergibt sich natürlich, wenn beispielsweise ein Aufsatz oder eine größere Arbeit geschrieben werden muß).

- Im Stundenplan sollten auch einige Stunden für Unvorhergesehenes, für Stoßzeiten oder für einmalige Arbeiten reserviert werden.

Zeitrapport

Wochentag: Datum:

bis um	Tätigkeit	Dauer

Zusammenfassung der Tagesrapporte

Tagesrapporte geführt vom _____ bis _____

Tätigkeit	Montag	Dienstag	Mittwoch	Donnerstag	Freitag	Samstag	Sonntag	Wochensumme	Tagesdurchschnitt	Bemerkungen, Änderungen
Schlaf										
Essen										
Schule										
Fahrzeit										
Hausaufgaben										
Club/Verein										
Geselligkeit mit Freunden										
Sport/Bewegung										
Hausarbeiten										
andere notw. Tätigkeiten										
Hobby und Entspannung										
Musikinstrument spielen										
Radio, Platten hören										
Fernsehen										
Lesen										
Anderes										
Total										

Beispiel eines Wochenrapportes

(Zusammenfassung von 7 Tagesrapporten)

Tätigkeit	Wochensumme	Tagesdurch-schnitt	Bemerkungen
Schlaf	50,4	7,2	_____
Essen	7,0	1,0	_____
Schule	35,0	5,0	_____
Aufgaben	6,3	0,9	_____
Club/Verein	0,0	0,0	_____
Geselligkeit mit Freunden	10,5	1,5	_____
Sport/Bewegung	0,7	0,1	_____
Fahrzeit	14,7	2,1	_____
Hausarbeiten	8,4	1,2	_____
andere notw. Tätigkeiten	7,7	1,1	_____
Hobby und Entspannung	1,4	0,2	_____
Fernsehen	14,7	2,1	_____
Radio, Schallplatten hören	2,8	0,4	_____
Musikinstrument spielen	2,8	0,4	_____
Lesen	3,5	0,5	_____
Anderes	2,1	0,3	_____
Total	168,0	24,0	_____

Überlegen Sie zu dieser Aufstellung:
– Ist diese Verteilung der Zeit sinnvoll?
– Würde sie Ihren Bedürfnissen und Zielen entsprechen?
– Gibt es Tätigkeitskategorien, die unverhältnismäßig viel Zeit in Anspruch nehmen?
– Kommt eine wichtige Tätigkeit zu kurz?
– Welche Änderungen sind zu empfehlen?

12. Informationsbeschaffung

12.1 Einführung

Für die selbständige Arbeit allein ebenso wie in Gruppen müssen die Jugendlichen lernen, Quellen und Hilfsmittel zu benützen. Dies betrifft einerseis den Umgang mit Nachschlagewerken, die Interpretation von Tabellen, Statistiken, Karten oder graphischen Darstellungen, andererseits die gezielte Benützung verschiedener Quellen, vor allem Bibliotheken, Datenbanken und Computer-Netzwerken.

Die individuellen Kenntnisse vom Umgang mit *Bibliotheken* variieren bei den Schülerinnen und Schülern sehr stark: Während die einen schon in der Primarschule eifrige »Lesekunden« sind und später fast automatisch zur systematischen Büchersuche übergehen, stehen andere diesen Einrichtungen mit Mißtrauen oder gewissen Hemmungen gegenüber (einen großen Einfluß übt dabei natürlich das Elternhaus aus).

In einem Arbeitstechnikkurs sollte dieses Thema vor allem mit den jüngsten Schülern eingehend erörtert und erklärt werden, wie man im Autorenverzeichnis ein bestimmtes Buch oder im Schlagwortverzeichnis einen Überblick über verschiedene zu einem gegebenen Thema vorhandene Werke findet.

Für die meisten Lernenden sind – angesichts der großen Zahl bestehender Büchereien – mehrere Bibliotheken erreichbar und benützbar. Da diese meist unterschiedliche Systematiken verwenden, kann allgemein nur ein Überblick über mögliche Ordnungssysteme (z.B. Dezimalklassifikation, Schlagwortkatalog, Thesaurus) gegeben und den Schülern empfohlen werden, verschiedene Bibliotheken zu prüfen und sich hinsichtlich des verwendeten Ordnungssystems und der Ausleihbedingungen an Ort und Stelle zu erkundigen.

Auch in den Bibliotheken halten immer mehr technische Hilfsmittel Einzug. Manche Kataloge stehen als Mikrofiches zur Verfügung und werden mit entsprechenden Lesegeräten benutzt. Große Bibliotheken gehen auch zur EDV-gestützten Büchersuche über: Der Suchwunsch wird in den Computer eingetippt, die bibliographischen Daten sind vom Bildschirm ablesbar; auch die Bestellung bzw. Ausleihe der Bücher erfolgt zunehmend über EDV.

Eine systematische, möglichst vollständige Übersicht über die Literatur zu einer bestimmten Fragestellung kann über eine Anfrage an Informations- und Dokumentationsstellen oder über Datenbankabfragen erfolgen. Literaturdatenbanken speichern die Informationen aus Fachartikeln und Büchern zu einem bestimmten Gebiet möglichst vollständig; zugänglich sind die Informationen über ein eigenes Terminal oder über einen Informationsvermittler (R. Schräder-Naef, 1993b).

Gleichzeitig sollten die Jugendlichen darüber informiert werden, welche Dienste eine Bibliothek in der Regel neben der Bücherausleihe noch anbietet: vor allem die Benützung des Lesesaals, in dem nicht gesprochen werden darf und der sich deshalb auch zur Erledigung von Arbeiten eignet, die besondere Konzentration erfordern (vgl. S. 125), außerdem Fachzeitschriften und Nachschlagewerke, die an Ort und Stelle durchgesehen werden können, Bibliographien, Referatezeitschriften, Listen von Neuerscheinungen.

Multimedia: Metaanalysen und Einzeluntersuchungen belegen, daß Multimedia über beträchtliche Potentiale zur Verbesserung der Lernleistung verfügen. Dennoch hat die Mehrzahl der heutigen Multimediaanwendungen nur wenige oder keine positiven Auswirkungen auf die Lernleistung. Die Lernwirksamkeit von Multimedia wird durch eine Reihe innerer und äußerer Bedingungen beeinflußt. Dazu gehören Vorwissen, Lernstrategien und Lernmotivation, Art und Inhalt der Medien sowie deren Kombination, curriculare Einbindung der Bildungsmaßnahme sowie die Art des Arbeitens. Es kann daher keine einfache Patentlösung für den effektiven Multimediaeinsatz geben.

Für die betriebliche Weiterbildung wie auch für Schulen werden Lern- und Übeprogramme oder CBT-Courseware (W. van Lück, 1993) angeboten. Die meisten dieser Programme, häufig auch diejenigen, die sich Multimedia oder Hypermedia nennen, basieren allerdings auf der behavioristischen Lehr- und Lerntheorie. Die Lernenden konsumieren vor dem Gerät vorgegebene, teilweise alternative Lernwege. Der Ablauf entspricht weitgehend dem programmierten Unterricht: Es wird ein Inhalt dargeboten, die Lernenden antworten auf Fragen und werden bei richtigen Antworten gelobt, während bei falschen Antworten der Inhalt nochmals dargeboten wird. Diese Lernform führt zweifellos zu gewissen Erfolgen, besonders beim kurzfristigen Behalten. Im Gegensatz zu Lernprogrammen ist bei Informationssystemen und komplexen hypermedialen Lernumgebungen der Lernweg nicht vorgegeben. *Hypermediaarbeitsumgebungen* sind Datenbestände, die Wort, Graphik, Bild, Ton und Bewegtbild enthalten (Modellversuch LSW Soest). Die einzelnen Elemente sind dabei nicht sequentiell angeordnet, sondern in vielfältiger Weise miteinander vernetzt. Eine Hypermediaarbeitsumgebung besteht aus einer themenbezogenen Hypermediadatenbank, selbstanlegbaren Arbeitsmappen und aus Werkzeugen zum Lernen und Üben. In der Datenbank sind Dokumente als kleinste Ganzheiten abgelegt, und zwar in Form sorgfältig ausgewählter, angeordneter und gestalteter Texte, Graphiken, farbiger Bilder, Bild- und Tonfolgen oder Kombinationen davon.

Hypermediaarbeitsumgebungen unterstützen ein aktives, konstruierendes, selbstbestimmtes und auch Spaß machendes Lernen in komplexen Sinn- und Sachzusammenhängen. Damit die Lernenden nicht ziellos in den Datenbeständen herumklicken, sind Frage- und Problemstellungen nötig. Diese sind im Gespräch mit der Klasse oder unter den Schülerinnen und Schülern zu erarbeiten, so wie auch die Resultate der Informationssuche diskutiert und bewertet werden müssen.

Die *Telekommunikation* bietet eine Fülle an pädagogischen Möglichkeiten, die es zu nutzen gilt. Vor allem die Kontakte mit Jugendlichen in aller Welt können neben neuen Fremdsprachenkenntnissen auch zu einer Horizonterweiterung beitragen. Ein Computer, ein Modem und eine Telefonleitung genügen, um vom Schulzimmer auf die vielzitierte »Datenautobahn« zu gelangen.

Internet: Internet ist das größte Computernetzwerk der Welt. Das riesige Potential an Daten und Informationen wird größtenteils kostenlos zur Verfügung gestellt. Der Ursprung von Internet liegt in den USA, wo bereits in den späten 60er Jahren mit staatlicher Unterstützung mit Experimenten zur Vernetzung von Computern begonnen wurde.

Diese Vernetzung ermöglicht die Nutzung aller im Netz vorhandenen Ressourcen unabhängig vom jeweiligen Standort.

Mitte der 80er Jahre begann auch die amerikanische National Science Foundation (NSF) Interesse am Internet zu zeigen, um den Wissenschaftlern und Wissenschaftlerinnen aller amerikanischen Universitäten den Zugang zum Netz zu ermöglichen.

Bis vor kurzem diente das Internet hauptsächlich zum Austausch elektronischer Nachrichten (E-Mail), dem interaktiven Zugriff auf entfernte Rechner und der Übermittlung von Daten, Texten und Artikeln. Das Netz erlaubt, daß Wissenschaftler in den verschiedenen Kontinenten zeitversetzt an ein und demselben Problem arbeiten. In jüngster Zeit ist die Nutzung des Internet geradezu explosionsartig gestiegen. Mit Hilfe der Verzeichnisdienste können Informationen über Personen oder Institutionen (Anschrift, Telefonnummer, E-Mailadresse o.ä.) beschafft werden. Neue Informationssysteme und komfortable grafische Oberflächen erlauben den bequemen direkten Zugriff auf angebotene Informationen in der ganzen Welt. Das Internet ist damit zu einem Informationsraum geworden. Texte und Bilder, aber auch Ton und (kurze) Filme können abgerufen werden.

1994 waren etwa 2 Mio. Rechner in über 30 000 Netzen am Internet angeschlossen, davon in Deutschland etwa 100 000 Rechner. Dies entspricht einer Wachstumsrate von 45% in einem Jahr. Die Nutzer lassen sich grob in drei Gruppen unterteilen:
– Angehörige von Hochschulen und Forschungseinrichtungen
– Wirtschaftsunternehmen
– Privatpersonen.

In Deutschland gibt es für die jeweiligen Gruppen Diensteanbieter (service provider), die den Zugang zum Internet anbieten.

12.2 Lernziele

– Die Schülerinnen und Schüler kennen verschiedene Hilfsmittel zur Beschaffung von Informationen und wissen, wie sie zu verwenden sind.
– Sie wissen, welche Bibliotheken von ihnen benützt werden können, welche Dienste sie bieten und wie man sich in ihnen zurechtfindet.
– Sie haben Informatik-Anwenderkenntnisse und können mit Hypermedia-Arbeitsumgebungen umgehen und in Datenbanken nach Informationen suchen.

12.3 Methoden und Unterlagen

Mit den jüngsten Schülerinnen und Schülern empfiehlt es sich, gezielte Übungen zur Benützung der verschiedenen erwähnten Hilfsmittel durchzuführen. Es werden, z.b. in Zusammenhang mit einem anderen Kapitel der Arbeitstechnik, verschiedene Fragen aufgeworfen (z.B.: Wieviel Stunden Schlaf brauchen Zwölfjährige, wie ernährt man sich richtig?), und mit Hilfe von Tabellen und Nachschlagewerken wird versucht, diese zu beantworten.

Vor einem zu empfehlenden gemeinsamen Besuch in der Bibliothek notieren sich die Kinder ebenfalls Themen, über die sie Bücher finden wollen.

Bei den älteren Lernenden genügt es im allgemeinen, für ihre Gruppen- und Einzelarbeiten die verschiedenen Hilfsmittel bereitzulegen oder zur Verfügung zu stellen. Die Benützung von Bibliotheken wird bei der Vorbereitung größerer Arbeiten (vgl. Kapitel 14, S. 151) geübt.

Der Umgang mit neuen Medien, Computern, Datenbanken und Hypermedia-Arbeitsumgebungen kann kaum im Rahmen eines allgemeinen Kurses über Lernmethoden und -strategien geübt werden. Es gibt dazu jedoch eine Vielzahl von Einsatzmöglichkeiten in der Schule.

13. Informationsspeicherung und Ordnungssysteme

13.1 Einführung

Viele geistig Tätige sind ihr Leben lang stolz auf ihre »schöpferische Unordnung«. Daß mit einer planlosen Anhäufung von Informationen und Unterlagen auch sehr viele Doppelspurigkeiten (Angaben, die nicht mehr gefunden werden können, müssen erneut beschafft werden) und Zeitverlust verbunden sind, kümmert sie wenig.

Andere stoßen mehr zufällig (beispielsweise weil der neue Schreibtisch mit einer Hängeregistratur ausgestattet ist oder weil sie eine bestimmte Systematik von einem Vorgänger übernehmen) auf ein Ordnungssystem, das sie sich dann ungeprüft aneignen.

Das Ordnen des Wissens ist aber ein wichtiger Bestandteil des Erwerbs. Wenn nicht nur Einzelfakten »schubladisiert« werden sollen, ist die Einordnung in größere Zusammenhänge und die Sicherstellung eines leichten Zugriffes von großer Bedeutung.

Im Rahmen eines Arbeitstechnikkurses sollten die Schülerinnen und Schüler mit einer Reihe von Ordnungssystemen vertraut gemacht werden, so daß sie die Möglichkeit haben zu entscheiden, welches ihren eigenen Bedürfnissen entspricht.

Bereits die jüngsten Lernenden können sich die Übersicht über ihre Unterlagen erleichtern, wenn sie Bücher und Hefte zum gleichen Fach am gleichen Ort aufbewahren, gleich einbinden oder mit gleichfarbigen Etiketten beschriften. Werden weitere Unterlagen (Broschüren, Zeitungsausschnitte, Fotos, Zeichnungen usw.) gesammelt, dienen große Briefumschläge der ersten Grobsortierung. Zur laufenden Einordnung neuer Unterlagen eignen sich Schubladen, Schachteln oder eventuell (im Handel erhältliche) übereinanderklappbare Einzelboxen, die beispielsweise mit den Aufschriften »sofort zu erledigen/gelegentlich bearbeiten/lesen/ablegen« beklebt sind.

Sehr vielseitig verwendbar sind *Karteien*. Wo immer Informationen aus verschiedenen Quellen oder zu verschiedenen Zeiten zusammengetragen werden, über die man einen ständigen Überblick und einen leichten Zugriff behalten will, leisten Karteikarten die besten Dienste. Die Lernenden können beispielsweise ihr »Lernspiel« vor Prüfungen in dieser Weise ordnen (vgl. S. 162f.) und vor allem bei der Informationssuche für größere Arbeiten davon profitieren (vgl. Kapitel 14, S. 152). Die recht zeitraubende Literatursuche und -auswertung dient auf diese Weise auch längerfristigen Zwecken. Für viele lohnt es sich, schon während der Schulzeit (und vor allem natürlich während des Studiums) eine *Autorenkartei* (neben Namen des Autors, Titel, Erscheinungsort und -datum des Buches auch die Ausleihstelle und die Signatur der entsprechenden Bibliothek) und eine *Schlagwortkartei* (die von den eigenen Zielsetzungen und Fragestellungen ausgeht) aufzubauen. Die Abbildungen auf Seite 148f. zeigen Beispiele von Autoren- und Schlagwortkarten.

146

Die Flexibilität von Karteien erweist sich auch, wenn teilweise im Lesesaal von Bibliotheken gearbeitet wird: Einzelne Karten können problemlos mitgetragen, beschriftet und zu Hause eingeordnet werden.

Wer einen PC zur Verfügung hat, spart viel Zeit mit der Literatureingabe in eine EDV-Datei: Zusammenfassungen ebenso wie Literaturlisten können jederzeit flexibel zusammengestellt und ausgedruckt werden.

Gegenüber Ordnern haben *Hängemappen* den Vorteil, daß sie auch Broschüren, Zeitungsausschnitte und sperrigere Unterlagen aufnehmen können. Ist kein entsprechend ausgestatteter Schreibtisch vorhanden, können auch einzelne Boxen mit entsprechender Einrichtung erworben werden.

Werden Zeitschriften oder Broschüren gesammelt, erleichtern Stellordner (im Handel erhältliche Schachteln, die nach zwei Seiten offen sind) die Ordnung.

Selbstverständlich sollen die Lernenden auf diesem Gebiet nicht einfach zum »Konsum« getrieben werden. Die verschiedenen Ordnungssysteme werden ihnen vorgestellt – dann überlegt man gemeinsam, wie sie sich auch ohne großen Aufwand behelfen können: Eine erste Gliederung kann ohne weiteres durch große Briefumschläge und Kartonschachteln vorgenommen werden, Karteikästen lassen sich mit Pappe und Schere schnell selbst herstellen.

13.2 Lernziele

– Die Schülerinnen und Schüler erkennen, daß Ordnung Zeit sparen hilft.
– Sie kennen verschiedene Ordnungssysteme und Möglichkeiten, den Überblick über ihre Unterlagen zu behalten und Informationen so zu speichern, daß sie jederzeit gefunden werden können.
– Sie können ein den eigenen Bedürfnissen entsprechendes Ordnungssystem aufbauen.

Beispiele von Literaturkarteikarten
Schlagwortkarten

Pausen
O. Graf, 1961
Berichtet über eine Untersuchung über den Einfluß
von Pausen auf die Arbeitsleistung bei mehrstündigem Rechnen.
3 Gruppen von Versuchspersonen:
– 1. Gruppe arbeitete 3 Stunden ohne Pause
– 2. Gruppe machte 3 Pausen von insgesamt 12 Minuten
– 3. Gruppe machte 11 Pausen von ebenfalls 12 Minuten.
Ergebnis: Leistungen der ersten Gruppe begannen
bereits auf tieferem Niveau, sanken während der 3
Stunden immer mehr ab, andere Gruppen konnten
ihr höheres Niveau über die 3 Stunden halten. Beste
Leistungen von 3. Gruppe.

Erläuterung

Verweis auf
Autorenkartei

Zusammenfassung
der wichtigsten In-
formationen zum
Thema

Pausen
E. Grandjean, 1963
»Sozusagen bei allen Funktionen des menschlichen
Körpers können wir den rhythmischen Wechsel zwischen Kräfteverbrauch und Kräfterestitution oder –
einfacher ausgedrückt – zwischen Arbeit und Ruhe
feststellen« (S. 83).
»Der Wechsel zwischen Anstrengung und Erholung
ist nicht nur eine Notwendigkeit bei körperlichen,
sondern auch bei allen das Nervensystem beanspru-
chenden Arbeiten, wie dies zum Beispiel bei der geistigen Konzentration, bei der Fingerfertigkeit, bei
Beanspruchung der Sinnesorgane und andern das
Nervensystem belastenden Funktionen der Fall ist«
(S. 84).

Schlagwort (ent-
sprechend der eige-
nen Systematik)

wörtliche Zitate
zum Thema (mit
Seitenangaben)

<table>
<tr>
<td>

Grandjean, Etienne
»Physiologische Arbeitsgestaltung«
Ott-Verlag, Thun und München, 1963
Stadtbibliothek II Gr 725

</td>
<td>

Erläuterung
Name und Vorname des Autors
Titel des Buches
Verlag, Ersch.-Ort und -datum
Ausleihstelle des Buches und
Signatur

</td>
</tr>
</table>

Graf, Otto
»Arbeitszeit und Arbeitspausen« in »Handbuch der Psychologie«, Band 9, Betriebspsychologie, hrsg. von *A. Mayer* und *B. Herwig,* Göttingen, C.J. Hogrefe, 1961
Zentralbibliothek Ps-5-92

Dahl, Börje, Hans Palmstierna und Erik Sandegård
»Bedrohte Umwelt«
übersetzt und bearbeitet von *Peter Jacobi* und *Lutz Maier*, Beltz-Verlag 1974, Weinheim
Schulbibliothek 7 Da 52

13.3 Methoden und Unterlagen

Bei den jüngsten Schülerinnen und Schülern wird das Thema beispielsweise mit einer Parodie auf einen zerstreuten Professor eingeführt, der verzweifelt in seinen Akten und Papieren wühlt, immer neue Berge von Unterlagen umstapelt und Schubladen durchsucht, bis er die gewünschte Information findet.
Bei den älteren Schülerinnen und Schülern kann man das Problem, wie man bei der Literaturbearbeitung zehn Bücher zu seinem Thema durchsieht, in jedem verschiedene Informationen findet und darüber den Überblick behält, zum Ausgangspunkt von Gruppendiskussionen nehmen. Eine Möglichkeit ist auch die gemeinsame Erarbeitung eines EDV-File-Maker-Formulars.
Das Erstellen von Karteikarten läßt sich bei der Bearbeitung der gegebenen

Lesetexte gemeinsam üben. Wichtig ist, daß dabei von einer konkreten Frage-stellung ausgegangen wird: Die Lernden sollten nicht einfach den gelesenen Text auf einer Karte knapp zusammenfassen, sondern überlegen, welche Informatio-nen sie speichern wollen. Sie verwenden dabei in der Regel die Schlagwörter ihrer eigenen Kartei (die natürlich flexibel und ausbaufähig sein muß).

Für größere Projekte, für länger dauernde Gruppenarbeiten (wie natürlich auch für einzelne Fächer) wird eine gemeinsame Kartei in der Klasse angelegt: Tragen z.B. verschiedene Gruppen oder einzelne Lernende für ihre Vorträge zum The-ma Gesundheit, physiologische Gesetzmäßigkeiten, Informationen zusammen, werden sie unter verschiedenen Schlagwörtern in diese Kartei eingegliedert.

In ähnlicher Weise läßt sich auch die EDV-Eingabe üben, indem z.B. für das Fach Geschichte Zeitungsmeldungen über aktuelle politische Ereignisse gesammelt und im Hinblick auf eine elektronische Auswertung aufbereitet werden. Dabei lernen die Jugendlichen Ordnungsprinzipien kennen, Informationen finden, ver-stehen, ordnen, verarbeiten und gewichten. Die Meldungen sollen zusammenge-faßt und eingegeben (File-Maker) werden. Zu achten ist darauf, daß auch die Angaben bezüglich Quellen, Datum und Redaktion nicht fehlen. Für die ein-heitliche Bezeichnung gleicher Themen und Suchbegriffe werden Listen geführt, damit später auch entsprechende Suchabfragen möglich sind. Nachdem die Da-tenbank einige Monate mit Meldungen gefüllt worden ist, können Listen ausge-druckt oder mehrere Meldungen zu einem Thema zu einem zusammenhängen-den Bericht verarbeitet werden.

Natürlich eignen sich auch Informationen anderer Fächer (beispielsweise ein Pflanzeninventar in Biologie) für Datensammlungen und eine elektronische Auswertung. Ein einmal aufgebautes elektronisches Pflanzeninventar läßt sich im Naturkundeunterricht als Informationssystem nutzen, das zu verschieden-sten Fragen Auskunft gibt.

14. Größere Arbeiten und Vorträge

14.1 Einführung

Die Fähigkeit, selbständig eine größere Arbeit (Bericht, Vortrag) durchzuführen, ist nicht nur eine wichtige Voraussetzung für das Hochschulstudium und wird immer öfter in der gymnasialen Oberstufe verlangt. Die verschiedenen damit verbundenen Teilaspekte, von der eigenen Fragestellung über die Wissensbeschaffung, Strukturierung, Aufbereitung bis zur sinnvollen Präsentation stehen im Zentrum des selbständigen Lernens und der permanenten Weiterbildung überhaupt.

Wird in der Schule eine derartige Aufgabe gestellt, können damit verschiedene Zielsetzungen verbunden werden. Im Vordergrund kann die selbständige Durchführung eines Experiments oder einer länger dauernden Beobachtung stehen; es kann darum gehen, daß die Lernenden sich mit einem bestimmten Thema intensiv auseinandersetzen, daß sie zu einer eigenen Stellungnahme kommen oder vor allem Informationen von verschiedenen Seiten ordnen, logisch gliedern und zu einem Ganzen zusammenbauen.

Die Durchführung einer solchen Arbeit erfordert eine ganze Reihe verschiedener Arbeitstechniken, wie sie teilweise in den anderen Abschnitten bereits zur Sprache kamen. Die Schülerinnen und Schüler müssen in der Regel Fachbücher lesen, sich von Interviews oder Vorträgen Notizen machen, die Informationen ordnen, ihre Zeit einteilen, Bibliotheken und Nachschlagewerke benützen und eventuell ihre Arbeiten mit anderen koordinieren können. Mit Vorteil wird dieses Thema deshalb erst gegen Ende eines Arbeitstechnikkurses behandelt.

Mit den Jugendlichen muß vor allem besprochen werden, welche Teilschritte sich bei der Vorbereitung ergeben, in welcher Reihenfolge sie am besten bearbeitet werden, welche Probleme dabei auftauchen können und wie eine entsprechende Zeitplanung aussehen kann.

Meist beginnen die Schwierigkeiten bereits bei der *Themenwahl*. Wenn die Schülerinnen und Schüler gewöhnt sind, in der Schule alles »serviert« zu erhalten, fällt es ihnen schwer, selbst eine Frage zu stellen, ein Problem aufzuwerfen, dem sie nachgehen wollen. Bei der Einübung der Fragehaltung beim Lesen (Kapitel 6, S. 77) und beim Zuhören (Kapitel 5, S. 69) können die Lernenden angehalten werden, ihre Fragen vor und nach der Aufnahme des neuen Stoffes schriftlich zu formulieren. Oft wird sich dann zeigen, daß einzelne Fragen offenbleiben oder sich neue ergeben, auf die die Jugendlichen gerne eine Antwort haben möchten.

In vielen Fällen ist es für die Schülerinnen und Schüler gewinnbringend, wenn sie Querverbindungen zwischen einzelnen Fächern herzustellen versuchen – in der Schule besteht ja infolge der Aufteilung auf Fächer immer die Gefahr, daß das Wissen zersplittert und für die einzelnen Bereiche »schubladisiert« wird. Auch ein Hobby oder ein persönliches Interessengebiet der Lernenden kann in Verbindung zu einem Schulfach gebracht werden. Der Vorteil einer solchen Themenwahl besteht dabei darin, daß die Jugendlichen wirklich eine Beziehung zu ihrem Thema haben. Die Vorbereitung des Berichts fällt ihnen wesentlich leichter, wenn sie bereits mit dem Gebiet vertraut sind, als wenn sie beispielsweise eine Fragestellung einzig aus der Überlegung heraus wählen, daß sie schnell zu erledigen ist. Wichtig ist auch die klare Abgrenzung des Themas und die Beschränkung auf ein überschaubares Gebiet. Wenn Jugendliche erstmals selbständig eine größere Arbeit durchführen sollen, neigen sie oft dazu, sich zu überschätzen. Vor allem wenn ein Experiment oder eine eigene Untersuchung geplant ist, fehlt ihnen in der Regel der Überblick über den Umfang des damit verbundenen methodischen und organisatorischen Aufwands, und sie nehmen sich zuviel vor.

Eine einfache Technik, um bei der ersten Auseinandersetzung Gedanken und Ideen aufzuschreiben, ist die Mind-Map (vgl. S. 72). Sie ermöglicht das Festhalten der Gedanken, ohne daß bereits ein Ablauf oder eine Struktur eingehalten werden muß. Sie kann jederzeit ergänzt, unterteilt, mit Pfeilen, Farben oder Bildern verdeutlicht werden. Auf diese Weise läßt sich rasch eine Vielzahl von Assoziationen festhalten. Wir produzieren die Gedanken ja nicht geordnet, Ideen tauchen auf, neue Assoziationen; beim Versuch, geradlinig aufzuschreiben, geht viel wieder verloren.

Der nächste Schritt besteht im Falle einer eigenen Untersuchung im *Aufstellen von Hypothesen* und Abklären des Vorgehens zu ihrer Verifizierung, bei Literaturarbeiten oder Stellungnahmen in einer Analyse der Teilaspekte und -fragestellungen.

Auf die *Beschaffung von Informationen* (Benützung von Bibliotheken, EDV-Einsatz, Nachschlagewerken) wurde in einem anderen Kapitel eingegangen (vgl. S. 142). Den wenigsten Menschen ist bekannt, wie viele Bibliotheken es gibt, die für sie benützbar sind, und wie man sich in ihnen zurechtfindet. Wichtig ist in diesem Stadium, daß sich die Suchenden über die Vielfalt möglicher Quellen Klarheit verschaffen und sich bei einer Literaturarbeit nicht mit einem einzigen oder wenigen zufällig gefundenen oder vorhandenen Büchern begnügen.

Vielen Schülerinnen und Schülern ist zu empfehlen, zu ihrem Thema einige *Fachleute* zu befragen. Zur Organisation und Durchführung solcher Interviews brauchen sie einige Hinweise (Beschaffung der Adressen, Anfragen an die betreffenden Personen, gründliche Vorbereitung eines Fragenkatalogs, gezielte Fragen, Verwertung der Aussagen).

Auch zur systematischen *Sammlung von Informationen* wurden in einem anderen Kapitel bereits Hinweise gegeben (vgl. S. 146). Viele Lernende machen in diesem Stadium den Fehler, daß sie versuchen, gefundene Bücher systematisch zusammenzufassen, statt gezielt von ihrer Fragestellung auszugehen. Oft schreiben sie seitenweise ab – was nachträglich nur erneut Arbeit kostet, wenn sie das für die eigene Arbeit Wichtige wieder heraussuchen müsssen. Sie notieren dazu oft auf Zetteln oder in Notizheften und müssen bei der Gliederung später die einzelnen Informationen erneut herausschreiben. Am praktischsten ist die Informationssuche mit Karteikarten, wobei die Informationen bereits bei der Suche in eine erste grobe Gliederung gebracht werden: Entsprechend den geplanten Hauptkapiteln werden Schlagwörter, Zahlen, Buchstaben oder Farben angebracht. Wichtig ist, daß auf einer Karte nur Informationen zu einem bestimmten Abschnitt stehen, da sonst keine genaue Zuordnung vorgenommen werden kann. Die Karte muß dabei stets auch einen Hinweis auf die *Quelle* der Information enthalten. Da daneben mit Vorteil ein zweites Register mit den Namen der Autoren, Buchtiteln, Erscheinungsorten und -daten geführt wird, genügt auf der Informationskarte ein eindeutiger Verweis. Noch einfacher ist die Speicherung mit einem Datenbankprogramm im Computer. Die Informationen müssen nur einmal eingetippt werden und sind beliebig abruf- und kombinierbar.

Dieser Quellennachweis ist einerseits wichtig für die Abfassung des Berichts, in dem die Urheber der verschiedenen Informationen ja angegeben werden müssen, andererseits auch bei der *Gewichtung* der einzelnen Angaben. Die Jugendlichen müssen sich darüber klar sein, daß nicht alle Quellen gleichermaßen zuverlässig sind. Vor allem müssen sie beispielsweise bei der Auswertung von Interviews, aber auch von Fachbüchern zwischen überprüfbaren Ergebnissen und den persönlichen Ansichten der Befragten oder Autoren unterscheiden. Es kann natürlich durchaus wertvoll sein, persönliche Meinungen in die Arbeit aufzunehmen, nur müssen sie als solche gekennzeichnet werden und dürfen nicht als Tatsachen dargestellt werden.

Schwer fällt vielen Lernenden die *Gliederung* der Arbeit. Es können dazu natürlich nur allgemeine Hinweise gegeben werden, etwa, welche Teile vorkommen und welche Punkte sie enthalten: Ein *Vorwort* ist bei Schülerarbeiten in der Regel nicht erforderlich; es berichtet über den Anstoß zur Arbeit, die Zielsetzungen des Verfassers, eventuell über besondere Umstände der Durchführung und stattet den Dank für Hilfeleistungen Dritter ab. Die *Einleitung* führt in das Thema ein, grenzt die Fragestellung ab, faßt die Ergebnisse der Literatur dazu zusammen und schildert die gewählte Bearbeitungsweise. Den Abschluß der Arbeit bilden in der Regel *Zusammenfassung und Schlußfolgerung*, in denen die wichtigsten Resultate der Untersuchung nochmals kurz dargestellt, in einen größeren Zusammenhang gebracht und mit den Ergebnissen der Literatur verglichen werden; je nach Fragestellung werden auch praktische Anwendungsmöglichkeiten, die sich aus der Arbeit ergeben, erwähnt und Anregungen für weitere Untersuchungen gegeben. Weitere Teile, für die sich allgemeine Hinweise geben lassen, sind das *Inhaltsverzeichnis* sowie das *Literaturverzeichnis* (Aufbau, Gliederung, erforderliche Angaben).

Die Gestaltung des *Hauptteils* ist dagegen von der jeweiligen Fragestellung abhängig. Wurde bei der Datensammlung mit Karteikarten gearbeitet, so ist die Gliederung einfacher: Die vorher festgelegte erste Unterteilung wird nochmals daraufhin überprüft, ob sie den verschiedenen Bereichen gerecht wird; eventuell müssen zwei Kapitel zu einem zusammengefaßt, andere dagegen nochmals geteilt werden. Dann werden die Reihenfolge der Kapitel festgelegt und innerhalb der Kapitel anhand der Karteikarten Untertitel und Unterabschnitte bestimmt. Es ist den Jugendlichen zu empfehlen, diese Unterteilung genau durchzuführen und vor dem Beginn des ersten Entwurfs festzulegen, in welcher Reihenfolge die Informationen dargestellt werden sollen. Absatz für Absatz sollte logisch aufgebaut sein, eine Fragestellung aus der andern folgen oder sie ergänzen. Diese Gliederung der Arbeit sollte beim Schreiben auch den Adressaten mitgeteilt werden – sei es durch eine Dezimalklassifikation, sei es durch Verwendung von Buchstaben. Innerhalb der einzelnen Abschnitte kann eine weitere Gliederung durch Seitentitel, Schlagwörter oder Unterstreichungen vorgenommen werden. Die flüssige Formulierung wie auch die Übersichtlichkeit der Darstellung sollte beim Durchlesen besonders kontrolliert werden – es empfiehlt sich, Mitschülerinnen und Mitschüler zusätzlich darum zu bitten. Vor der Reinschrift müssen dann eventuell noch Ergänzungen angebracht oder die Abfolge etwas geändert werden – eine Arbeit, die mit Schere und Klebstreifen durchgeführt werden kann.

Die Schülerinnen und Schüler benötigen auch Hinweise auf die richtige Verwendung von Zitaten und Literaturnachweisen. Von Anfang an sollte darauf geachtet werden, daß sie die entsprechenden »Spielregeln« einhalten.

Ein besonderes Problem stellt für viele das *Halten von Vorträgen* dar. Die Aussicht, sich vor die Klasse hinstellen und längere Zeit sprechen zu müssen, erschreckt sie zutiefst – besonders dann natürlich, wenn diese Aufgabe ungewohnt ist. »Rhetorikkurse«, die in einzelnen Schulen ausgeschrieben werden, haben deshalb großen Erfolg – die Jugendlichen suchen Ratschläge dazu, wie sie ein sicheres Auftreten erwerben und freier formulieren können. Wichtig ist in diesem Zusammenhang, daß das freie Sprechen möglichst oft geübt wird, daß mit Kurzreferaten begonnen wird oder auch einmal unvorbereitete Stellungnahmen abverlangt werden. Für sich können Schülerinnen und Schüler ihre Vorträge mit Tonband üben, um Fehler wie ständig gleiche Wortwahl, Wiederholungen oder nervöse Angewohnheiten zu entdecken und auszuschalten.

Beim Schreiben eines Berichts ebenso wie beim Halten eines Vortrags müssen die Lernenden auch an die Adressaten denken und überlegen, wie sie deren Verständnis des Inhalts fördern könnten. Dazu prüfen sie, welche Tabellen, Zeichnungen, graphischen Darstellungen den Sachverhalt zusätzlich klären bzw., bei einem Vortrag, welche Informationen sie durch Anschreiben an die Tafel, durch Vorführen von Bildern oder Hellraumfolien noch besonders unterstreichen wollen.

14.2 Lernziele

– Die Schülerinnen und Schüler können selbst Probleme und Fragestellungen für kleinere Untersuchungen und Beobachtungen formulieren.
– Sie gehen bei der Informationsbeschaffung systematisch vor.
– Sie kennen verschiedene »Quellen« und wissen, wie sie benützt werden.
– Sie können die Zuverlässigkeit von Informationen beurteilen und zwischen Tatsachen und Meinungen unterscheiden.

- Sie benützen bei der Informationssammlung ein Ordnungssystem, das ihnen jederzeit den Überblick ermöglicht.
- Sie können eine sinnvolle Gliederung der gesammelten Informationen erstellen.
- Sie können ihre Gedanken verständlich formulieren.
- Sie kennen die Spielregeln beim Zitieren und wenden sie an.
- Sie berücksichtigen bei ihrer Arbeit die Bedürfnisse der Adressatinnen und Adressaten (Aufbau, Illustration, Zusammenfassungen).
- Sie haben Grundkenntnisse der Redetechnik und wenden sie an.
- Sie unterscheiden auch bei der Präsentation zwischen eigenem Standpunkt und einer neutralen Darstellung von Fakten.

14.3 Methoden und Unterlagen

Wie erwähnt, ist bei der Behandlung dieses Themas im Kurs zunächst an die verschiedenen anderen Bereiche wie Lesen, Notizentechnik, Benützen von Hilfsmitteln, Ordnen von Wissen und Zeiteinteilung anzuknüpfen.

Zu den verschiedenen Teilschritten läßt sich eine Reihe von Übungen und Aufgaben einzeln und in Gruppen durchführen:

Die Lernenden erhalten die Aufgabe, zu einem bestimmten Gebiet einen Themenkatalog aufzustellen. Es können auch in der Klasse in einem »Brainstorming« zunächst Ideen gesammelt und an die Tafel geschrieben werden. Die besten werden ausgewählt und einzelnen Gruppen zur weiteren Bearbeitung übergeben: Sie überlegen, wie die Frage angegangen werden könnte, in welche Bereiche sie hineinspielt, in welche Kapitel sie unterteilt werden könnte und welche Probleme zu ihrer Bewältigung gelöst werden müßten.

Jüngeren Schülerinnen und Schülern, die erst in die Bibliothekenbenützung (vgl. S. 142) eingeführt werden, wird aufgetragen, zu gegebenen Themen jeweils verschiedene Schlagwörter zu finden, unter denen sie im Katalog nach Literatur suchen würden. Dabei sind sowohl übergeordnete Begriffe als auch Einzelaspekte des Themas sinnvoll. Auch hier kann von speziellen Interessengebieten der Schüler ausgegangen werden. Einige Beispiele von Themenvorschlägen enthält das Blatt 14.1, S. 157.

Zu den einzelnen Themen wird zudem überlegt, welche anderen Quellen in Frage kommen: neben Büchern auch Fachzeitschriften, statistische Unterlagen, Anfragen an Fachleute oder an verschiedene Institutionen usw. In einem weiteren Stadium werden sodann Informationen zum gleichen Thema aus verschiedenen Quellen verglichen und deren Zuverlässigkeit beurteilt (z.B. zum gleichen Ereignis Augenzeugenberichte, Artikel in verschiedenen Zeitungen).

Geübt werden kann das *Erstellen einer sinnvollen Gliederung*, indem eine Anzahl von Schlagwörtern vorgegeben wird mit dem Hinweis, dazu seien Informationen gesammelt worden: Die Schülerinnen und Schüler überlegen dann zu jedem Punkt, in welchem Zusammenhang er behandelt werden soll, welche Haupt- und Unterkapitel und -abschnitte die Struktur erhellen.

Die Aufgabe 14.2 geht von der Annahme aus, daß zum Thema »Arbeits- und Lerntechnik« Material gesammelt wurde und die Informationen beispielsweise auf Karteikarten mit den angegebenen Schlagwörtern vorliegen. Daraus muß eine sinnvolle Gliederung der Arbeit erstellt werden. Am besten werden dabei zuerst die Hauptkapitel unterschieden, denen sodann die einzelnen Schlagwörter zugeordnet werden. Dann wird die beste Reihenfolge überlegt. Ein Lösungsvorschlag zu der Aufgabe befindet sich auf Seite 200f.

Die *Lesbarkeit und Verständlichkeit eines Textes* überprüfen wiederum Gruppen an einem Beispiel: Sie diskutieren, wie man komplizierte Sätze auch einfacher formulieren könnte, welche Tabellen oder Darstellungen den Text veranschaulichen würden.

Der richtige Umgang mit Quellen und Zitaten bereitet vielen Schülerinnen und Schülern Mühc und sollte deshalb besonders geübt werden. Die Teilnehmenden erhalten beispielsweise verschiedene Literaturkarten mit teils wörtlichen Zitaten, teils Zusammenfassungen einzelner Aussagen verschiedener Autoren (vgl. Abb. auf S. 148) und werden aufgefordert, dieses Material zu einem kurzen Text zusammenzustellen. Dabei ist darauf zu achten, daß sie die wörtlichen Zitate als solche kennzeichnen und die Quellen korrekt angeben. Gleichzeitig wird das Literaturverzeichnis dazu verfaßt.

Bei älteren Lernenden lautet die Aufgabenstellung beispielsweise, das gleiche Thema aus verschiedener Sicht zu präsentieren. So kann das Thema »Gastarbeiter« einmal durch eine sachliche Darstellung von Fakten (z.B. Zahl, Berufe und Stellungen von Gastarbeitern, Zu- und Abnahme in den letzten zehn Jahren), ein andermal durch das Herausgreifen eines Teilproblems (z.B. Schwierigkeiten von Gastarbeiterkindern in der Schule) oder durch die Zusammenstellung persönlicher Meinungen verschiedener Bevölkerungsgruppen über die Gastarbeiter (erhoben in Interviews) behandelt werden.

Die Redetechnik läßt sich mit Kurzvorträgen der Schülerinnen und Schüler über andere Kapiel der Arbeitstechnik einüben, die eventuell auf Tonband oder Videotape aufgenommen und anschließend diskutiert werden. Nur wenn solche Übungen häufig durchgeführt werden, verlieren die Jugendlichen ihre Hemmungen und Ängste. Am besten werden reihum alle Schüler bei Kurzvorträgen auf Video aufgenommen. Beim Abspielen wird gemeinsam diskutiert, was gut war und was verbessert werden könnte (z.B. Flüssigkeit des Vortrages, Gesten, Blickkontakt mit den Zuhörern, Aufbau, Sprechgewohnheiten usw.).

Bei der Vorbereitung größerer selbständig durchzuführender Arbeiten erweisen sich »Checklisten« für die Lernenden als nützlich, mit deren Hilfe sie Teilarbeiten und einzuhaltende Termine kontrollieren können. Stehen die Jugendlichen gerade vor einer solchen Aufgabe, wird im Kurs gemeinsam eine Disposition erarbeitet: Man bespricht, welche Teilarbeiten sich in welcher Reihenfolge ergeben, welcher Zeitaufwand dafür veranschlagt werden muß und welche Fristen deshalb einzusetzen sind (vgl. Blatt 14.3).

Themenvorschläge

Nachstehend finden Sie eine Anzahl Themenvorschläge. Überlegen Sie beim gewählten Thema,
- welchen Aufbau Sie wählen würden (Untertitel, Gliederung),
- wie Sie sich Material dazu beschaffen würden (Schlagwörter, unter denen Sie im Bibliothekskatalog nach Büchern suchen würden; Leute, die Sie interviewen würden; Institutionen, an die Sie sich wenden würden; weitere Quellen).

Entwicklungshilfe
Napoleon
China
Drachenfliegen
Giftschlangen
Zeitungen
Moderne Malerei
Briefmarken
Astrologie
UNO
Jazz
Raumfahrt
Wellenreiten
Pudelzucht
Hochseefischerei
Ägyptische Pyramiden
Frauenrechtsbewegungen
Telefon
Heinrich VIII.
Bier
Olympische Spiele
Dammbau und Landgewinnung
Indianer
Brieftauben
Rennpferde
Honolulu
Sklavenhandel
Weltrekorde
Nomaden
Mormonen
Kartoffeln
Musikdosen
Biologischer Gemüseanbau
Kommunen
Fleischfressende Pflanzen
Chicago
Pop-art
Haute Couture

Schlagwörter zur Gliederung

Nehmen Sie an, daß Sie zu folgenden Schlagwörtern Material für eine Arbeit über *»Arbeits- und Lern-methoden«* gesammelt haben.
Überlegen Sie, in welche Hauptkapitel Sie diese Arbeit unterteilen würden und welche Informationen in welchen Kapiteln behandelt werden sollen. Erstellen Sie ein Inhaltsverzeichnis mit der detaillierten Gliederung.

Zuhören
Ernährung
Lesearten
Schnell-Lesen
Zitieren
Konzentration
Vorbereitung einer größeren Arbeit
Auswendiglernen
Arbeitsphysiologie
Erfassen der wesentlichen Punkte
Mitschreiben
Zeiteinteilung beim Lernen
Zusammenarbeit
Redetechnik
Karteikarten
Lesen
Lernpsychologie
Langfristige Planung
Schlaf
Ordnungssysteme
Stundenpläne
Protokollführen
Vorbereiten eines Vortrages
Gedächtnis
Diskussionsführung
Vorteile der Zusammenarbeit
Allgemeine Voraussetzungen der rationellen Arbeitsgestaltung
Tagesrapporte

Aufnehmen von Wissen
Pausen
Lesen von Fachbüchern
Prüfungsvorbereitung
Materialsuche
Arbeitsplatzgestaltung
Motivation
Fragenstellen
Prüfungsangst
Gliederung des Lernstoffes
Arbeiten, die besser allein erledigt werden können
Problemlösen
Bibliotheksbenützung
Kritisches Lesen
Überblick über große Gebiete gewinnen
Ermüdung
Ordnung
Wochenplanung
Gesprächsformen
Fehlerstatistik
Aufbau und Gliederung
Vergessenskurven
Zeiteinteilung
Weitergeben von Wissen

Zeitplan

Teilarbeit	Bemerkungen	Erledigen bis	Besprechen mit Lehrer/in
Thema eingrenzen	– Zielsetzung – Ideensammlung mit Mind-Map – Persönliche Interessen – Querverbindung zwischen Fächern – Umfang festlegen		
Informationen suchen	– Mehrere Bibliotheken prüfen – Archive, Dokumentationsstellen – Datenbankabfragen – Eigene Untersuchungen, Beobachtungen, Interviews		
Material sichten	– Mit Karteikarten arbeiten (Bücher-, Schlagwort-, Quellenkarten) oder EDV-Datei – Informationen überprüfen, gewichten, aussortieren		
Aufbau bestimmen	– Strukturieren – Titel und Untertitel festflegen		
Informationen zusammenstellen	– Weitere Unterlagen suchen und zusammenstellen – In Bibliotheken prüfen – Illustrationen erstellen – Komplexe Zusammenhänge veranschaulichen durch Graphiken, Tabellen		
Entwurf erstellen	– Feingliederung erstellen – Ausformulieren – Wenn möglich, mit PC		
Ausarbeiten	– Vorwort, Zusammenfassung – Literatur und Inhaltsverzeichnis schreiben – Vollständigkeit, Lesbarkeit, Übersichtlichkeit prüfen		
Endfassung	– Abgabetermin einhalten		

15. Prüfungen: Vorbereitung und Durchführung

15.1 Einführung

Wie die selbständige Bewältigung größerer Arbeiten, umfaßt die Prüfungsvorbereitung eine ganze Anzahl verschiedener Einzeltechniken, die in den bisherigen Kapiteln besprochen wurden: Lesemethoden, Notizentechnik, Kenntnis der Gesetzmäßigkeiten der Lernpsychologie, Zeiteinteilung, Zusammenarbeit mit anderen usw. Es liegt deshalb nahe, dieses Thema am Schluß eines Arbeitstechnikkurses zu behandeln und als Zusammenfassung der einzelnen Lektionen anzusehen.

Werden die Vorbereitungen verschiedener Lernender für eine bestimmte Prüfung näher untersucht, fallen vor allem die gewaltigen Zeitunterschiede auf. Ohne daß sich entscheidende Leistungsunterschiede zeigen müssen, beträgt die Lernzeit der Jugendlichen, die am kürzesten lernten, nur einen Bruchteil dessen, was die am längsten lernenden Mitschülerinnen und Mitschüler aufwenden mußten. Diese Unterschiede sind meist weniger auf die »Begabung« als vielmehr auf Arbeitsmethoden, Konzentrationsfähigkeit, Motivation sowie die Beachtung elementarer Lerngesetze zurückzuführen.

Am einfachsten und schnellsten verläuft die Prüfungsvorbereitung natürlich, wenn der Stoff gar nie vergessen wurde, sondern den Lernenden noch geläufig ist (in der Schule werden bei Prüfungen ja in der Regel bereits besprochene Kenntnisse abverlangt; selten müssen sich die Jugendlichen dazu in ein völlig neues Gebiet einarbeiten), weil er in gewissen Abständen aufgefrischt wurde. Es würde vielen Schülerinnen und Schülern helfen, wenn sie realisierten, daß es im Grunde genommen nicht die »Streber« sein müßten, die für nichts anderes als die Schule Interesse aufbringen können, die den Stoff laufend aufarbeiten und repetieren, sondern im Gegenteil die »Lebenskünstler«, die auch Zeit für andere Dinge haben wollen.

Besonders wichtig ist vor großen Prüfungen natürlich die *Zeitplanung*. Auch hier gilt, daß insgesamt weniger Stunden aufgewendet werden müssen, wenn man rechtzeitig beginnt und nicht am Schluß mit den negativen Auswirkungen der Interferenz (vgl. Kapitel 4, S. 67) zu kämpfen hat. Müssen sich Lernende in sehr umfangreiche Stoffgebiete einarbeiten, setzen sie sich mit Vorteil Zwischenziele, Termine, bis zu welchen sie jedes Teilgebiet gelernt haben wollen; dabei muß zwischendurch genügend Zeit für Kontrollen und am Schluß für Repetitionen eingeplant werden.

Der Entscheid, wieviel Zeit in die Vorbereitung investiert werden muß, erfordert auch eine realistische Selbsteinschätzung. Es gibt Jugendliche, die sich in erster Linie ihren Lieblingskapiteln zuwenden, um sich zu bestätigen, daß sie alles können und nicht mehr lernen müssen – und andere, die verbissen immer neue Schwierigkeiten suchen, um ihre Angst weiterzuschüren: Die Beurteilung hängt vor allem vom Selbstvertrauen ab, müßte aber durch (positive oder negative) Erfahrungen mit dem betreffenden Fachgebiet korrigiert werden.

Bevor sie eine solche Planung durchführen können, brauchen die Lernenden genaue Informationen über den Umfang des zu lernenden Gebiets und die Methoden, nach denen geprüft werden soll: Je nachdem, ob die Lehrerin/der Lehrer von ihnen Verständnis für die großen Zusammenhänge oder die Kenntnis zahlreicher Einzelinformationen verlangen, werden ihre Prüfungsvorbereitungen andere Schwerpunkte aufweisen.

Jedes Fachgebiet hat seine besonderen Probleme und erfordert deshalb von den Lernenden auch besondere Methoden zu deren Bewältigung. Im Fach Deutsch können schlechte Noten auf mangelnde Grammatikkenntnisse zurückzuführen sein – dann sind die Grundregeln nochmals genau aufzubereiten –, auf Unsicherheiten in der Rechtschreibung – hier können sich Leidensgenossen zusammensetzen und gegenseitig Diktate aufgeben und korrigieren – oder auf einen geringen Wortschatz – dagegen läßt sich durch bewußtes Lesen anspruchsvoller Bücher etwas tun, bei dem sie die ihnen unbekannten Wörter herausschreiben und nachschlagen. Gerade für jüngere Lernende ist es wichtig, daß sie sich einmal überlegen, wo ihre Probleme liegen, und sich an die entsprechende Fachperson wenden, um Rat und Hinweise zu deren Bewältigung zu erhalten.

Prüfungen sollten Kontrollen über den Fortschritt der Lernenden sein – und können auch von diesen als solche benutzt werden: Sie stellen anhand der korrigierten Prüfungen ihre Lücken und Schwierigkeiten fest. Bei einem Diktat oder Aufsatz sieht eine solche Fehleranalyse beispielsweise so aus, daß geprüft wird, zu welchen Gruppen sich die einzelnen Fehler zusammenfassen lassen:

Kommafehler:	5×
Dehnungsfehler:	3×
Groß- und Kleinschreibung:	7×
usw.	

Bei Fremdsprachen lauten die entsprechenden Rubriken: falsche Zeitform, falsche Endung, falsche Präposition, falsches Wort usw. Auf dieser Grundlage können die Lernenden bei der nächsten Prüfungsvorbereitung gezielt von ihren besonderen Problemgebieten ausgehen.

Bei der Einarbeitung in neue Wissensgebiete als Prüfungsvorbereitung spielt das aktive, gezielte *Lesen* eine besondere Rolle (S. 77ff.). Am besten erstellen die Lernenden dabei Notizen, Zusammenfassungen und Skizzen, erstens, weil sie diese Unterlagen schneller zur Hand haben, und zweitens, weil die eigene Aktivität (überlegen, was wichtig ist, wie etwas treffend ausgedrückt werden könnte) das Lernen fördert und durch das Schreiben das Gedächtnis gestärkt wird. Aus den gleichen Gründen helfen »Spickzettel« den Lernenden meist weniger als »Nachhilfe« während der Prüfung als vielmehr beim effektiven Erwerb des Stoffs. Durch das Schreiben des Zettels haben sie den Inhalt vielfach auch schon gelernt.

Alles, was den Jugendlichen hilft, den Überblick zu behalten, die verschiedenen Einzelfakten im Zusammenhang zu sehen, das Gebiet »in den Griff zu bekommen«, dient auch der Prüfungsvorbereitung: So, wenn sie versuchen, Beziehungen durch eine Skizze oder grafische Darstellung sichtbar zu machen oder beispielsweise für das Fach Geschichte aufzuzeichnen, wie sich Ereignisse in verschiedenen Ländern zeitlich zueinander verhielten. Wurden bereits vorher Notizen von Büchern und Vorträgen in der vorgeschlagenen Dreiteilung (vgl. S. 72) erstellt, wird beim Durcharbeiten vor der Prüfung die Spalte C ausgefüllt: Sie nimmt vor allem Querverweise auf andere Unterlagen zum gleichen Gebiet auf.

Auch bei der Prüfungsvorbereitung können Mind-Maps angefertigt werden: Die Lernenden halten bei der Vorbereitung einer größeren Prüfung zuerst fest, was sie wissen oder zu wissen glauben, kontrollieren und ergänzen mit Hilfe der Notizen und Bücher, gestalten je nach Typus die Skizze weiter mit Farben, Zeichnungen oder Symbolen. Eine solche selbsterarbeitete Übersicht haftet viel besser im Gedächtnis als umfangreiche Texte.

Natürlich ist gerade in dieser Situation die *aktive Fragehaltung* von Bedeutung. Die Schülerinnen und Schüler müssen lernen, den Stoff auf Fragen hin anzusehen, überlegen, welche Fragen dazu dienen könnten, das Verständnis für das Gebiet zu prüfen. Es bewährt sich deshalb bei der Prüfungsvorbereitung ein *Wechsel zwischen Einzel- und Zusammenarbeit.* Auf die einzeln durchgeführte Auseinandersetzung mit einem bestimmten Teilgebiet folgt ein Gruppentreffen, an dem die Schülerinnen und Schüler einander gegenseitig ihre Prüfungsfragen vorlegen, die von den anderen mündlich oder schriftlich beantwortet werden. In der nachfolgenden Einzelphase werden einerseits die solcherart festgestellten Lücken gestopft, andererseits wird das nächste Teilgebiet erarbeitet.

Dieses Vorgehen hat gleich mehrere Vorteile: Es hilft den Lernenden, Teilziele aufzustellen, einen Zeitplan einzuhalten, und gibt ihnen gleichzeitig das gerade bei längeren Zeitabschnitten notwendige Feedback über ihren Stand und Fortschritt. Es ist deshalb besonders auch Studierenden zu empfehlen, die ja in der Regel weit größere Gebiete vorbereiten und längere Zeiträume überbrücken müssen als Schülerinnen und Schüler. Natürlich funktioniert das Ganze nur reibungslos, wenn sich alle Teilnehmenden an die »Spielregeln« halten und sich auch tatsächlich vorbereiten.

Wie erwähnt und wie sich aus den Lerngesetzen ableiten läßt, sollte, wo immer möglich, mit Einsicht und Verständnis für die Zusammenhänge gelernt werden. Auch Fremdsprachen werden beispielsweise leichter erworben, wenn die Lernenden nach Gelegenheiten suchen, ein Gefühl für die Sprache zu bekommen und zu hören, »wie es richtig tönt«. Dies können sie beispielsweise durch Filme in der betreffenden Sprache, durch Platten oder Tonbänder, auch durch Schlager oder Musicals, deren Text sie zu verstehen versuchen, durch Briefwechsel mit Jugendlichen des entsprechenden Landes und später durch spannende Lektüre erreichen.

Wo dennoch Fakten auswendig gelernt werden müssen – und immer läßt sich dies sicher nicht vermeiden –, können die Lernenden wenigstens ein Spiel daraus machen: Sie stellen kleine Kärtchen her, die beidseitig beschriftbar sind. Auf die eine Seite schreiben sie einen zu lernenden Begriff, auf die Rückseite, wofür

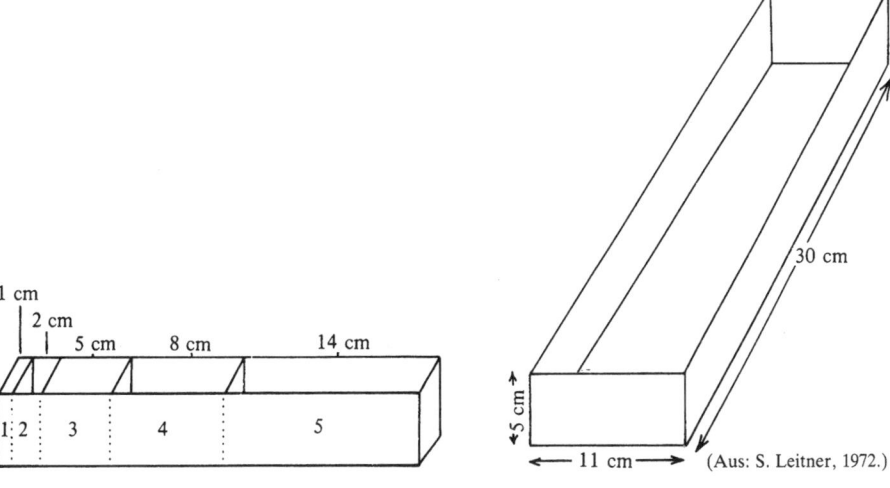

1 cm
2 cm
5 cm   8 cm   14 cm

1 2   3   4   5

30 cm

5 cm

← 11 cm → (Aus: S. Leitner, 1972.)

dieser steht, womit er in Beziehung gebracht werden soll, also z.B. vorne ge-
schichtliches Ereignis, hinten die entsprechende Jahreszahl, vorne ein deutsches
Wort, hinten die fremdsprachige Übersetzung, vorne Staat, hinten Hauptstadt,
usw. Mit diesem Kartenspiel können sich die Lernenden dann selbst befragen.
Sie gehen den Stoß durch und versuchen beim Anblick der Vorderseite den Begriff auf der Rückseite zu reproduzieren. Dann kontrollieren sie: War es richtig,
legen sie die Karte weg; war es falsch oder wissen sie keine Antwort, stecken sie
sie wieder unten in den Stoß. Auf diese Weise verfahren sie, bis alle Karten weg-
gelegt werden können. – Dieses Spiel wird allerdings mit Vorteil nicht stundenlang hintereinander gespielt, sondern vielleicht nur zehn Minuen auf einmal. Die
Lernenden können die Karten während einiger Zeit bei sich tragen und sie jeweils hervornehmen, wenn sie irgendwo warten müssen.
S. Leitner (1972) hat diese Idee zu einer vielseitig verwendbaren *Lernkartei* er-
weitert. Er empfiehlt den Lernenden die Herstellung eines Karteikastens aus
Pappe, der in fünf verschieden tiefe Fächer unterteilt wird (s. Abb. oben). Die
neu angefertigten Kärtchen im A7-Format werden zuerst ins erste Fach gestellt.
Beim Durchgehen des Stapels kommen alle Karten, deren Informationen erfolgreich reproduziert werden konnten, ins zweite Fach, die anderen verbleiben
im ersten. Auf diese Weise wird gelernt, bis höchstens noch drei Kärtchen im
ersten Fach sind. Am nächsten Tag werden neue Kärtchen (z.B. die nächsten
Vokabeln) erstellt und zunächst zusammen mit den noch verbliebenen aus Fach
1 durchgegangen. Findet sich in Fach 2 kein Platz mehr für neu hinzukommende
Kärtchen, ist die Zeit für eine Repetition gekommen. Kärtchen, deren Informationen nach wie vor reproduziert werden können, kommen weiter ins Fach 3, die
anderen zurück ins Fach 1. In gleicher Weise wird verfahren, wenn Fach 3 gefüllt
ist, wobei jedoch nicht der ganze Inhalt auf einmal repetiert wird, sondern nur
gerade so viel, um Platz für die neuen Kärtchen zu schaffen.
Das Lernen mit den Kärtchen oder auch mit dieser Kartei ist für Jugendliche

unterhaltender als das einfache Auswendiglernen. Das Verschieben der Kärtchen von Fach zu Fach oder das Ablegen der »gekonnten« bringt ihnen das wichtige Feedback und motiviert sie zum Lernen. Gleichzeitig befolgen sie »spielend« wichtige Lerngesetze (gestaffeltes Lernen, Repetitionen in den richtigen Abständen).

Für die einzelnen Lernetappen gilt es, die Gesetzmäßigkeiten zu berücksichtigen: nicht zu lange Etappen, rechtzeitig Pausen einschalten, Wechseln zwischen Lesen und Schreiben, Einzelarbeit und Gruppendiskussionen, Aufnehmen und Wiederholen.

Begonnen wird die einzelne Etappe am besten mit einer leichteren Aufgabe »zum Aufwärmen«, beispielsweise mit dem Durchsehen der Notizen vom Vortag, dann folgt die Repetition des in der Vorwoche gelernten Stoffes.

Auch für das *Verhalten während der Prüfung* können den Schülerinnen und Schülern einige Regeln mitgegeben werden. Ein Vergleich zwischen Computer und menschlichem Verhalten hinkt zwar immer und natürlich auch in diesem Fall, weil die Lernenden ja möglichst nicht nur die gespeicherten Informationen wiedergeben, sondern auch einen eigenen Beitrag leisten sollen; der Vergleich kann aber die Gründe für ein schlechtes Abschneiden bei Prüfungen veranschaulichen: Es kann am *Input* liegen (die Lernenden haben nicht genügend oder das Falsche gelernt), am *Output* (die *Kommunikation* klappt nicht, d.h., die Lernenden können das Gelernte nicht »an den Mann bringen«), oder es erfolgt ein *Kurzschluß* (der Schüler oder die Schülerin versagt unter dem Druck und kann plötzlich überhaupt nichts mehr). Der vierten Kategorie von Problemen sind Computer allerdings nicht unterworfen (höchstens deren Programmierer): Es handelt sich um *Flüchtigkeitsfehler*.

Was zur Sicherung des Inputs zu tun ist, wurde bereits gesagt. Während der Prüfung geht es um den Output: Die Lernenden müssen ihr Wissen und ihre Gedanken so präsentieren, daß sie vom Prüfenden verstanden werden. Bei längeren Abhandlungen empfiehlt sich für die Geprüften die Herstellung einer kurzen Disposition, die Überlegung, in welchem Zusammenhang sie welche Informationen bringen wollen, und eine entsprechende Darstellung und Gliederung (mit Absätzen, Unterstreichungen, eventuell Untertiteln). Die Erstellung einer solchen Gliederung erfordert in der Regel nur wenig Zeit, erhöht aber die Verständlichkeit beträchtlich und damit den Eindruck, daß die Lernenden das Gebiet wirklich beherrschen.

Wichtig ist auch bei schriftlichen Prüfungen die Zeiteinteilung. Die Schülerinnen und Schüler erstellen sich ein Budget und rechnen aus, wieviel Zeit sie für die einzelnen Aufgaben verwenden dürfen, um am Schluß noch Zeit für das Durchlesen zu haben. Wenn möglich, beginnen sie mit den Aufgaben, die am leichtesten sind; haben sie diese erst einmal unter Dach, können sie sich mit ruhigeren Nerven und besserem Überblick über die noch verbleibende Zeit an die schwierigen heranwagen.

Gegen »Kurzschlüsse« anzugehen ist für Jugendliche schwieriger. Extreme Prüfungsangst ist ja zumeist in Kindheitserlebnissen verwurzelt und darauf zurückzuführen, daß das Kind sich nur bei guten Leistungen akzeptiert fühlt. In schweren Fällen muß deshalb auch eine psychiatrische Betreuung erwogen und vor allem die Einstellung der Eltern geändert werden. Bei weniger gravierenden Blockierungen hilft den Betroffenen das vorherige Üben der Prüfung (Lösen der von Mitschülern gestellten Aufgaben innerhalb einer bestimmten Zeit) sowie eine realistische Einschätzung dessen, was auf dem Spiel steht und was sie selbst durch gute Vorbereitung erreichen können.

Auch gegen die berühmten Flüchtigkeitsfehler läßt sich etwas tun. Sie kommen ja weniger bei längeren Abhandlungen als vielmehr bei mathematischen Problemen (einfache Rechen- oder Stellenfehler) sowie bei Diktaten und Fremdsprachen vor. Im sprachlichen Bereich hilft den Lernenden neben der bereits erwähnten vor der Prüfung durchzuführenden Fehleranalyse vor allem das sorgfältige Durchlesen (für das sie genügend Zeit reservieren müssen) mit besonderer Beachtung von Endungen, Übereinstimmungen zwischen Subjekt und Verb usw. Bei komplizierten Mathematikaufgaben ist den Schülerinnen und Schülern beispielsweise zu empfehlen, zuerst das Problem an einem Modell mit einfachen Zahlen durchzurechnen, um zu sehen, in welcher Relation das Ergebnis zu den Ausgangszahlen stehen muß, und alle bestehenden Kontrollmöglichkeiten auszunützen.

Ein systematisches Vorgehen ist für Schülerinnen und Schüler auch bei mündlichen *Prüfungen* vorteilhaft. Viele begehen den Fehler, in einem Redeschwall möglichst alles Gelernte loswerden zu wollen. Besser wirkt es, wenn sie bei längeren Antworten auch hier von einer Gliederung ausgehen, zuerst darlegen, welche Teilaspekte sich unterscheiden lassen, und sich dann einem nach dem anderen zuwenden.

15.2 Lernziele

- Die Schülerinnen und Schüler wenden bei der Prüfungsvorbereitung die wichtigsten Regeln der Arbeitstechnik an.
- Sie gehen von ihren Kenntnissen der Lernpsychologie aus.
- Sie beginnen rechtzeitig mit der Prüfungsvorbereitung und planen ihre Zeit sinnvoll.
- Sie nehmen beim Lernen eine Fragehaltung ein und unterscheiden Wesentliches von Unwesentlichem.
- Sie behalten beim Lernen größerer Stoffgebiete einen Überblick über den Gesamtstoff.
- Sie wechseln sinnvoll zwischen Einzel- und Gruppenarbeit ab und bereiten sich auf gemeinsame Lernstunden richtig vor.
- Beim Auswendiglernen unterteilen sie den Stoff, lernen in kürzeren Perioden und repetieren nach bestimmten Zeiten.
- Während Prüfungen teilen sie ihre Zeit so ein, daß sie am Schluß noch Zeit zum Durchlesen haben.

– Sie haben eine realistische Einstellung gegenüber Prüfungen.
– Bei mündlichen und schriftlichen Prüfungen achten sie auf eine übersichtliche Präsentation und sinnvolle Gliederung.

15.3 Methoden und Unterlagen

Viele Schülerinnen und Schüler wissen nicht, wo ihre Lernprobleme liegen. Die Fehlerstatistik (15.1) hilft ihnen, sich darüber Rechenschaft abzulegen: Sie tragen oben das Prüfungsdatum ein und notieren dann aus der korrigierten Prüfung, welche Fehlerarten vorkamen (einfache Strichlisten). Gegen Fehler, die immer wieder auftreten, kann dann gezielt vorgegangen werden.

Die wichtigsten Regeln für die Prüfungsvorbereitung können von den Jugendlichen bei vorhergehender Behandlung der anfänglich genannten Gebiete der Lerntechnik selbst erarbeitet werden. Ein entsprechender Problemkatalog kann von den Lernenden selbst zusammengetragen werden, indem sie sich überlegen, auf welchen Gebieten ihre Schwierigkeiten liegen. *Blatt 15.2 enthält eine Reihe von Fragen, die zur Diskussion in Gruppen abgegeben werden können. Nach den Gruppendiskussionen werden die Ergebnisse dem Plenum vorgetragen, diskutiert und die Schlußfolgerungen für den einzelnen gezogen.*

Eine Aufgabe, die sich ebenfalls für die Bearbeitung in Gruppen eignet, ist das Erstellen einer sinnvollen Zeitplanung vor einer wichtigen Prüfung (Unterteilung des Stoffes, Wechsel zwischen Aufnehmen und Repetieren, zwischen Einzel- und Gruppenarbeit). Besonders dient dies den Jugendlichen natürlich dann, wenn tatsächlich eine entscheidende Prüfung bevorsteht.

Der Zeitplan vor Prüfungen (15.3, S. 169) kann mit den Lernenden diskutiert und erprobt werden.

Vor allem bei jüngeren Lernenden ist zu empfehlen, das Fragenstellen über ein Gebiet gemeinsam zu üben: Die Schülerinnen und Schüler überlegen sich, welche Fragen von den anderen beantwortet werden müßten, um zu zeigen, daß sie die Zusammenhänge verstanden oder daß sie die Fakten gut gelernt haben.

Fehlerstatistik

Fach:	Fehlerart	Prüfungsdaten:				
Deutsch	Dehnungsfehler					
	s, ss, ß					
	Groß- und Kleinschreibung					
	Sonstige Rechtschreibfehler					
	Kommafehler					
	Andere Satzzeichen					
Fremd-sprachen	Falsches Wort					
	Falsches Hilfsverb					
	Falsche Endung					
	Falsche Zeitform					
	Falsch verwendeter Konjunktiv					
	Indirekte Rede					
	Falsch geschriebenes Wort					
	Falsche Präposition					
	_____					
	_____					
	Mangelndes Wissen					
	Mangelndes Verständnis					
	Flüchtigkeitsfehler					

Fragen zur Prüfungsvorbereitung und -durchführung

1. Vorbereitung

- Woher weiß man, was man lernen soll?
- Wie lernt man große Stoffgebiete (z.B. Biologie, Geschichte, Geographie)? Wie behält man den Überblick über ein großes Gebiet? Ist es besser, bei den einzelnen Lernetappen jeweils vom ganzen Gebiet auszugehen oder sich immer wieder ein Kapitel vorzunehmen?
- Wie paukt man Einzelfakten (Vokabeln, Formeln, Daten, Namen)?
- Wieviel oder wie lange kann man auf einmal lernen?
- Wie lernt man, wenn in der Prüfung bestimmte Kenntnisse angewandt werden müssen (z.B. in Mathematik)?
- Kann man selbst das Lernen abwechslungsreicher gestalten? Kann man sein Interesse für bestimmte Gebiete selbst steigern? Wie?
- Wie kann man frühere Prüfungen für die Vorbereitung gebrauchen?
- Gibt es noch andere Unterlagen als Schulhefte und -bücher, die einem bei der Vorbereitung helfen können?
- Wie plant man die Vorbereitung am besten? Wann beginnt man? Gibt es Regeln für die Zeiteinteilung?
- Ist es sinnvoll, vor einer wichtigen Prüfung eine ganze Nacht durchzupauken? Begründung?
- Wie kann man sich in den Fremdsprachen verbessern?
- Was lernt man am besten allein? Wann kann die Zusammenarbeit mit anderen helfen?
- Wie kann man feststellen, ob man noch Lücken oder Verständnisschwierigkeiten hat?

2. Prüfungsangst

- Bis zu welcher Grenze ist Prüfungsangst normal?
- Woher kommt die übertriebene Prüfungsangst?
- Was läßt sich dagegen tun?
- Kommt es vor, daß man am Tag vorher noch alles weiß, an der Prüfung selbst aber alles vergessen hat? Wenn ja, was läßt sich dagegen tun?
- Was kann man ganz allgemein zur Beruhigung seiner Nerven tun?
- Welches Verhalten fördert die Prüfungsangst?

3. Verhalten während der Prüfung

- Wie zeigt man bei einer längeren Antwort am besten, daß man das Gebiet beherrscht und den Überblick über die wichtigsten Punkte hat?
- Gibt es allgemeine Regeln darüber, was man bei einer schriftlichen Prüfung beachten sollte?
- Wie verhindert man, daß man vom Korrigierenden mißverstanden wird?
- Wie teilt man seine Zeit während einer schriftlichen Prüfung ein?
- In welcher Reihenfolge nimmt man die Aufgaben in Angriff?
- Wie kommt man zu einem klaren und logischen Aufbau, wenn eine längere Antwort verlangt wird?
- Welche Regeln gelten für mündliche Prüfungen?

4. Flüchtigkeitsfehler

- Bei welchen Prüfungsarten kommen Flüchtigkeitsfehler am häufigsten vor?
- Wer neigt zu Flüchtigkeitsfehlern? Wann ist man besonders gefährdet?
- Was läßt sich gegen die verschiedenen Kategorien von Flüchtigkeitsfehlern tun?

Zeitplan für die Prüfungsvorbereitung

Fach: Prüfungsdatum:

	Geplante Lernzeiten	
	Datum	Zeit
Teilgebiet 1		
Gruppentreffen		
Ergänzung und Wiederholung 1		
Teilgebiet 2		
Gruppentreffen		
Ergänzung und Wiederholung 2		
Teilgebiet 3		
Gruppentreffen		
Ergänzung und Wiederholung 3		
Teilgebiet 4		
Gruppentreffen		
Ergänzung und Wiederholung 4		
Gesamtwiederholung		

Beispiele von Arbeitstechnikkursen für verschiedene Altersstufen

Zur Veranschaulichung und Ergänzung der vorgestellten Elemente von Arbeitstechnikkursen folgen hier drei Kursbeispiele für die verschiedenen Altersstufen. Da bei der Planung eines Kurses einerseits auf die besonderen Bedürfnisse und aktuellen Probleme der Schülerinnen und Schüler, andererseits auf den sonstigen Lehrplan Rücksicht genommen werden muß, dürfen diese Beispiele natürlich nicht als allgemeingültige Rezepte angesehen werden. Sie sollen vor allem erläutern, wie die verschiedenen Themen aufeinander aufgebaut und Übungs- und Anwendungsmöglichkeiten eingeplant werden können.

1. Einführung für neu eintretende 11- bis 13jährige Schülerinnen und Schüler der Sekundarstufe bzw. des Gymnasiums

Das nachfolgende Kurskonzept beruht auf 7 Doppelstunden oder 14 Lektionen. Bei allen Kursen ist es sinnvoll und vorteilhaft, von Doppelstunden auszugehen, da auf diese Weise eine Ergänzung und Anwendung der Regeln oder Theorien in Übungen, Diskussionen und Experimenten möglich wird.

1. Einführung, Motivierung
   Selbstdiagnose, Überblick über Gebiete und Ziele der Lern- und Arbeitstechnik, Festsetzung der Ziele für den Kurs. Schnell-Lese-Test: Die Lernenden arbeiten paarweise zusammen: Ein Kind liest, das andere beobachtet und stellt die benötigte Zeit fest. Anschließend gemeinsam durchgeführter Behaltenstest und Festhalten der schwerwiegendsten Lesefehler.
2. Prinzipien des Lesens (Überblick gewinnen, Fragen stellen, Lesen, Rekapitulieren, Zusammenfassen). Einführung, anschließend gemeinsame Bearbeitung eines Textes der Lernpsychologie: Welche Fragen könnte man vorher stellen, welches waren die wichtigsten Aussagen, was bedeuten sie für uns, wie läßt sich dies praktisch anwenden?
3. Anwendung verschiedener Lerngesetze: Auswendiglernen von Gedichten auf verschiedene Weisen (durch Lesen, Hören oder zusätzlich auch Schreiben). Lernen von Vokabeln: Lernspiel, Experiment zum Vergleich (entweder am Anfang und Schluß der Doppelstunde oder als Hausaufgabe).
4. Benützen verschiedener Hilfsmittel wie CD-ROM, Nachschlagewerke, Statistiken: Schüler tragen Antworten zu verschiedenen Fragen, die im Zusammenhang mit Arbeits- und Lernmethoden relevant sind, zusammen (z.B. Schlafbedürfnis, Arbeitszeit und Pausen, richtige Ernährung).
   Konzentration: Experimente (gleichzeitiges Beobachten und Zuhören, Durchführen von Additionsaufgaben mit und ohne Musikbegleitung) und Schlußfolgerungen für die eigene Arbeitsgestaltung.
5. Spielregeln für die Gesprächsführung: Wie leitet man eine Diskussion, wie

nimmt man daran teil? Einübung durch Diskussion verschiedener Fragen zum Thema »Wie machen es die anderen?« (Zeiteinteilung, Lernmethoden, Ordnen seiner Hefte und Bücher), Vortragen der Schlußfolgerungen im Plenum.

6. Prüfungen: Was kann man falsch machen, wie bereitet man sich richtig vor, wie verhält man sich während der Prüfung, wann ist die Angst übertrieben? Prüfungsvorbereitung durch Fragen, die man gegenseitig vorbereitet. Wenn möglich, an aktuell bevorstehende Prüfung anknüpfen.

7. Bibliotheksbenützung: Vorbereitung durch verschiedene Fragestellungen, Führung durch die nächste den Lernenden zur Benützung offenstehende Bibliothek mit Übungen zum Auffinden bestimmter Bücher und Informationen.

2. Arbeitstechnikkurs für 15- bis 16jährige Schülerinnen und Schüler

Wenn die Jugendlichen vorher noch an keinem Arbeitstechnikkurs teilgenommen haben, sollte die Einführung für diese Altersstufe ziemlich ausführlich geplant werden: Einerseits wird von den Lernenden jetzt ein zunehmend selbständigeres Vorgehen erwartet, so daß die entsprechenden Techniken eingeübt und angewandt werden können; andererseits sollen die Schülerinnen und Schüler dieser Stufe durch Experimente und Übungen selbst zur Einsicht in die Überlegenheit bestimmter Methoden kommen und nicht einfach Rezepte erhalten. Das nachstehende Kursbeispiel ist für 14 Doppelstunden angelegt. Steht mehr Zeit zur Verfügung, können noch mehr Übungen eingebaut werden. Empfehlenswert ist zudem, die einzelnen Techniken nicht nur zu behandeln und Gelegenheit zu ihrer Anwendung zu geben, sondern in verschiedenen Abständen eventuell auftauchende Probleme nochmals zu diskutieren (z.B. Notizen abfassen, Protokolle bei Gruppendiskussionen, Probleme der Zusammenarbeit usw.).

1. Einführung, Problemanalyse, Zielsetzung des Kurses.
   Tonband- oder Videoaufnahme über eine Gruppendiskussion: Regeln der Diskussionsleitung und -teilnahme erarbeiten.

2. Experimente über Zusammenarbeit: Durchführen verschiedener Aufgaben allein, in 2er- und 4er-Gruppen.
   Auswertung im Plenum: Vorteile der Zusammenarbeit, Ableitung von Regeln, welche Aufgaben besser allein und welche zusammen erledigt werden und welche Voraussetzungen erfüllt sein müssen.

3. Notizen erstellen, Protokolle führen: Darlegung einiger allgemeiner Prinzipien.
   In Gruppen: Überarbeiten von Notizen über die Vorstunde, Streichen der unwesentlichen Angaben, Erstellen einer neuen Gliederung, Diskussion weiterer Techniken wie Mind-Maps, Tabellen, Graphiken.
   Fortan bei allen Gruppen- und Plenumsdiskussionen Protokolle führen lassen.

4. Lesen: Einführung, allgemeine Prinzipien.
Schnell-Lese-Test mit Behaltensübung.
Einführung in die 5-Punkte-Methode.
Fragen formulieren zu einem Text, bei dem nur die Schlagzeilen sichtbar sind.

5. Lesen des Textes über Lernpsychologie. Diskussion der wesentlichen Punkte, was müßten die Notizen enthalten, was für praktische Anwendungsmöglichkeiten ergeben sich aus dem Gelesenen? Durchführung eines Experiments zur Lernpsychologie, z.B. Lernen durch Einsicht oder durch Auswendiglernen (am Anfang und am Schluß der Stunde: Vergleich Lernaufwand, Vergleich Behaltensrate bzw. Übertragbarkeit auf ähnliche Probleme) oder Experiment Block- und gestaffeltes Lernen als längerfristige Aufgabe.

6. Ordnen und Zusammentragen von Informationen, Überblick über Ordnungssysteme, Bibliotheksbenützung, Einführung, anschließend Gruppenarbeiten: Beschaffung von Informationen aus verschiedenen Büchern, Eingliederung in gemeinsame Kartei (z.B. Informationen zur Arbeitsphysiologie).

7. Motivation: Ausfüllen eines Fragebogens über die eigenen Motive, anschließend Podiumsgespräch: Warum lernen wir, welche Motive gibt es, welche Ziele hat die Schule, kann man seine Motivation selbst beeinflussen?
Eventuell als Hausaufgabe: Führen von Tagesrapporten während einer Woche.

8. Diskussion der Tagesrapporte bzw. von Zusammenfassungen über die ganze Woche: Ist diese Verwendung der Zeit sinnvoll?
Streitgespräch: pro und contra Zeitplanung, mit Meinungsabstimmung vorher und nachher.
Gruppenarbeit zu Fallbeispielen (Schülerinnen und Schüler mit verschiedenen Aufgaben, die mit ihrer Zeit nicht mehr auskommen).

9. Vorbereitung größerer Arbeiten – Einführung.
Bearbeitung verschiedener Aufgaben in Gruppen: Themensuche, Quellensuche, Schlagwörter, unter denen in der Bibliothek gesucht würde, Fachleute, die angefragt würden. Gliederung gegebener Schlagwörter, Neufassung komplizierter oder wirrer Texte.

10. Kurzvorträge von Schülerinnen und Schülern, die mit Tonband oder Videotape aufgezeichnet werden, über verschiedene Aspekte der Arbeitstechnik (z.B. Ergebnisse von vorangehenden arbeitsteiligen Gruppenarbeiten, Informationssuchen). Diskussion einerseits der Redetechnik, andererseits der Anwendung des Gesagten.

11. Konzentration: Konzentrationsübungen (z.B. Kim-Spiel, gleichzeitiges Erledigen mehrerer Aufgaben).
Was kann man selbst zur Förderung der Konzentrationsfähigkeit tun? – Anwendung der bisherigen Ergebnisse.

12. Denken und Problemlösen: Experimente, Aufgaben, an denen verschiedene Strategien sichtbar werden, anschließend Vortrag, von dem Notizen genommen werden. Diskussion der wesentlichen Punkte (was müßte in den Notizen

festgehalten werden?) sowie der Anwendungsmöglichkeiten, gemeinsame Schlußfolgerungen.

13. Prüfungen: Gruppenarbeiten zu verschiedenen Problemen in diesem Zusammenhang, mit Protokollführung. Anschließend Präsentation der Schlußfolgerungen im Plenum und Diskussion.

14. In Gruppen: Aufstellen eines Zeitplans für bevorstehende Prüfung (von aktueller Situation ausgehen).

Manöverkritik: Welche Einsichten lassen sich aus dem Kurs gewinnen, wo führt er zu konkreten Verhaltensänderungen?

3. Arbeitstechnikkurs für 17- bis 19jährige Schülerinnen und Schüler der Oberstufe

10 Doppelstunden:

1. Einführung, Beantwortung des Fragebogens über eigene Arbeitsprobleme, in Gruppen Zielsetzungen und Prioritäten festlegen, im Plenum beschließen.
Probleme der Diskussionsführung – Anknüpfen an Beobachtungen bei den vorangehenden Diskussionen, Regeln für die Diskussionsführung und -teilnahme gemeinsam erarbeiten.

2. Notizennehmen, kurze Einführung.
Vortrag über Lernpsychologie zur Einübung der Notizentechnik – Diskussion über wesentliche Punkte, mögliche Gliederung sowie über praktische Anwendung und Schlußfolgerungen aus der Lernpsychologie.

3. Schnell-Lesen – Feststellen des eigenen Tempos und der Behaltensrate.
Allgemeine Regeln, Übungen zur Weitung der Blickspanne.
Diskussion der verwendeten Texte.

4. Dreiteilung der Klasse, eine Gruppe stellt Fragen, eine erhält Fragen und eine bereitet sich nicht auf Lesetext vor:
Lesen eines Sachartikels (z.B. über Sozialpsychologie, Einstellungsforschung).
Prinzipien des kritischen, gezielten Lesens.
Beantworten von Fragen zum Text und Vergleich der Ergebnisse der drei Gruppen, Diskussion.

5. Vorlage von Texten aus verschiedenen Quellen zum gleichen Thema: Erstellen von Notizen bzw. Literaturkartei, Diskussion über Hintergründe der Informationen, Gewichten der Quellen.
Erstellen einer Zusammenfassung mit korrekten Literaturangaben.

6. Vorbereiten einer größeren Arbeit, allgemeine Prinzipien.
Übung: Gegebenes Thema aus verschiedener Sicht bearbeiten. Gemeinsam Checkliste für die Vorbereitung einer Semesterarbeit oder eines Vortrages aufstellen.

7. Motivation: Beantworten eines Fragebogens.
Diskussion: Welche Zeit habe ich, welche hat die Schule, warum lerne ich?

8. Zeiteinteilung: Gruppendiskussion über Fallbeispiele:

Warum haben manche Jugendliche Probleme bei der Zeiteinteilung, was läßt sich dagegen tun?

Schlußfolgerungen im Plenum.

9. Prüfungen: Stellungnahmen und Empfehlungen in Gruppen zu verschiedenen Problemen. In welchem Stadium lernt man am besten allein, wann kann die Zusammenarbeit mit anderen sinnvoll sein?

10. Problemlösestrategien, Hindernisse und »Sackgassen«.

Schlußbesprechung zum Kurs.

III. Vermittlung von Arbeits- und Lernmethoden im allgemeinen Unterricht

Wie auf Seite 30ff. ausgeführt, gibt es verschiedene Organisationsformen für die Vermittlung von Lern- und Arbeitsmethoden. Aber unabhängig davon, ob ein spezielles Fach dafür geschaffen, ob der Klassenlehrer/die Klassenlehrerin damit beauftragt wird oder ob Studienwochen stattfinden, ist es wichtig, daß die Themen und Probleme der Arbeitstechnik im sonstigen Unterricht immer wieder aufgegriffen und Möglichkeiten zur Anwendung des Gelernten geboten werden. Natürlich ist dies besonders wichtig, wenn keine gesonderten Veranstaltungen zur Lern- und Arbeitstechnik durchgeführt werden. Finden entsprechende Kurse statt, dürfen sie nicht isoliert neben den anderen Fächern stehen. Der ständige Bezug zwischen Vermittlung von Lernmethoden und allgemeinem Unterricht ist aus verschiedenen Gründen wichtig.

Wie bereits dargelegt, geht es bei einem Lerntraining nicht nur um die Vermittlung von Kenntnissen und Techniken, sondern es sind vor allem Anwendungsmöglichkeiten wichtig, wenn die Lernenden motiviert werden sollen, ihre bisherigen Vorgehensweisen zu überprüfen und neue zu erproben.

Spezielle Veranstaltungen zum Thema Arbeits- und Lernmethoden können (und müssen) wichtige Informationen und Kenntnisse vermitteln, Hinweise und erste Gelegenheit zu Übungen und durch entsprechende Methoden Impulse für Einstellungsänderungen geben. An diese Anstöße muß aber in möglichst vielen Unterrichtsstunden immer wieder angeknüpft werden.

In seinem Rahmenmodell für die Anleitung zum selbständigen Lernen betont P.R. Simons (1992), daß den Lernenden gezeigt werden muß, wie sie selbst lernsteuernde Aktivitäten übernehmen können, woraufhin der Lehrende seine Aktivitäten zurücknehmen kann. Simons nennt folgende »Prinzipien des prozeßorientierten Lernens« (S. 262):

1. Betonung von Lernaktivitäten und Lernprozessen anstatt ausschließlicher Betonung von Lernergebnissen (Prozeßprinzip).
2. Lernen wird zum Diskussions-/Unterrichtsthema gemacht, damit sich die Lernenden ihrer Lernstrategien und Selbstregulierungsfähigkeiten und der Relation zwischen diesen und den Lernzielen bewußt werden (Rückbesinnungsprinzip).
3. Der Einfluß affektiv-emotionaler Prozesse auf das Lernen und deren Interaktionen mit kognitiven und metakognitiven Prozessen wird berücksichtigt (Affektivitätsprinzip).

4. Den Lernenden werden Relevanz und Nützlichkeit der Kenntnisse und Fertigkeiten, die sie lernen sollen, bewußtgemacht (Nützlichkeitsprinzip).
5. Transfer und Generalisierbarkeit des Gelernten werden explizit im Unterricht berücksichtigt, und es wird nicht erwartet, daß sie von selbst auftreten (Transferprinzip).
6. Lernstrategien und Selbstregulierungsfähigkeiten werden längerfristig und im Kontext von Unterrichtsfächern geübt (Kontextprinzip).
7. Die Lernenden werden explizit darin unterwiesen, wie sie ihr eigenes Lernen überwachen, diagnostizieren und korrigieren können (Selbstdiagnostikprinzip).
8. Der Unterricht wird so gestaltet, daß Lernende aktiv lernen und daß sie konstruktive Lernaktivitäten wählen können (Aktivitätsprinzip).
9. Die Verantwortung für das Lernen verlagert sich allmählich vom Lehrer zu den Lernenden (Prinzip des allmählichen Abbaus von Hilfen).
10. Maßnahmen zur Realisierung selbstregulierten Lernens werden mit anderen Betreuungs-/Bezugspersonen abgesprochen (Betreuungprinzip).
11. Kooperationen und Diskussionen zwischen den Lernenden werden im Unterricht aufgegriffen (Kooperationsprinzip).
12. Höhere kognitive Lernziele, die aktives und konstruktives Lernen erfordern, werden betont (Lernzielprinzip).
13. Neues Wissen wird auf Vorwissen bezogen (Vorwissensprinzip).
14. Der Unterricht wird an die Lernkonzeptionen der Studierenden angepaßt (Lernkonzeptionsprinzip).

Bei der Unterrichsplanung und im Unterricht ist nicht nur der Wissensvermittlung, sondern auch den Lernmethoden ein fester Stellenwert zu gewähren. Nur wenn auch die Vorgehensweisen immer wieder thematisiert werden, wird den Lernenden bewußt, daß sie lernbar und veränderbar sind. Dabei muß der persönlichen Erfahrung der Lernenden ein breiter Raum eingeräumt werden. Die Lehrerinnen und Lehrer können zwar Anregungen geben und eine aktive Rolle einnehmen, müssen jedoch den Kindern und Jugendlichen für das Entdecken, das Herausfinden und Entwickeln eigener Lernstrategien und -techniken ausreichend Zeit und Raum lassen. Lernerleichternde Vorgehensweisen können an aktuellen Lerninhalten gründlich gelernt und vielfältig angewendet werden (H. Landolt, 1994). Der Nutzen und der begrenzte Anwendungsbereich der Lernstrategien und -techniken muß bekannt, einsichtig und erfahrbar sein. Der Lernerfolgskontrolle, der selbständigen Steuerung, Überwachung und Regulation der angewendeten Lernverhaltensweisen ist große Bedeutung beizumessen. Der gemeinsame und individuelle Lernprozeß muß Gegenstand des Lernens sein, begleitet von individueller Beratung.
Wichtig für die Umsetzung dieser Forderungen ist eine gute Zusammenarbeit zwischen den Lehrerinnen und Lehrern der Schule. Dies gilt sowohl dann, wenn eine Lehrperson mit der Durchführung von entsprechenden Kursen oder Klassenlehrerstunden beauftragt ist, als auch dann, wenn vereinbart wird, daß alle

die notwendigen Informationen ebenso wie die Übungsgelegenheiten in ihren Unterricht einbeziehen. In diesem Fall ist es notwendig, Absprachen zu treffen, wann und in welchem Fach einzelne Techniken eingeübt werden können, wie in einem anderen Fach darauf aufgebaut werden könnte, welche Voraussetzungen erfüllt sein müssen, bevor bestimmte Aufgaben gestellt werden können. Manche Fragestellungen lassen sich nur interdisziplinär angehen, so daß sich die Zusammenarbeit zwischen den Lehrpersonen von zwei oder mehreren Fächern bei der Bearbeitung mancher Aufgaben geradezu aufdrängt (vgl. dazu S. 191).

Viele der in den folgenden Kapiteln erwähnten Anregungen erfordern auch von den Schülerinnen und Schülern einen beträchtlichen Mehraufwand. Wenn sie sich Informationen selbst erarbeiten oder beschaffen müssen, bedeutet dies natürlich zunächst eine größere Belastung, als wenn der Lehrer alle Kenntnisse vermittelt. Auch aus diesem Grund ist eine genaue Absprache zwischen den Lehrpersonen einer Klasse notwendig: Sie soll verhindern, daß gleichzeitig von mehreren Seiten aufwendige Aufgaben erteilt und die Lernenden überfordert werden. Außerdem muß überprüft werden, wo der Stoffdruck zugunsten der Methodenerarbeitung vermindert werden kann. Ziel dieser Anregungen soll es ja nicht sein, die Jugendlichen zusätzlich zu belasten, sondern die Prioritäten etwas anders zu setzen.

Im vorliegenden Kapitel wird unterschieden zwischen Unterrichtsmethoden, die zu selbständigem Denken und zur eigenen Aktivität der Schüler anregen; Methoden, die die Motivation der Lernenden fördern; solchen, die ihnen erlauben, das Wesentliche des Wissensstoffes zu erfassen und eine kritische Distanz zu den Inhalten zu gewinnen; Vorgehensweisen, die allgemein verschiedene Arbeitstechniken sowie die Zusammenarbeit in Gruppen fördern. Diese Unterteilung dient lediglich einer groben Gliederung und ist natürlich künstlich, da sich die verschiedenen Aspekte oft überschneiden.

1. Anstöße zu selbständigem Denken und zu eigener Aktivität

Selbständiges Denken und Arbeiten lernen die Schülerinnen und Schüler nur durch ihre eigene Aktivität. Diese Erkenntnis ist trivial – doch scheint sie noch viel zuwenig im Unterricht umgesetzt zu werden. Untersuchungen, die von R. und A. Tausch 1977 durchgeführt wurden, zeigen, daß während des Unterrichts in der Regel vor allem der Lehrer aktiv ist. Die genannten Forscher errechneten Durchschnittswerte, wonach die Lehrperson 80 Prozent aller im Unterricht registrierten Wörter spricht und mindestens 55 Fragen pro Stunde stellt, während alle Schülerinnen und Schüler zusammen etwa zwei bis drei Fragen bringen. Außerdem werden von Lehrerinnen und Lehrern durchschnittlich pro Stunde 50 Befehle und Aufforderungen an die Lernenden erteilt und 95 Prozent aller Unterrichtsstunden im Frontalunterricht durchgeführt. Auch neuere Untersuchungen ergeben kein grundsätzlich anderes Bild.

E. Geissler (in L. Roth, 1972) untersuchte, wie oft Schülerinnen und Schüler während einer Lektion aufgerufen werden, und kam zu folgendem Ergebnis: Die überwiegende Zahl der Lernenden, die im ersten Stundendrittel drankommen, entstammt leistungsmäßig dem oberen Mittelfeld. Gegen Ende der Stunde verringert sich die Spannweite und verschiebt sich gegen die Spitze des Leistungsgefälles. Ermutigungen für schwächere Schülerinnen und Schüler werden am häufigsten im ersten Stundendrittel ausgesprochen, gegen Ende wird diese Schülergruppe vermehrt getadelt, während sich das Lob immer mehr auf die Spitzenschüler konzentriert.

Eine wichtige Rolle spielt natürlich die Unterrichtsmethode. Frontalunterricht ist geeignet, den Lernenden die erforderlichen Informationen zu vermitteln, nicht aber, ihre eigene Auseinandersetzung mit dem Wissensstoff zu fördern. Der Weg, nach dem vorgegangen wird, ist durch die Ausführungen des Lehrers gesteuert, seine Zwischenfragen führen die Schülerinnen und Schüler nur stückweise und innerhalb einer genau vorgezeichneten Bahn weiter.

Das Ziel, das selbständige Denken und die eigene Aktivität der Lernenden zu fördern, kann nur durch Lernaufgaben, die alle einzeln oder jeweils mehrere Schülerinnen und Schüler zusammen in Kleingruppen ausführen, erreicht werden.

Als Anregung mögen die Beispiele von R. und A. Tausch dienen, die folgende *Arten von Denkvorgängen* bei Lernenden unterscheiden:

– Vergleichen von Erscheinungen im Hinblick auf gemeinsame, ähnliche oder unterschiedliche Merkmale (z.B. Vergleich von Bevölkerung und Wirtschaft von Deutschland und Italien, Vergleich von Fotoapparat und Auge).
– Schaffen und Erfinden von etwas Neuem, von neuen Produkten, neuen Ideen, weitgehend neuen Wegen zur Lösung von Problemen (z.B. Verfassen eines Gedichtes zu einem aktuellen Thema, Suchen nach Alternativen zur Lösung von Konflikten in Familien, Schulen, Kindergärten oder in der Politik).
– Suchen, Feststellen und Begründen von Zusammenhängen und Beziehungen zwischen Erscheinungen oder Ereignissen (z.B. Zusammenhänge zwischen geographischer Lage und der Wirtschaft von Ländern, Zusammenhänge zwischen Vorgesetztenverhalten und Reaktionen ihrer Partner).
– Kombinieren und Umstrukturieren von verschiedenen Erscheinungen und Erfahrungen zu einer neuen Erscheinung (z.B. Anfertigen einer Zeitung aus Meldungen, Kommentaren und Berichten verschiedener Tageszeitungen, Heraussuchen der elektrotechnischen Teile, die zur Herstellung eines Walkman-Empfängers notwendig sind).
– Aufstellen von Vermutungen (Hypothesen, z.B. Vermutungen über die Gründe der Wärmeleitfähigkeit verschiedener Körper, für die Entwicklung der Preise und Löhne in den letzten zehn Jahren).
– Formulieren hinreichender und notwendiger Bedingungen für bestimmte Erscheinungen (z.B. Feststellen, welche Bedingungen für das Funktionieren eines Autos, eines Feuerzeugs oder einer Fahrradklingel gegeben sein müssen).

– Beurteilen, Werten, Treffen von Schlußfolgerungen und Entscheidungen (z.B. Beurteilen, ob eine vorhandene Versuchsanordnung für den Nachweis von Traubenzucker geeignet, ob das Urteil einer Gerichtsverhandlung gerecht ist).

Wichtige Erfahrungen bei der selbständigen Wahl eines Themas, Gliederung, Beschaffung von Informationen aus verschiedenen Quellen, beim Erstellen von Auszügen, Notizen, Strukturieren und Formulieren sammeln Schülerinnen und Schüler bei größeren Arbeiten wie *Semester- oder Quartalsarbeiten* oder Schülervorträgen (vgl. auch S. 151). Auch hier gibt es eine Wissens- und eine Übungskomponente: Die Lernenden müssen zuerst mit den verschiedenen Vorgehensweisen, den erforderlichen Schritten und der Planung der Zeit vertraut gemacht werden und sodann durch weitere Aufgaben die erlernten Methoden verfestigen können. Bereits bei der Themenwahl besteht die Gefahr, daß die Jugendlichen sich überschätzen. Es empfiehlt sich deshalb, zunächst eine genaue Disposition zu verlangen und mit den Betreffenden zu besprechen. Aus der Disposition sollte hervorgehen, welches Thema gewählt wurde, welche Zielsetzungen und welche Hypothesen die Arbeit hat und welche Methoden zur Beantwortung der Fragestellung verwendet werden. Oft ist es bei der Besprechung notwendig, das Thema genauer einzugrenzen, die Methoden zu diskutieren usw. Eine weitere Hilfeleistung, von der die jüngeren Schülerinnen und Schüler profitieren, ist die gemeinsame Festlegung von Terminen für die einzelnen Teilarbeiten und für regelmäßige Besprechungen.
In letzter Zeit hat die Zahl der Lehrerinnen und Lehrer aller Stufen zugenommen, die sich um Individualisierung und um Projektunterricht bemühen. Individualisierter Unterricht ist schon ab dem ersten Schuljahr möglich. Die Kinder entscheiden von Anfang an mit, welche Arbeiten sie in welcher Reihenfolge angehen, und lernen dabei sehr viel für das selbständige Lernen. Eine Möglichkeit, Experimente durchzuführen, die Lernenden eigene Wege finden zu lassen und verschiedene Zugänge zu vergleichen und zu diskutieren, bietet sich beispielsweise beim Lesen.
Beim »Lernen auf eigenen Wegen« (P. Gallin und U. Ruf, 1990) geht es darum, den Lernenden entdeckendes, eigenständiges und kreatives Lernen in der Schule zu ermöglichen. Die Lerninhalte werden nicht so an die Schülerinnen und Schüler herangetragen, wie sie sich aus der Rückschau präsentieren, sondern so, wie sie von Anfängern in der Vorschau ganzheitlich, in Form einer Kernidee, wahrgenommen werden können. Ausgehend von einer solchen Kernidee, arbeiten sich die Kinder vom Ganzen her ins Detail vor. Da sie auf sich selbst gestellt sind, müssen sie ihr schon integriertes Fachwissen so anwenden, daß es sie zu neuen Erkenntnissen führt. Ihren Lernweg dokumentieren die Lernenden selbst in einem Reisetagebuch, das Ideen, Vermutungen, Versuche, Erkenntnisse und weiterführende Arbeitsaufträge schriftlich festhält. Die Lehrperson ist vor allem Berater für Einzelreisende, die das Wissensgebiet auf eigenen Wegen erkunden und ihre individuellen Routen dokumentieren. Die Lektionen gliedern sich in Informationsphasen, Austauschphasen und Frage- und Diskussionsphasen, wo-

bei die zeitlichen Einheiten meist viel länger als eine Lektion sind und sich individuelle Arbeitsblöcke ergeben.

In vielen Schulen werden regelmäßig *Projektwochen* oder *Projekttage* durchgeführt, um der Zersplitterung in Einzelfächer zu begegnen und eine intensive Auseinandersetzung mit bestimmten Themen oder Fragestellungen zu ermöglichen. In Projekten können die Lernenden selber Problemen nachgehen, erforschen, ausprobieren, entdecken, mit anderen zusammenarbeiten.

Am Anfang eines solchen Projektes steht die gemeinsame Planung, Zielsetzung und die Entwicklung einer Strategie zur Durchführung. Viele Teilarbeiten werden von den Jugendlichen einzeln oder in Gruppen übernommen, je nach Art der Aufgabe werden manche davon auch außerhalb der Schule durchgeführt (z.B. Interviews, Diskussionen, Information der Öffentlichkeit). Dazwischen sind Besprechungen zum Fortgang der Arbeiten, zur gegenseitigen Information oder beim Auftauchen von Schwierigkeiten erforderlich. Effiziente Arbeitsmethoden sind für die selbständige Arbeit Voraussetzung; entsprechende Techniken, die dazu in speziellen Kursen oder im sonstigen Unterricht diskutiert wurden, werden im Rahmen solcher Aufgaben aufgegriffen, eingeübt und sinnvoll vertieft.

Während die Erfahrungen mit solchen Projekten im allgemeinen als sehr gut bezeichnet werden und vor allem der Lernerfolg und die hohe Motivation der Schülerinnen und Schüler hervorgehoben werden, sind es vorwiegend organisatorische Probleme, die viele Lehrkräfte und Schulen von einer stärkeren Betonung und Förderung dieser Methode abhalten.

Am Schluß empfiehlt sich eine Manöverkritik: Was hat geklappt, wo ergaben sich Probleme, was würde man das nächste Mal anders machen, wie könnte man noch vorgehen?

Eine andere Möglichkeit zur Förderung der Eigenaktivität der Schülerinnen und Schüler stellt das von S. Sharan und seinen Mitarbeitern an der Universität von Tel Aviv entwickelte Modell der *Kleingruppenprojekte* dar. Die Lernenden durchlaufen dabei sechs Stufen:

1. Festlegung des Themas und Organisation der Gruppen: Aufgrund von Erfahrungen der Schülerinnen und Schüler, Anregungen aus Texten, Bildern, Büchern und Dias werden in der ganzen Klasse oder in kleinen Diskussionsgruppen Vorschläge gesammelt und in Kategorien geordnet. Die Aufteilung in Projektgruppen erfolgt nach Interessen und Fähigkeiten.
2. Planung der Lernaufgabe: Die Schülerinnen und Schüler gliedern das Thema, überlegen, wie die gewählte Fragestellung zu beantworten ist, ob durch eine Untersuchung oder Sammlung von Informationen, welche Hilfsmittel erforderlich, welche Aktivitäten auszuführen sind.
3. Durchführung der Untersuchung: Diese Stufe ist meist die umfangreichste. Anfänglich muß die Lehrperson öfter eingreifen, um bei der Überwindung von Erfahrungsmängeln zu helfen, Diskussionsprinzipien und Lernfertigkeiten zu vermitteln.

4. Vorbereitung des Abschlußberichtes: Aus jeder Gruppe werden Schülerinnen und Schüler delegiert, um sich gemeinsam zu überlegen, auf welche Weise die Ergebnisse der ganzen Klasse präsentiert werden sollen. Gesucht wird eine Form, die sowohl instruktiv als auch ansprechend ist, z.B. Ausstellung, Modell, Experiment, Radio- oder Fernsehprogramm, schriftlicher Bericht, Aufführung, Diavortrag. Die Lernenden wechseln in die Rolle der Lehrenden und betrachten ihr Thema aus dieser Sicht.
5. Darbietung des Schlußberichtes: Die Teilgruppen treffen sich zur Vermittlung ihrer Ergebnisse an die ganze Klasse. Durch Aufgaben, Experimente, Quizfragen u.a. werden alle Klassenmitglieder beteiligt.
6. Evaluation: Schon während der Projektarbeit sind die Ideen und die Beiträge der einzelnen für die Gruppenkameraden und die Lehrperson sichtbar. Die Evaluation in der ganzen Klasse erfolgt beispielsweise, indem jede Gruppe Fragen über die wichtigsten Gedanken einreicht, die sie der Klasse vorgetragen hat. Jede Gruppe beurteilt dann als Experten die schriftlichen Antworten der anderen Schülerinnen und Schüler.

(Nach S. Sharan und R. Hertz-Lazarowitz in »Kooperatives Lernen«, 1984.)

Hausaufgaben bieten sich natürlich in erster Linie zur Einübung selbständiger Arbeitsformen an. Die von den Lernenden erarbeiteten Lösungen oder Vorschläge können zur Vorbereitung des Unterrichts beitragen. Bearbeiten alle Schülerinnen und Schüler das gleiche Problem, werden anschließend vor allem die verschiedenen Vorgehensweisen diskutiert. Ein Thema läßt sich aber auch aufgliedern; die Lernenden bearbeiten dann individuelle Fragestellungen. Diese bestehen beispielsweise im Zusammentragen von Informationen aus Büchern, Interviews oder Nachschlagewerken. Die nächste Stunde wird von den Schülerinnen und Schülern selbst begonnen, indem sie ihre Ergebnisse präsentieren. Die Korrektur der Hausaufgaben erfolgt somit durch den Unterricht selbst. Dieses Vorgehen kann sowohl bei kleineren Aufgaben wie auch bei Quartals- oder Facharbeiten gewählt werden.

2. Förderung der Motivation, Erzeugung einer Fragehaltung

Zwischen der Förderung des selbständigen Denkens und der eigenen Aktivität der Lernenden einerseits und der Motivation andererseits besteht ein enger Zusammenhang: Motiviert für den Unterricht und das Lernen sind die Schülerinnen und Schüler, wenn sie dessen Ziele kennen und bejahen, wenn sie selbst das Wissen oder die Kenntnisse als relevant erachten und erwerben wollen. Dies ist aber in hohem Maße in einem auf Selbsttätigkeit ausgerichteten Unterricht der Fall.
R. Mager (1968) berichtet dazu über zwei Untersuchungsergebnisse, die er selbst nicht erwartet hatte. Er verglich zunächst die Lernleistungen von Schülerinnen und Schülern, die ein von ihm entwickeltes Lernprogramm absolvierten, mit an-

deren, die denselben Stoff in einer normalen Unterrichtslektion erwarben, und stellte fest, daß die Lernenden mit Hilfe des Lernprogramms schneller lernten. Nur um zu sehen, welche Irr- und Umwege sie machen würden, gab er einer weiteren Gruppe *lediglich die Lernziele* bekannt und teilte ihnen mit, sie könnten sie auf dem Wege erreichen, den sie selbst für richtig erachteten; bei Bedarf und Fragen stand ein Lehrer zur Verfügung.

R. Mager fand, daß diese Gruppe nicht nur im Schlußtest ebensogut abschnitt wie die Schülerinnen und Schüler, die das sorgfältig aufgebaute Lernprogramm durchlaufen hatten, sondern zudem dieses Ziel auch in einem Bruchteil der Zeit erreichten. Dabei schlugen viele Lernende weder den »logischen Weg« ein, noch fragten sie alle jene Dinge, die eigentlich als notwendig angesehen wurden. Aus diesem Ergebnis schloß Mager, daß im Programm (und natürlich noch mehr im normalen Unterricht) viel Zeit mit der Vermittlung von Informationen verschwendet wurde, die den Lernenden bereits bekannt waren. Er überprüfte seine Resultate in einem anderen Experiment und fand nicht nur erneut eine wesentlich kürzere Lernzeit, sondern vor allem auch ein weit intensiveres, selbständigeres Arbeiten derjenigen Schülerinnen und Schüler, denen die Lernziele bekanntgegeben worden waren.

Um Ängste und Lernblockaden bei den Schülerinnen und Schülern abzubauen, sind nach R. Miller (1986) folgende Verhaltensweisen von Lehrenden erforderlich:

- Sie achten auf die vielfältigen Signale der Lernenden, die teils versteckt, teils offen ausgesendet werden.
- Sie dosieren Lernstoff, Lernzeit und Lerntempo den Schülern entsprechend.
- Sie wecken Neugierde und Lernbereitschaft der Schülerinnen und Schüler.
- Sie knüpfen an altem und bekanntem Lernstoff an.
- Sie verbinden den Lernstoff mit angenehmen Dingen.
- Sie bestätigen, ermutigen und trösten bei Niederlagen.
- Sie schaffen eine freundliche Atmosphäre.
- Sie beachten die Schülerinnen und Schüler in ihrem Tun und vermitteln ihnen das Gefühl des Angenommenseins.
- Sie geben ihnen Zeit zum Lernen, zum Wachsen und Reifen.
- Sie äußern ihre eigenen Lehr- und Lernschwierigkeiten den Lernenden gegenüber.

Ein interessantes Ergebnis einer Sechstklaßlehrerin (Miss Shiel) wird von C. Rogers (1974) geschildert: Sie arbeitete mit einer sehr schwierigen Klasse und wagte schließlich einen Versuch. Alle Schülerinnen und Schüler durften arbeiten, was sie wollten. Sie schlossen jeden Morgen mit der Lehrerin einen »Arbeitsvertrag«, in welchem Fach sie welches Gebiet in Angriff nehmen wollten, und arbeiteten dann selbständig oder mit anderen zusammen an ihrem Thema. Erklärungen wurden gelesen oder gegenseitig abgegeben, Prüfungen durchgeführt und anschließend im Lehrerbuch die Lösungen kontrolliert und die Note vorgeschlagen. Die Lehrerin stand für Auskünfte und Ratschläge zur Verfügung. Da die Lernenden von diesem Vorgehen begeistert waren, wurde es drei Monate lang mit gutem Erfolg angewandt (Bedenken kamen vor allem von seiten der Eltern).

Wie sich auch aus den Ausführungen zum Kapital Motivation (vgl. S. 53) ergibt, ist für die Schülerinnen und Schüler vor allem die Möglichkeit wichtig, selbst die Verantwortung für ihr Lernen zu übernehmen und selbst Kontrolle über Vorgehensweisen auszuüben. Diese Möglichkeit ist wie in den obigen Beispielen dann gegeben, wenn die Lehrperson die Schülerinnen und Schüler bei der Unterrichtsplanung mit einbezieht und sie entweder den Weg oder den zeitlichen Ablauf selbst wählen läßt: Sie legt ihnen die Lernziele ihres Faches für das Quartal oder Semester vor und überlegt gemeinsam mit ihnen, wie vorzugehen ist, um diese Ziele zu erreichen. Was müssen wir wissen und lernen, was wollen wir über dieses Gebiet erfahren, welche Kenntnisse und Fertigkeiten sind dazu erforderlich?

Oft ergibt sich auch die Möglichkeit, den Lernenden alternative Themenkreise vorzuschlagen: Ein Unterrichtsziel kann auf verschiedene Weise erreicht werden, und die Jugendlichen diskutieren mit, welcher Weg vorzuziehen ist.

Das gleiche Vorgehen kann auch für die einzelnen Lektionen gewählt werden: Wie vor der Lektüre von Büchern oder Artikeln (vgl. Kapitel 6, S. 77), werden zu Beginn einer Unterrichtsstunde die Ziele in Form von Fragen zusammengetragen: welche Teilgebiete behandelt werden, warum sie ausgewählt wurden, in welchem Zusammenhang sie zum übergeordneten Ziel stehen.

In anderen Fällen können die Schülerinnen und Schüler bereits bei der Festlegung der Lernziele mitwirken, indem der Lehrer ihnen ein Thema vorlegt und die Fragen dazu sammelt (vgl. auch die 1. Stufe der Kleingruppenprojekte, S. 182). Die Präsentation des Themas kann beispielsweise durch Bilder zu einer geschichtlichen Epoche, durch die Demonstration eines Phänomens, durch Zeitschriftenartikel über ein Problem oder durch eine Geschichte erfolgen. Die Lernenden überlegen, was sie darüber wissen, womit sie sich näher befassen wollen.

Diese Empfehlungen gelten natürlich auch für die Bearbeitung von Themen der Arbeits- und Lerntechnik. Am Anfang steht eine *Selbstdiagnose* der Schülerinnen und Schüler:

- Wo liegen meine Probleme?
- Mit welchen Methoden und Verhaltensweisen bin ich unzufrieden?
- Stehen Aufwand und Ertrag in einem angemessenen Verhältnis zueinander?
- Stimmt meine Zeitplanung?
- Finde ich mich bei größeren Arbeiten zurecht?
- Weiß ich, wo ich meine Informationen beschaffen kann?

Werden einzelne Aspekte der Arbeitstechnik aufgegriffen, kann von einer Fragensammlung ausgegangen werden: Was interessiert euch zum Thema Zeit? Welche Fragen müßten beantwortet werden, welche Forschungsergebnisse bekannt sein, um zu Schlußfolgerungen über ein sinnvolles Verhalten zu kommen?

Unter den Bereich Motivation fallen die bereits erwähnten *Einstellungen* und Haltungen gegenüber dem Lernen. Schülerinnen und Schüler, die über Jahre erfahren haben, daß ihre Lernbemühungen nur zu Mißerfolgen und schlechten Noten führen und dazu benutzt werden, sie abzuurteilen und abzustempeln, entwickeln Angst und Abwehr. Oft geht es deshalb in erster Linie darum, diese Ängste abzubauen, die Lernenden erleben zu lassen, daß sie die Aufgaben bewältigen können. Lernen ist ein Grundbedürfnis des Menschen – die wichtigsten Einstellungen, die die Schule den Kindern im Hinblick auf ihre zukünftige Weiterbildung und Selbständigkeit geben kann, sind Lernfreude und das Vertrauen in ihre Fähigkeit zu lernen.

Wie bereits ausgeführt (vgl. S. 55), werden diese Einstellungen nicht dadurch erreicht, daß den Lernenden alle Schwierigkeiten aus dem Weg geräumt werden und sie nur noch Erfolge erleben. Wichtig ist vielmehr, daß sie bei anspruchsvolleren und größeren Arbeiten begleitet werden, daß sie in ihrem eigenen Tempo und auf ihrem eigenen Weg vorgehen können und Hindernisse überwinden lernen.

3. Erfassen des Wesentlichen, kritische Distanz zu den Lerninhalten

Unterrichtsmethoden, die den Schülerinnen und Schülern helfen, das Wesentliche des Lernstoffs zu erfassen sowie eine kritische Distanz zu den Inhalten zu bewahren, sind ebenfalls eng verwandt mit jenen, die zum selbständigen Denken und zur eigenen Aktivität anregen (vgl. Kapitel 1, S. 179). Es tritt hier wiederum lediglich ein anderer Aspekt in den Vordergrund.

Im Zentrum steht das Anliegen, daß die Lernenden beim Zuhören und beim Lesen die wesentlichen Punkte des Stoffes von den unwesentlichen unterscheiden, daß sie auch über größere Gebiete den Überblick behalten, sie gliedern und neue Inhalte entsprechend einordnen sowie daß sie verschiedene Informationen gewichten und ihren Stellenwert beurteilen können.

Eine wichtige Vorbereitung zur Förderung dieser Fähigkeiten besteht in der im vorangehenden Kapiel erwähnten gemeinsamen *Lernzielformulierung* und Erzeugung einer Fragehaltung. Wenn die Schülerinnen und Schüler wissen, was in einer bestimmten Stunde erreicht und welche Kenntnisse erworben werden sollen, fällt es ihnen leichter, die neuen Inhalte einzuordnen und zu gewichten. Ebenso hilft es ihnen, wenn am Schluß der Stunde die wichtigsten Punkte vom Lehrer oder einem Schüler kurz zusammengefaßt werden.

R. Ulshöfer (1971) empfiehlt, ab dem 8. Schuljahr ein Protokollheft führen zu lassen. Eine Schülerin oder ein Schüler ist dafür verantwortlich und delegiert für jede Unterrichtsstunde diese Aufgabe an einen Kameraden. Im *Unterrichtsprotokoll* werden die wichtigsten Gedanken aus Diskussionen, Referaten,

Unterrichtsgesprächen sowie der Verlauf der Stunde kurz festgehalten. Dieses Vorgehen dient der Konzentration auf das Wesentliche, muß aber natürlich sorgfältig vorbereitet und mit den Lernenden immer wieder besprochen werden.

Für die Schülerinnen und Schüler ist es besonders vor *Prüfungen* wichtig, daß sie den Überblick über den Stoff haben und Schwerpunkte setzen können. Die Vorbereitung kann hier darin bestehen, daß in einer Unterrichtsstunde gemeinsam überlegt wird, was besonders wichtig ist, wie sich eventuell ein großes Gebiet gliedern und besser in den Griff bekommen läßt, über welche Kenntnisse die Lernenden verfügen sollten. Ziel von Gruppenarbeiten kann es sodann sein, Prüfungsfragen zu formulieren, die den anderen Gruppen nachher vorgelegt werden. Die Schülerinnen und Schüler müssen dabei begründen können, warum sie bestimmte Fragen stellen oder für wichtig erachten. Auf diese Weise treten die Lernenden mit einem anderen Blickwinkel an den Stoff heran, aus dem sich eine Konzentration auf die wichtigsten Inhalte ergibt.

Sinnvoll kann es auch einmal sein, den Jugendlichen die Benützung *eines Notizblattes* (»Spickzettel«) während einer Prüfung zu erlauben. Sie werden dadurch zu einer Auswahl der Kernpunkte gezwungen, die sich auf die Auseinandersetzung mit dem Gebiet vorteilhaft auswirkt. Die »Spickzettel« der einzelnen Schülerinnen und Schüler können auch miteinander verglichen und zur Diskussion gestellt werden.

Neben der bewußten Aufnahme des im Unterricht dargebotenen Stoffes ist für die Lernenden die *kritische Lektüre* von besonderer Bedeutung. Im Rahmen eines Arbeitstechnikkurses können dazu nur erst Hinweise gegeben werden (vgl. Kapitel 6, S. 77), daneben sind Übungsmöglichkeiten im normalen Unterricht erforderlich. Immer wieder sollten Lehrerinnen und Lehrer nach Gelegenheiten suchen, die Schüler Informationen selbst beschaffen zu lassen. Schon am Anfang der Sekundarstufe können die Kinder durch Sacherzählungen zu einer informatorischen Lektüre geführt werden. In Zusammenarbeit mit der Schulbibliothek oder einer nahen Bücherei üben die Lernenden eine systematische Informationssuche. Sie erhalten Aufgaben, die die Benützung von Nachschlagewerken erfordern, und bereiten häufig Kurzvorträge über Gebiete vor, in die sie sich, je nach Stufe, weitgehend selbständig eingearbeitet haben.

Zusammenfassungen, die von Schülerinnen und Schülern über einzelne Kapitel eines Fachbuchs oder über Artikel erstellt wurden, können im Unterricht aufgegriffen werden. Zu diskutieren ist dann, ob die wichtigsten Punkte erfaßt wurden, ob die Gliederung übersichtlich ist und den Leserinnen und Lesern eine schnelle Orientierung ermöglicht sowie in bestimmten Fällen, wie man einen Text durch eine Skizze, eine Graphik oder eine Tabelle ersetzen oder veranschaulichen könnte (vgl. auch S. 81).

Vor allem auf den höheren Stufen sollten die Jugendlichen zunehmend auch mit verschiedenen Quellen und mit unterschiedlichen Theorien zum gleichen Gebiet konfrontiert werden. Zu einem geschichtlichen Ereignis werden beispielsweise Texte aus verschiedenen Ländern geprüft, Augenzeugenberichte und Darstellungen in historischen Romanen miteinander verglichen, die Ausführungen von Kommentatoren unterschiedlicher Herkunft einander gegenübergestellt.

Eine besondere Rolle kommt bei der Medienerziehung und natürlich bei der Verarbeitung von Texten der Erziehung zu einer kritischen Distanz gegenüber der Lektüre dem Deutschunterricht zu.

Auch der Geschichtsunterricht eignet sich dazu, wenn Zeitungsausschnitte, offizielle Stellungnahmen und Kommentare »unabhängiger Beobachter« zu bestimmten Ereignissen aus der Sicht verschiedener beteiligten Länder einander gegenübergestellt werden. So schreiben nach dem Ende der Sowjetunion und dem Fall der Mauer Ostblockstaaten mit Hilfe des Unesco ihre Geschichte neu.

P. Hasubek und W. Günther (1973) geben zahlreiche Anregungen für die Behandlung verschiedenartiger Texte im Deutschunterricht. In den Klassen 5 und 6 können nach ihren Vorstellungen Reportagen, Sachbuch- und Werbetexte bearbeitet werden, in den Klassen 7 und 8 Vortragstexte, Warenkataloge und Nachrichten, in den Klassen 9 und 10 Parteiprogramme, Kommentare und Lexikonartikel. Viele Faktoren erschweren den Gebrauch einer Information. Zum Entschlüsseln und richtigen Verstehen einer Mitteilung sind deshalb bestimmte Techniken erforderlich, die erlernt werden müssen. Informationen können zudem bewußt verzerrt, unterdrückt, verstümmelt oder gefälscht werden – Möglichkeiten, von denen, wie zahlreiche aktuelle Beispiele aus der ganzen Welt zeigen, durchaus nicht nur in Einzelfällen Gebrauch gemacht wird.

Die Lernenden benötigen zur Bewältigung dieser Probleme, zur Entschlüsselung bestimmter Formulierungen, zur Interpretation von Aussagen Hilfe und Anleitungen.

P. Hasubek und W. Günther schlagen dazu beispielsweise vor, den Schülerinnen und Schülern Texte von *Nachrichtensendungen* zur Bearbeitung zu übergeben. Ziel ist, zumindest ansatzweise eine Information beurteilen und bewerten zu lernen. In einer weiteren Phase werden *Kommentare* zu Nachrichten untersucht. Die Jugendlichen müssen lernen, Kommentare nicht als Ersatz für eigene Denkarbeit zu übernehmen, sondern kritisch zu betrachten. Den Schülerinnen und Schülern kann zunächst in Einzel- oder Gruppenarbeit die Aufgabe übertragen werden, den Kommentar mit der Nachrichtensendung zu vergleichen und den Standort des Kommentators festzustellen. Die Ergebnisse werden in einer gemeinsamen Diskussion vertieft.

Infolge der intensiven Propaganda der Parteien ist es nach Ansicht der genannten Verfasser auch Aufgabe der Schule und insbesondere des Deutschunterrichts, parteipolitische Texte zu analysieren. Sie schlagen dazu eine fächerübergreifende Arbeit vor, bei der beispielsweise verschiedene Schülergruppen die Äußerungen einzelner Parteien zu bestimmten Themen (z.B. Bildungswesen) sammeln und mit den jeweiligen Parteiprogrammen vergleichen. Jede Gruppe legt ihr Material der Klasse in einem Kurzreferat vor, an das sich Gruppen- und Plenumsdiskussionen anschließen.

Wenn die Lernenden selbst Textmuster schreiben müssen, befassen sie sich direkt mit den entsprechenden Voraussetzungen und Intentionen. Die Lehrperson kann damit beginnen, Überschriften und Schlagzeilen verschiedener Zeitungen sammeln zu lassen, die später beschrieben und analysiert werden. Nach einem Vergleich der Schlagzeilen und Texte werden sodann einzelnen Schülern oder Schülergruppen die Rollen von Redakteuren bekannter Zeitungen zugewiesen. Bestimmte Ereignisse werden von ihnen im Stil dieser Zeitungen verfolgt und kommentiert.

In der gleichen Weise lernen die Schülerinnen und Schüler auch durch das eigene Verfassen von Werbetexten, Inseraten oder Reglementen (beispielsweise im Rahmen eines größeren Projektes, vgl. S. 182) den aktiven Gebrauch der Sprache und die eigene kritische Auseinandersetzung.

4. Förderung allgemeiner Lerntechniken

In diesem Abschnitt soll kurz auf die Möglichkeiten eingegangen werden, die sich für die Vermittlung von Lerntechniken im allgemeinen Unterricht ergeben. Besonderes Gewicht erhalten sie natürlich, wenn keine gesonderten Lernmethodikkurse geführt werden.

Während einzelne Methoden und Vorgehensweisen speziell in bestimmten Fächern (z.B. Deutsch, Fremdsprachen) geübt werden können, sind andere in allen Fächern (und damit später auch für die Studierenden aller Richtungen) gleichermaßen von Bedeutung. Dies betrifft beispielsweise die Technik des Mitschreibens bei Vorträgen, die Beschaffung und Weitergabe von Informationen und die Zeiteinteilung.

Die Lehrerinnen und Lehrer können den Jugendlichen in verschiedener Weise beim Übergang zu selbständigen Notizen behilflich sein. Anfänglich sollten vor allem die Gliederung mit Haupt- und Untertiteln, etwaige Aufzählungen oder Systematiken noch durch Tafelanschrift oder Diktat bekanntgegeben werden. Besonders leicht fällt den Lernenden die Orientierung, wenn bei dieser Gelegenheit die gesamte Inhaltsübersicht (nicht nur für die betreffende Lektion) über das Gebiet gegeben wird. In einem weiteren Stadium wird am Schluß der Stunde der Aufbau nochmals dargelegt (z.B. mit Overheadprojektor), so daß die Schülerinnen und Schüler ihre Notizen auf Vollständigkeit überprüfen können. Sie sollen auch angehalten werden, ihre Aufzeichnungen zu vergleichen und größeren Abweichungen auf den Grund zu gehen.

Die Lernenden profitieren auch vom Vorbild der Unterrichtenden: Wenn diese beispielsweise während einer Schulfunksendung laufend an der Tafel übersichtliche Notizen erstellen, lernen sie schneller und sicherer als durch viele Worte, wie und in welchem Umfang mitgeschrieben werden kann.

Nützlich sind zudem Hinweise auf den Umfang der Notizen – viele Schülerinnen und Schüler quälen sich anfänglich mit der allzu eifrigen – teilweise sogar wortwörtlichen – Wiedergabe des Gesagten oder beschränken sich auf allzu knappe Stichwörter. Auch hier hilft es ihnen, wenn sie am Schluß der Stunde anhand ihrer Unterlagen die wichtigsten Punkte nochmals durchgehen und kontrollieren. Dies kann dadurch geschehen, daß jeweils ein Schüler aufgerufen wird, seine Notizen vorzulesen, oder einer ein zu vervielfältigendes Protokoll erstellt, das zu Vergleichszwecken herangezoen werden kann.

Mind-Maps eignen sich gut zur Visualisierung bei offenen Unterrichtsformen. Sie sind differenziert, flexibel und übersichtlich, schnell zu erstellen und doch für die notwendige Sicherung des Unterrichtsergebnisses einprägsam. Auch die Ergebnisse von Gesprächsrunden oder die gemeinsame Planung eines Projektes können gut festgehalten werden.

Das Erstellen von Mind-Maps kann im Unterricht eingeführt und demonstriert werden, indem der Lehrer oder die Lehrerin beispielsweise an der Tafel die von den Kindern zusammengetragenen Ideen und Beobachtungen auf diese Weise notiert: Das Thema wird in die Mitte geschrieben, die Beiträge der Kinder folgen als Hauptäste und können auch in einem zweiten Durchgang weiter differenziert werden, beispielsweise in arbeitsteiligen Gruppenarbeiten. Die Technik ist durch Ausprobieren leicht erlernbar.

Manche Schülerinnen und Schüler fangen spontan zu »mappen« an, wenn die Lehrenden diese Technik häufig auf die obige Weise verwenden, andere können durch Übungen unterstützt werden.

Werden schon seit längerere Zeit von den Lernenden eigene Notizen erstellt, ist es sinnvoll, verschiedene Vorgehensweisen aufzugreifen und zu vergleichen (z.B. Beschriftung und Unterteilung der einzelnen Blätter, Gliederung, Darstellungsweise, vgl. auch S. 70ff.). Kriterien bei der Diskussion über Vor- und Nachteile verschiedener Systeme sind vor allem die Übersichtlichkeit (schnelles Auffinden bestimmter Informationen), Flexibilität (Möglichkeit, Ergänzungen, Querverweise oder eigene Gedanken nachträglich anzubringen) und die Eignung als Prüfungsvorbereitung (Hervorheben besonders wichtiger Punkte, Fragen).

Ihren Beitrag zur *Zeiteinteilung* der Jugendlichen leisten die Lehrerinnen und Lehrer vor allem durch das vermehrte Erteilen von längerfristigen Aufgaben. Handelt es sich um umfangreiche Arbeiten (z.B. Vorträge, Facharbeiten, größere Aufsätze), wird zuerst gemeinsam diskutiert, welche Teilarbeiten dazu erforderlich sind (vgl. S. 151) und welcher Zeitaufwand dafür zu veranschlagen ist. Anfänglich erweist es sich als sinnvoll, daß die Lehrperson mit den Schülerinnen und Schülern die Fristen für die Teilziele festlegt und deren Einhaltung kontrolliert. Ohne eine derartige Betreuung unterschätzen viele Lernende die für die einzelnen Arbeiten erforderliche Zeit und geraten am Schluß in Zeitnot. Um für die weitere Arbeit die notwendigen Erfahrungswerte nicht nur zu sammeln, sondern auch festzuhalten, können Formulare verwendet werden: Die Schülerinnen und Schüler tragen die einzelnen Teilarbeiten ein, die dafür geschätzte Zeit und die geplante Frist sowie, nach Erledigung, die tatsächliche Zeit mit Begründung oder Bemerkungen. Dieses Formular kann für die nächsten Arbeiten mit den entsprechenden Schlußfolgerungen beigezogen werden.

Das Hauptproblem besteht ja in der Regel darin, daß sich die Jugendlichen auch bei langfristiger Ankündigung solcher Aufgaben bis kurz vor dem Termin Zeit lassen, weil sie nicht gewohnt sind, selbst zu planen und einzuteilen.

Auch vor größeren Prüfungen kann in einer gemeinsamen Diskussion ein Zeitplan für die Lernenden erarbeitet werden. Wichtig ist, daß die Schülerinnen und Schüler erfahren, daß durch rechtzeitiges Lernen Zeit gespart und die Arbeit erleichtert werden kann. Außer durch Hinweise auf die Ergebnisse der Lernpsychologie kann diese Einsicht vor allem durch einen Vergleich der Leistungen zweier Schülergruppen, die auf verschiedene Weise vorgehen, gefördert werden (vgl. Kapitel II 4, S. 64ff.). Dies gilt auch für den Erwerb und die Repetition fremdsprachiger Vokabeln oder Formeln.

Auch eine Integration der Informations- und Kommunikationstechnologien in die verschiedenen Unterrichtsbereiche ist nur dann möglich, wenn auch die Lehrerinnen und Lehrer diese Werkzeuge kennen und sie auch für ihre eigene Arbeit nutzen. Eine breite Anwendung dieser Technologien im Unterricht läßt den Computer zu einem alltäglichen Werkzeug werden. Ängste, wonach der Computer die Rolle einer Lehrperson übernehmen könnte, sind heute höchstens noch in den Schlagzeilen der Medien zu finden. Sie sollten ja nicht der Lehrkraft bei der Stoffvermittlung helfen, sondern die Lernenden bei der selbständigen Informationserschließung unterstützen. Bei Lernprogrammen fällt ins Gewicht, daß Schülerinnen und Schüler bei Fehlern keine Sanktionen befürchten müssen. Erfolgversprechend sind Computeranwendungen, die es den Jugendlichen erlauben, auf Informationen zuzugreifen und Zusammenhänge selbständig zu entdecken.

Für die Einübung mancher Arbeitsformen ist die *Zusammenarbeit* der Lehrenden *verschiedener Fächer* sinnvoll oder erforderlich. Dies ist beispielsweise der Fall, wenn im Deutschunterricht auf die Fachsprache eines anderen Gebiets eingegangen wird und die Jugendlichen versuchen sollen, einen komplizierten naturwissenschaftlichen Text zu verstehen und in eine einfachere Sprache zu übertragen. In ähnlicher Weise kann die Aufgabe lauten, eine Lexikondefinition für die Klassenkameraden in verständlicherer Form darzustellen.

Üben Lehrerinnen und Lehrer mit einer Klasse das Sammeln und Ordnen von Informationen aus Fachbüchern oder die Benützung von Bibliotheken, verwenden sie dazu Fragestellungen, die in einem anderen Fach (z.B. Geschichte, Kunst) gerade von Interesse sind. Umgekehrt ergibt sich die Möglichkeit zur interdisziplinären Zusammenarbeit, wenn Experimente oder Beobachtungen, die in Biologie oder Chemie durchgeführt werden, im Deutschunterricht möglichst genau und klar verständlich beschrieben werden.

Von den genannten Hinweisen und Aufgabenstellungen können alle Schülerinnen und Schüler profitieren. Oft aber haben einzelne Lernende mit besonderen Schwierigkeiten und Störungen zu kämpfen. Es empfiehlt sich deshalb, Lehrpersonen oder Tutoren zu bestimmen, die sich dieser Probleme annehmen und an die sich die Schüler wenden können. Lernstörungen können verschiedene Ursachen haben. Eine entsprechende Analyse muß deshalb das ganze Feld (Schülerpersönlichkeit, Familie, Schule, sozialen Kontext sowie situative Bedingungen wie Arbeitsplatz, Umgebungseinflüsse) einbeziehen.

In manchen Fällen erweist sich das Führen von Tagesrapporten (vgl. S. 133) als nützlich, um zu erkennen, wo die Probleme liegen. Oft sind die Ursachen vor allem in der Motivation (Lernangst, Lernunlust, keine eigenen Lernziele) zu suchen (vgl. S. 53).

5. Möglichkeiten zur Zusammenarbeit

Auf die Vorteile der Zusammenarbeit, die Gründe für die Forderung, sie stärker in die Schule und den Unterricht einzubeziehen, wurde schon im Kapitel 8 (S. 112) hingewiesen. An der gleichen Stelle wurden auch Hinweise gegeben, von welchen Informationen und Vorgehensweisen die Schülerinnen und Schüler für ihre Zusammenarbeit profitieren. Diese Ausführungen sollen hier noch um einige Gedanken und Forschungsergebnisse zum Gruppenunterricht, zur Organisation von Gruppenarbeiten und um Überlegungen ergänzt werden, was von Lehrerseite getan werden kann, um die Zusammenarbeit unter den Lernenden zu fördern.

Die Wichtigkeit der Zusammenarbeit ist unbestritten. Befragungen zeigen, daß die meisten Lehrerinnen und Lehrer sie als wesentliches Element der Arbeitstechnik betrachten und darauf hinweisen, daß die Fähigkeit, in einem Team zu arbeiten, nicht nur während der Schule, sondern vor allem auch im Berufsleben von großer Bedeutung ist.

Obwohl die Erwartungen an die positiven Auswirkungen des Gruppenunterrichts sehr hoch sind, zeigen Untersuchungen, daß diese Arbeitsform in der Schule immer noch nur einen kleinen Raum einnimmt.

In den letzten Jahren haben zwar Versuche mit Gruppenarbeiten zugenommen, doch hat sich auch bei vielen Lehrerinnen und Lehrern die anfängliche Begeisterung und Überzeugung in Enttäuschung und einen Rückzug auf den vertrauten Frontalunterricht verwandelt.

Als Begründung für den Verzicht auf Gruppenunterricht wird genannt:

– Der Zeitaufwand für die Vorbereitung und Durchführung von Gruppenarbeiten sei hoch und stehe in keinem Verhältnis zum möglichen Nutzen.

– In den Gruppen arbeiteten immer nur einzelne und immer die gleichen Schülerinnen und Schüler, während andere sich zu drücken versuchten.

– Der erhöhte Geräuschpegel im Klassenzimmer lasse die Unterrichtenden befürchten, daß sie die Kontrolle über die Klassen verlieren und den Erwartungen nicht entsprechen.

Ein wichtiger Grund für das Scheitern vieler Versuche liegt sicher in der mangelnden Erfahrung der Lehrerinnen und Lehrer. Sie haben diese Lernform während ihrer eigene Schulzeit nicht kennengelernt und sind häufig auch in ihrer Ausbildung nicht damit konfrontiert worden. Sie wissen nicht, welche Aufgaben sich dafür eignen und wie die Lernenden vorzubereiten sind. Wenn die Schülerinnen und Schüler ihre Arbeit organisieren und koordinieren, unterschiedliche Meinungen, Ergebnisse und Erfahrungen austauschen und integrieren sollen, benötigen sie dazu Anleitung. Diese Arbeitshilfen sollen nicht die selbständige Planung der Lernenden ersetzen, sondern unterstützen. Aufgegriffen werden können beispielsweise die folgenden Fragen:

- Wie können solche Arbeiten angegangen werden?
- Wie trennen wir sinnvoll zwischen der Gesamtaufgabe und den Teilschritten?
- Wie verteilen wir die Aufgaben auf die verschiedenen Gruppenmitglieder?
- Wie können wir uns gegenseitig bei der Informationsbeschaffung helfen?
- Welche Arbeitstechniken sind angemessen: Art der Notizen, Anlage von Übersichten, Anfertigung schriftlicher Berichte?

Am Ende der Gruppenarbeit sollte öfter diskutiert werden:

- Wie zufrieden waren wir mit dem Ergebnis?
- Stehen wir alle hinter unserem »Produkt«?
- Wie wohl haben wir uns gefühlt?
- Was könnten wir noch besser machen?
- Was haben wir im Hinblick auf unsere Zusammenarbeit gelernt?

Später kann die Lehrerin oder der Lehrer immer mehr auf direkte Anleitungen verzichten; die Kontrolle wird auf die Lerngruppe übertragen.

Die optimale Teilnehmerzahl ist für Gruppenarbeiten geringer als für Diskussionen. Während im allgemeinen Gruppengrößen zwischen drei und fünf Teilnehmenden empfohlen werden, überwiegen in der Schulpraxis Zweiergruppen (Partnerarbeit). Die Vorteile kleiner Gruppen liegen vor allem in der größeren Aktivität und Verantwortung der einzelnen Beteiligten und damit auch in ihrer größeren persönlichen Befriedigung.

Für manche größere Arbeiten können Lernpartnerschaften gebildet werden; die Jugendlichen bereiten sich zu zweit oder zu dritt vor, benötigen aber anfangs Hilfestellungen zur Zusammenarbeit.

Wichtig sind auch die Rahmenbedingungen. Viele Gegebenheiten der Schule bewirken weit eher eine Konkurrenz als eine Kooperation unter den Lernenden. Wird jeder Schüler einzeln benotet, bedeutet der Erfolg, der gute Rang des einen den Mißerfolg und schlechten Rang der Mitschüler, sind sie kaum dazu motiviert, einander zu helfen. Zur Kooperation werden sie dann angespornt, wenn das gemeinsame Ergebnis zählt.

Untersuchungen zeigen, daß Konkurrenzsituationen zwar zu schnelleren, aber qualitativ schlechteren Problemlösungen führen. Je komplexer ein Problem ist, je mehr Arbeitsteilung erforderlich ist, desto deutlicher werden die Vorteile einer kooperativen Motivation. In Forschungs- und Entwicklungsgruppen müssen kooperative Beziehungen herrschen, weil nur diese Gewähr bieten, daß die verschiedenen Kenntnisse der Mitglieder ausgetauscht und integriert, die vorhandenen Ressourcen optimal genutzt und geteilt werden.

Eindeutig sind die Ergebnisse auch beim Lernen: Während Konkurrenzsituationen zu Angst, Blockierungen und Belastungen führen, bewirken kooperative Bedingungen einen Abbau von Angst und Belastungen, eine höhere Zufriedenheit und bessere Leistungen.

Gleichzeitig gilt aber auch, daß der Lernprozeß verschiedene Stufen und Phasen umfaßt, die unterschiedliche Lehr- und Lernanforderungen stellen. Nicht in jeder Phase sind Gruppenarbeiten günstig; sinnvoller ist es, zwischen selbständigem Erarbeiten und Austauschen und Verfestigen in Gruppen zu wechseln (vgl. S. 114). Für die Vermittlung von Lern- und Arbeitstechniken ist Gruppenunterricht besonders geeignet, weil es immer auch um eigene Erfahrungen, Probleme und Einstellungen der Lernenden geht (vgl. auch methodische Hinweise im I. Teil).

Auf das von S. Sharan und seinen Mitarbeitern entwickelte Modell der Kleingruppenprojekte wurde schon verwiesen (S. 182). Ein anderes Modell zur Förderung der Zusammenarbeit in der Schule stellt die von Elliot Aronson und seinen Kollegen an der Universität von Texas entwickelte Jigsaw-(Puzzle-)Methode dar: Die Schülerinnen und Schüler werden in Gruppen zu fünf oder sechs Mitgliedern aufgeteilt. Jedes Mitglied einer Gruppe erhält ein Segment des aktuellen Unterrichtsstoffes und ist dafür verantwortlich, diesen Stoff den anderen Gruppenmitgliedern zu vermitteln. Wenn es vier Gruppen gibt, verfügen vier Schülerinnen und Schüler über das gleiche Informationssegment. Sie treffen sich als Expertengruppe und üben gemeinsam, ihren Stoff darzustellen: Sie überlegen Möglichkeiten der Darbietung, formulieren die Informationen mit ihren eigenen Worten und versuchen, die Fragen der anderen vorauszusehen. Dann kehren alle in ihre Gruppe zurück und übernehmen für die Vermittlung ihres Stoffsegments die Rolle des Lehrers.

Die Forscher weisen darauf hin, daß die Methode natürlich nicht auf Anhieb klappe, sondern Übung erfordere. Sie fanden aber eine Verbesserung der Einstellung zur Schule, der Leistungen und des Selbstwertgefühls der Lernenden durch die Möglichkeit, den Stoff aus der Vermittlersicht zu sehen, vom Lehrer unabhängig zu lernen und den Kameraden gegenüber als Experte und Helfer aufzutreten (aus: »Kooperatives Lernen«, 1984).

Eine Weiterentwicklung dieser Methode ist Jigsaw II. Dabei verfügen alle Gruppenmitglieder von Anfang an über den gesamten Stoff. In den Expertengruppen werden spezifische Problemstellungen und Fragen dazu bearbeitet. Wichtig ist natürlich, daß realistische und erreichbare Ziele gesetzt, geeignete Themen gewählt und entsprechende Vorübungen durchgeführt werden.

Zur Förderung der Zusammenarbeit unter den Lernenden tragen die Lehrerinnen und Lehrer auch bei, wenn sie öfter Hausaufgaben erteilen, die in Gruppen erledigt werden sollen. Wichtig ist dabei natürlich, daß sie den Jugendlichen sowohl bei der Vorbereitung Hinweise geben, wie die Zusammenarbeit aussehen könnte, als auch nach der Erledigung die gemachten Erfahrungen mit ihnen besprechen.

Die Leistungen der Schülerinnen und Schüler liegen bei Gruppenarbeiten nicht automatisch über jenen bei Frontalunterricht oder Einzelarbeiten. Die Unterrichtsform darf aber nicht nur leistungsbezogen betrachtet werden: Die Möglichkeit zur Zusammenarbeit bringt wichtige Lernprozesse in Gang und wirft Probleme auf, die sonst nicht zur Sprache kommen.

Von großer Bedeutung ist in diesem Zusammenhang auch die Pflege verschiedener Gesprächs- und Diskussionsformen. Wie entsprechende Befragungen zeigen, bereitet es vielen Jugendlichen und Erwachsenen Mühe, ihre Gedanken mündlich vorzutragen oder ihre Meinung auch in einem größeren Kreis zu äußern. Lehrende wie Lernende müssen lernen, ihre Gefühle auszudrücken, die Ansichten anderer anzuerkennen, sachliche Kritik sowohl auszusprechen als auch anzunehmen und Konflikte, die sich bei der gemeinsamen Arbeit ergeben, weder stillschweigend zu schlucken noch hinter dem Rücken der Beteiligten zu beklagen, sondern offen auszusprechen.

Die Entwicklung dieser Fähigkeiten erfordert Offenheit, Vertrauen und einen langen Prozeß. Nicht nur die Einstellungen der Schülerinnen und Schüler sind betroffen, sondern zuerst und vor allem die Haltung der Lehrpersonen. Wichtige Beiträge dazu liefert die von der Psychoanalytikerin Ruth Cohn entwickelte Themenzentrierte Interaktion (TZI), die auch in vielen Kursen der Lehrerweiterbildung angeboten wird (vgl. R. Cohn, 1984; D. Stollberg, 1982; »Erfahrungen lebendigen Lernens«, 1985).

Schlußwort

Alle hier genannten Vorschläge und Methoden stellen natürlich lediglich einige Anregungen für Lehrerinnen und Lehrer dar. Sie mußten zwangsläufig allgemein bleiben. Je nach Fach, Gebiet, Schülergruppe und äußeren Umständen sind andere Vorgehensweisen angebracht. Interessierten Lehrkräften ist vor allem zu empfehlen, sich mit ihren Fachkollegen zusammenzusetzen und für ihr Gebiet sowie für die verschiedenen Altersgruppen der Schülerinnen und Schüler festzuhalten, welche Methoden zur Anwendung kommen, welche Aufgaben gestellt und welche Ziele erreicht werden sollen.

Sicher ist die Umsetzung in die Schulpraxis nicht immer einfach und kann kaum von einem Tag zum anderen erfolgen. Wichtig ist, daß die einzelnen Lehrerinnen und Lehrer vor den bestehenden Schwierigkeiten nicht kapitulieren, sondern – falls sie die Vermittlung sinnvoller Arbeits- und Lernmethoden als Aufgabe der Schule sehen – überlegen, welchen Beitrag sie dazu leisten können.

Anhang

Antworten und Lösungsvorschläge

Richtige Antworten und Punktwerte zu den Kontrollfragen

Bei der Punktvergabe kommt es immer auf die sinngemäßen Antworten an.

Zu 6. Lesen, Schnell-Lese-Text »Arbeitszeit«

1. – Mensch braucht Schlaf und Erholung,
   – Maschine leistet in jeder Stunde gleich viel, Mensch ermüdet,
   – menschliche Leistung auch von der Tageszeit abhängig.
2. Stundenleistung stieg um 10 %.
3. Stundenleistung nahm ab.
4. Nach etwa 8 Stunden.
5. Die Tagesleistung kann dadurch erhöht werden.
6. Leistungsabfall durch Gefühl des Gehetztseins, raschere Ermüdung.
7. Verminderung der Stundenleistung, mehr Krankheiten.
8. Manuelle Arbeit.
9. Weil man gar nicht solange aufmerksam bleiben kann. Die gleiche Leistung könnte wahrscheinlich auch bei einem Pensum von 8 Stunden erreicht werden.
10. – Motivation;
    – Art der Tätigkeit, bei ganz verschiedenartigen Arbeiten wird die Ermüdung hinausgeschoben.

Pro richtig beantwortete Frage werden 10 Punkte gerechnet. Bei Frage 1 müssen für 10 Punkte mindestens zwei Angaben gemacht werden, für 5 Punkte eine Angabe. Bei Frage 10 ebenfalls pro Angabe 5 Punkte.

Zu 6. Lesen, Schnell-Lese-Text »Pausen«

1. – Bei körperlich anstrengenden Tätigkeiten;
   – bei Arbeiten, die das Nervensystem beanspruchen, wie z.B. geistige Konzentration, Beanspruchung der Sinnesorgane (je 5 Punkte, maximal 10 Punkte)

2. Stimmt nicht.
3. Rechnen (einfache Additionen).
4. Drei Stunden hintereinander.
5. Erste Gruppe arbeitete ohne Pause, zweite Gruppe machte 3, dritte Gruppe machte 11 Pausen.
6. Leistungen sanken infolge der Ermüdung immer mehr ab.
7. Höhere Durchschnittsleistungen, die über die drei Stunden gleichmäßig gehalten werden konnten.
8. Stimmt nicht.
9. Pausen, die eingeschaltet werden, obwohl offiziell gearbeitet wird: Vortäuschung von Nebenarbeiten, umständliches Suchen etc.
10. Bei der Arbeit Pausen einschalten, rechtzeitig unterbrechen.
Pro richtig beantwortete Frage 10 Punkte.

Zu 7. Denken und Problemlösen

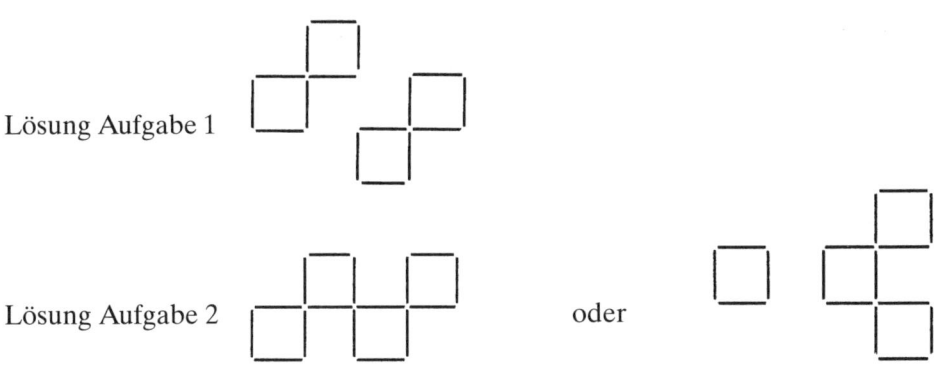

Lösung Aufgabe 1

Lösung Aufgabe 2   oder

Ähnliche Überlegungen werden auch bei den weiteren Aufgaben angestellt: Wenn ein Quadrat weniger gebildet werden soll, muß an der Stelle ein Streichholz entfernt werden, wo dadurch zwei Quadrate zerstört werden, und mit dem entfernten Streichholz an einer anderen Stelle ein neues Quadrat gebildet werden.

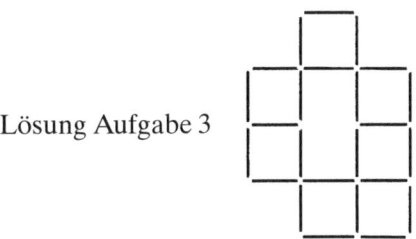

Lösung Aufgabe 3

Die gleiche Strategie führt auch bei den anderen Aufgaben zum Erfolg:

Lösung Aufgabe 4

Lösung Aufgabe 5

Lösung Aufgabe 6

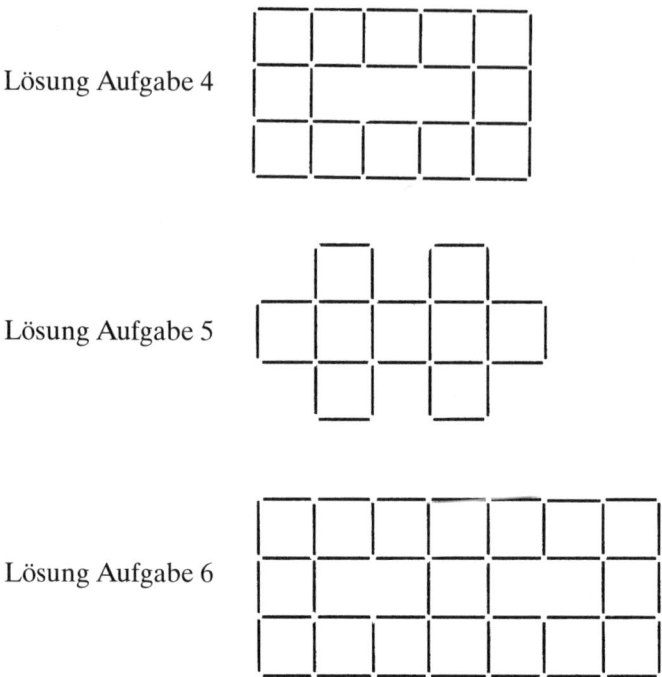

Zu 14. Lösungsvorschlag zu »Arbeits- und Lernmethoden«
Die Aufgabe ist auf verschiedene Arten lösbar. Die nachfolgende Gliederung stellt nur ein Beispiel dar.

1. Allgemeine Voraussetzungen der rationellen Arbeitsgestaltung
   1.1 Arbeitsphysiologie
      – Ernährung
      – Schlaf
      – Ermüdung
      – Pausen
   1.2 Arbeitsplatzgestaltung
      – Ordnung
      – Ordnungssysteme
      – Karteikarten
   1.3 Zeiteinteilung
      – Langfristige Planung
      – Tagesrapporte
      – Wochenplanung
      – Stundenpläne
   1.4 Motivation
   1.5 Konzentration
2. Aufnehmen von Wissen

Verzeichnis der Arbeitsblätter

Literaturverzeichnis

Aebli, Hans: Die Lehrerfrage und der fragelose Unterricht. In: Unterricht, Hrsg. G. Dohmen/F. Maurer, München 1968.

Ausubel, David P.: Psychologie des Unterrichts, aus dem Amerikanischen übersetzt von Ch. Tansella-Zimmermann. Weinheim 1974.

Balderer, Rudolf: Von der Datenautobahn zurück auf den Pausenplatz. In: Alltagsinformatik, Bulletin Nr. 26/1995, Erziehungsdirektion Zürich.

Ballstaedt, Steffen-Peter u.a.: Texte verstehen, Texte gestalten. München 1981.

Bergius, Rudolf: Analyse der »Begabung«: Die Bedingungen des intelligenten Verhaltens. In: Begabung und Lernen, Hrsg. H. Roth. Stuttgart 1968.

Berkowitz, Leonard: A Survey of Social Psychology. 3rd Ed. CBS College Printing 1986.

Bestandsaufnahme Deutschunterricht. Ein Fach in der Krise. Hrsg. Heinz Ide. Stuttgart 1970.

Bödiker, Marie-Luise: Gruppenarbeit in der Schule – Einige empirische Befunde der letzten Jahre. In: Psychologie in Erziehung und Unterricht, 22. Jg., 3/1975.

Bono, Edward de: Teach your Child How to Think. London 1992.

Bönsch, Manfred: Zielorientiertes Lernen mit Hilfe spezieller Unterrichtsmethoden. München 1974.

Braun, Peter: Das weiterführende Lesen. Düsseldorf 1971.

Braune, Paul: Der Einfluß von WELT und FRANKFURTER RUNDSCHAU auf ihre Leser. In: Psychologie heute, 3/1974.

Brunnhuber, Paul: Prinzipien effektiver Unterrichtsgestaltung. Donauwörth, 4. Auflage 1973.

Brunnhuber, Paul/Czinczoll, Bernhard: Lernen durch Entdecken. Donauwörth 1974.

Büchel, F.: Lernstrategien in der Berufsschule. Bern 1986.

Buzan, Tony: Kopftraining. Anleitung zum kreativen Denken. Tests und Übungen. München 1984.

Canetti, Elias: Die gerettete Zunge. Geschichte einer Jugend. Frankfurt a.M., 1981.

Cohn, Ruth: Themenzentrierte Interaktion. Ein Ansatz zum Sich-selbst- und Gruppenleiten. In: Sozialpsychologie, Hrsg. Annelies Heigl-Evers. Weinheim 1984.

Correll, Werner: Die soziale Bedingtheit des Lernens. In: Die Gruppe im Lehr- und Lernprozeß. Hrsg. E. Meyer. Frankfurt a.M. 1970.

DeCharms, Richard: Ein schulisches Trainingsprogramm zum Erleben eigener Verursachung. In: Bedingungen des Bildungsprozesses. Hrsg. W. Edelstein/D. Hopf. Stuttgart 1973.

Dietrich, Georg: Unterrichtspsychologie der Sekundarstufe. Beiträge zur Forschung, Theorie und Praxis. Donauwörth 1972.

Dörig, Roman: Das Konzept der Schlüsselqualifikation. Hallstadt 1994.

Ebeltoft, Arne: Kommunikation und Zusammenarbeit in der Schule. Aus dem Norwegischen übersetzt. Weinheim 1974.

Edelstein, Wolfgang/Hopf, Diether (Hrsg.): Bedingungen des Bildungsprozesses. Stuttgart 1973.

Endres, Wolfgang/Gessler, Regula/Eichenberger, Jörg u.a.: Werkstatt: Lernen. Unterrichtsmaterialien und Arbeitsblätter (Sek. 1/2). Weinheim 1994.

Engelmayer, Otto: Psychologie für den schulischen Alltag. München, 5. Auflage 1965.

Erfahrungen lebendigen Lernens. Grundlagen und Arbeitsfelder der TZI. Hrsg. Rolf Birmelin u.a. Mainz 1985.

Faulstich-Wieland, H./Nuissl, E./Siebert, H./Weinberg, J. (Hrsg.): Literatur- und Forschungsreport Weiterbildung, Nr. 34/1994. Frankfurt a.M.

Fischer, Tilman: Didaktische Konzepte der Lernförderung bei Lernproblemen in der Berufsbildung Erwachsener. Bundesinstitut für Berufsbildung, Berlin/Bonn 1987.

Foppa, Klaus: Lernen, Gedächtnis, Verhalten. Ergebnisse und Probleme der Lernpsychologie. Köln 1965.

Forsberg, Börje/Meyer, Ernst (Hrsg.): Einführung in die Praxis der schulischen Gruppenarbeit. Heidelberg 1973.

Frick, René/Mosimann, Werner: Lernen ist lernbar. Eine Anleitung zur Arbeits- und Lerntechnik. Aarau 1994.

Fuchs, Rainer: Lernpsychologische Grundlagen der Unterrichtsgestaltung. München 1974.

Gallin, Peter/Ruf, Urs: Sprache und Mathematik in der Schule; Auf eigenen Wegen zur Fachkompetenz. Zürich 1990.

Geissler, Erich E.: Analyse des Unterrichts. Standardwerk des Lehrers. Handbuch einer wissenschaftlich begründeten Unterrichtspraxis. Bochum 1973.

Giehrl, Hans E.: Der junge Leser. Einführung in Grundfragen der Jungleserkunde und der literarischen Erziehung. Donauwörth 1968.

Graf, Otto: Arbeitszeit und Arbeitspausen. In: Handbuch der Psychologie, Band 9. Göttingen 1961.

Grandjean, Etienne: Physiologische Arbeitsgestaltung. Leitfaden der Ergonomie. Thun/München 1963.

Grell, Jochen/Grell, Monika: Unterrichtsrezepte. Weinheim 1985.

Gröschel, Hans (Hrsg.): Die erzieherische Wirksamkeit kooperativen Arbeitens. München 1973.

Handbuch der Psychologie, Band 9: Betriebspsychologie. Hrsg. A. Meyer/B. Herwig. Göttingen 1961.

Hare, A. Paul: Handbook of Small Group Research. New York 1962.

Hasebrook, Joachim: Lernen mit Multimedia. In: Zeitschrift für Pädagogische Psychologie. Bern 1995.

Haseloff, Otto Walter/Jorswieck, Eduard: Psychologie des Lernens. Berlin 1970.

Hasubek, Peter/Günther, Wolfgang: Sprache der Öffentlichkeit. Informierende Texte und informatorisches Lesen im Unterricht der Sekundarstufe. Düsseldorf 1973.

Hentig, Hartmut von: Schule als Erfahrungsraum? Eine Übung im Konkretisieren einer pädagogischen Idee. Universität Bielefeld, Stuttgart 1973.

Heinelt, Gottfried: Kreative Lehrer – kreative Schüler. Wie die Schule Kreativität fördern kann. Freiburg i.Br. 1974.

Hofstätter, Peter R.: Gruppendynamik. Die Kritik der Massenpsychologie. Reinbek bei Hamburg 1957.

Huber, Günter L.: Begriffsbildung im Unterricht. Empirische Untersuchungen über Denkprozesse bei Schülern. München 1970.

Hunt, Morton: Das Universum in uns. Neues Wissen vom menschlichen Denken. München/Zürich 1984.

Hussong, Martin/Schütt, Artur/Stuflesser, Brigitte: Textanalyse optisch. Textanalyse im Deutschunterricht mit gezeichneten Modellen. Düsseldorf 1971.

Jackson, Philipp W.: Die Welt des Schülers. In: Bedingungen des Bildungsprozesses. Hrsg. W. Edelstein/D. Hopf. Stuttgart 1973.

Jahnke, Jürgen: Empirische Untersuchungen über das Arbeitsverhalten im akademischen Studium. Meisenheim am Glan 1971.

Jüngst, Karl Ludwig: Studien zur didaktischen Nutzung von Concept Maps. In: Unterrichtswissenschaft, Zeitschrift für Lernforschung, 3/1995.

Kagan, Jerome/Haveman Ernest: Psychology: An Introduction. New York, 1968.

Katona, Georg: Organizing and Memorizing. New York, 1940.

Klauer, Karl Josef: Problemlösestrategien im experimentellen Vergleich: Effekte einer allgemeinen und einer bereichsspezifischen Strategie. In: H. Mandl/H. Friedrich (Hrsg.): Lern- und Denkstrategien. Analyse und Intervention. Göttingen 1992.

Kliemann, Horst: Anleitungen zum wissenschaftlichen Arbeiten. Praktische Ratschläge und erprobte Hilfsmittel. Freiburg, 6. Auflage 1966.

Klippert, Heinz: Methodentraining. Übungsbausteine für den Unterricht. Weinheim 1994.

Klippert, Heinz: Projektwochen. Arbeitshilfen für Lehrer und Schulkollegien. Weinheim 1985.

Kooperatives Lernen. Grundlagen eines Fernstudienprojekts zum »Lernen in Gruppen« bei Schülern, Lehrern, Aus- und Fortbildnern. Hrsg. G. Hubert u.a. Weinheim 1984.

Krech, David/Crutchfield, Richard/Egerton, Ballachey: Individual in Society. A Textbook of social psychology. New York 1962.

Krüger, Anna: Kinder- und Jugendbücher als Klassenlektüre. Analysen und Schulversuche. Ein Beitrag zur Reform des Leseunterrichts. Berlin 1963.

Landolf, Peter/Graf, Peter/Pulver, Urs: Lernstörungen – Erscheinungsformen, Ursachen und Behebung. In: Lehren und Lernen im Gymnasium. Hrsg. Hardi Fischer. Bern 1971.

Landolt, Hermann: Erfolgreiches Lernen und Lehren. Aarau/Frankfurt a.M. 1994.

Learning and Motivation in the Classroom. Hrsg. Scott G. Paris/Gary M. Olson/Harold W. Stevenson. New Jersey 1983.

Leitner, Sebastian: So lernt man Lernen. Freiburg 1972.

Lernen und Verhalten, Band 1: Lerntheorien. Hrsg. Hans Zeier. Weinheim 1984.

Lipp, Ulrich: Mind-Mapping in der Schule. Gedanken-Landkarten als visuelle Lernhilfen. In: Pädagogik 10/1994.

Lonka, Kirsti/Lindblom-Ylänne, Sari/Maury, Sini: The Effect of Study Strategies on Learning from Text. In: Learning and Instruction, Vol. 4. 1994 Great Britain.

Lück, Willi van: Lernen in Sach- und Sinnzusammenhängen unterstützt durch Neue Medien. In: Computer und Unterricht 11/1993.

Maddox, Harry: How to Study. London 1963 und 1967.

Malycha, Antje: Projekt Lernen lernen. Lerntage zu Beginn der fünften Klasse. In: Pädagogik 1/1995.

Mandl, Heinz/Friedrich, Helmut (Hrsg.): Lern- und Denkstrategien. Analyse und Intervention. Hogrefe, Göttingen 1992.

Mann, Leon: Sozialpsychologie. Weinheim 1972.

McClelland, David C.: Erziehung zur Tüchtigkeit. In: Bedingungen des Bildungsprozesses. Hrsg. W. Edelstein/D. Hopf. Stuttgart 1973.

Meyer, Ernst (Hrsg.): Die Gruppe im Lehr- und Lernprozeß. Frankfurt a.M. 1970.

Meyer, Ernst: Gruppenunterricht. Grundlegung und Beispiel. Oberursel, 6. Auflage 1972.

Miller, Reinhold: Lehrer lernen. Weinheim 1986.

Mitschka, Ruth: So lernt man Lernen. (K)ein Patentrezept. Wien 1982.

Modellversuch LSW Soest Dokumentation Erprobung COMPIG, unveröffentlichte Entwurfsfassung 1993.

Morgan, Clifford/Deese, James: How to Study. New York 1957.

Naef, Regula: Stichwort Gymnasium. Gymnasiallehrer und Gymnasiasten antworten auf Fragen zur Schule und zum Unterricht. Weinheim 1971.

Neber, Heinz (Hrsg.): Entdeckendes Lernen. Weinheim 1973.

Nenninger, Peter/Eiglar, Gunther/Mache, Gerd: Studien zur Mehrdimensionalität von Lehr-Lernprozessen. Bern 1993.

Ott, Ernst: Optimales Lesen. Ein 25-Tage-Programm. Stuttgart 1970.

Pädagogische Psychologie. Funkkolleg, Hrsg. F. Weinert u.a. Frankfurt a.M. 1974.

Parreren, C.F. van/Peek, J./Velema, E.: Erfolgreich studieren. Praktische Hinweise für das Hochschulstudium. Wien 1969.

Pauk, Walter: How to Study in College. Boston 1962.

Pietrasinski, Zbigniew: The psychology of efficient thinking. Oxford 1969.

Preston, Ralph/Morton, Botel: How to Study. Chicago 1967.

Projekt Deutschunterricht, Band 6: Kritischer Literaturunterricht – Dichtung und Politik. Hrsg. Heinz Ide/Bodo Lecke in Verbindung mit dem Bremer Kollektiv. Stuttgart 1974.

Prokop, Ernst: Orientierungsdaten für die Erwachsenenbildung. Impulse aus der Wissenschaft vom Lehren und Lernen. München 1985.

Rehm, Max: Das Planspiel als Bildungsmittel in Verwaltung und Wirtschaft, in Politik und Wehrwesen, in Erziehung und Unterricht. Heidelberg 1964.

Riedel, Klaus: Lehrhilfen zum entdeckenden Lernen. Ein experimenteller Beitrag zur Denkerziehung. Hannover 1973.

Robinson, Francis: Effective Study. Revised edition, New York 1961.

Rogers, Carl R.: Lernen in Freiheit. Zur Bildungsreform in Schule und Universität. München 1974.

Rössner, Lutz: Gespräch, Diskussion und Debatte im Unterricht der Grund- und Hauptschule. Berlin 1967.

Roth, Heinrich (Hrsg.): Begabung und Lernen. Deutscher Bildungsrat, Gutachten und Studien der Bildungskommission, Stuttgart 1968.

Roth, Leo (Hrsg.): Effektiver Unterricht. München 1972.

Sander, Klaus/Lück, Helmut: Psychische Konflikte bei Studenten. Hrsg. AStA Uni Köln 1974.

Schräder-Naef, Regula: Von der Mittelschule zur Hochschule. Ergebnisse einer Befragung zur Reform der gymnasialen Oberstufe, zur Studienwahl und zu Übertritts- und Studienproblemen. Bern 1980.

Schräder-Naef, Regula: Keine Zeit? Sinnvolle Zeiteinteilung im Alltag. 3. Auflage. Weinheim 1993a.

Schräder-Naef, Regula: »Informationsflut« 3., überarbeitete Auflage. Weinheim 1993b.

Schräder-Naef, Regula: Rationeller Lernen lernen. Ratschläge und Übungen für alle Wißbegierigen. 18., überarbeitete Auflage, Weinheim 1994.

Schräder-Naef, Regula: Der Lerntrainer für die Oberstufe. Weinheim 1992.

Schröder, Hartwig: Psychologie und Unterricht. Formen neuzeitlicher Unterrichtsgestaltung und ihre psychologischen Grundlagen. In: Theorie und Praxis der Schulpsychologie. Hrsg. K. Ingenkamp. Weinheim 1969.

Schultz, J.H.: Das Autogene Training. Stuttgart, 14. Auflage 1973.

Schultze, Arnold: Operationalisierung des Geographieunterrichts. In: Effektiver Unterricht, Hrsg. L. Roth. München 1972.

Schumacher, W.: Arbeitstechnik, Leitideen, Dispositionen, Lernziele. In: Teilcurriculum der Weiterbildungsschule Zug, Teil I. Zug 1975.

Simons, P. Robert: Lernen, selbständig zu lernen – ein Rahmenmodell. In: Heinz Mandl/Helmut Friedrich (Hrsg.): Lern- und Denkstrategien. Göttingen 1992.

Skowronek, Helmut: Psychologische Grundlagen einer Didaktik der Denkerziehung. Hannover 1968.

Skowronek, Helmut: Lernen und Lernfähigkeit. München, 5. Auflage 1974.

Smith, Robert M.: Learning How to Learn. Bristol 1990.

Steiner, Verena: Lernen muß man lernen. Studie zum Arbeitsverhalten von HTL-Studenten. In: Neue Zürcher Zeitung, 4.5.1995.

Stollberg, Dietrich: Lernen, weil es Freude macht. Eine Einführung in die Themenzentrierte Interaktion. München 1982.

Tausch, Reinhard/Tausch, Anne-Marie: Erziehungs-Psychologie. Begegnung von Person zu Person. 8. Auflage. Göttingen 1977.

Technology and Innovation in Education. Putting Educational Technology to Work in America's Schools. Prepared by the Aerospace Foundation. New York 1968.

Thiersch, Hans: Lehrerverhalten und kognitive Lernleistung. In: Begabung und Lernen. Hrsg. H. Roth. Stuttgart 1968.

Ulshöfer, Robert: Kooperativer Unterricht, Band 1: Grundzüge der Didaktik des kooperativen Unterrichts. Stuttgart 1971.

Ulshöfer, Robert/Rebel, Karlheinz: Gymnasium und Sozialwissenschaften. Wege zur Demokratisierung der Schule. Heidelberg 1968.

Vester, Frederic: Denken, Lernen, Vergessen. Was geht in unserem Kopf vor, wie lernt das Gehirn, und wann läßt es uns im Stich? München 1978.

Vontobel, Jacques: Zur soziokulturellen Determination der Leistungsmotivation. Bern/Stuttgart 1969.

Weck, Helmut: Selbständiges Problemerkennen und Problemlösen. Berlin 1966.

Wrozynski, Ryszard: Learning styles and lifelong education. In: Internationale Zeitschrift für Erziehungswissenschaft, 4/1974.

Zielke, Wolfgang: Schneller lesen – besser lesen. München 1966.

Zielke, Wolfgang: Schneller lesen – selbst trainiert. München 1967.